Manfred Paulus

ZUHÄLTEREI GESTERN UND HEUTE

Zuhälterei gestern und heute

Manfred Paulus

Über Hurenwirte, Kiezkönige und die Sexsklaverei der Mafia

PROMEDIA

Bibliografische Information der Deutschen Bibliothek:
Die Deutsche Bibliothek verzeichnet diese Publikation
in der Deutschen Nationalbibliografie.
Detaillierte bibliografische Daten sind im Internet über
http://dnb.ddb.de abrufbar.

Lektorat: Elvira M. Gross
Satz: Kevin Mitrega, Schriftloesung
Umschlag: Gisela Scheubmayr
Coverbild: © Shutterstock
Druck: CPI – Clausen & Bosse, Leck
Printed in Germany
ISBN: 978-3-85371-500-0

Fordern Sie die Kataloge unseres Verlags an:
Promedia Verlag
Rotenlöwengasse 8/4
A-1090 Wien
E-Mail: promedia@mediashop.at
Web: www.mediashop.at
www.verlag-promedia.de

Inhalt

1. Sexsklaverei und Zuhälterei

1.1 Verbrechen hinter glitzernden Fassaden

Es gibt Zeitgenossen und Ereignisse am Rand der Gesellschaften, die werden nicht oder nur als wenig bedeutsam wahrgenommen. Meistens zurecht, manchmal jedoch zu Unrecht und mit fatalen Folgen. Zu denen, die in der Vergangenheit keine oder nur wenig Beachtung fanden und denen auch heute nicht die Aufmerksamkeit zukommt, die ihnen zukommen müsste, gehören die Zuhälter und deren Umtriebe. Ihnen kam über Jahrhunderte, vielleicht sogar über Jahrtausende hinweg, nur wenig Aufmerksamkeit zu, auch wenn ihr Treiben noch so menschenverachtend und zerstörerisch war. Alle im Zusammenhang mit der Prostitution aufkommenden Lasten und Leiden hatten die »liederlichen Weibsbilder«, »freien Töchter« oder »wohlfeilen Dirnen« in vergangenen Tagen selbst zu tragen. Allein sie standen im Blickpunkt der Öffentlichkeit, der Gassenknechte, der Obrigkeit, der Justiz und der strafrechtlichen Verfolgung. Dem »Zuhältertum« wurde in der Vergangenheit so lange keine Bedeutung zugemessen, bis man Ende des 19. Jahrhunderts mit Schrecken feststellen musste, dass es sich zu einer bedrohlichen »gemeinen Gefahr für Staat und Gesellschaft« entwickelt hatte.

Heute nehmen wir die im Schatten des Rotlichts agierenden Zuhälter und Zuhälterbanden wieder nicht wahr oder wir betrachten sie und ihr Tun als marginales und gesellschaftlich wenig bedeutsames Geschehen. Dabei handelt es sich in zunehmendem Maße um verbrecherische Banden oder Clans, die der viel beschriebenen und zurecht gefürchteten Organisierten Kriminalität (OK) zuzuordnen sind und längst eine größere »gemeine Gefahr für Staat und Gesellschaft« darstellen als jemals zuvor.

Es ist so aufschlussreich wie spannend, in das geheimnisvolle Zuhälter(un)wesen vergangener Tage einzutauchen, in diese dunkle Welt skrupelloser Mädchenhändler, der Antreiber von Trossweibern und fahrenden Frauen, der Hurenwirte und Züchtiger, der Ring- und der Sparbrüder, der

Beschützer und Ausbeuter »heimlicher« und »wohlfeiler Dirnen« … Und es ist nicht weniger aufschlussreich und spannend (und dazu politisch wie gesellschaftlich höchst geboten), das Zuhälter(un)wesen von heute zur Kenntnis zu nehmen, welches aus Tätern und Tätergruppierungen aus aller Welt besteht, die sich in unserer Gesellschaft Machträume verschafft haben, in denen junge Menschen der Sexsklaverei zugeführt und erbarmungslos ausgebeutet werden. Hier, inmitten unserer rechtsstaatlichen Gesellschaft, mitten unter uns, vielleicht gleich nebenan.

In den Parallelgesellschaften im Rotlicht sind zahllose junge Frauen anhaltend Gewalt und größtem Leid ausgesetzt. Frauen, die voller Hoffnungen und Erwartungen in unser Land gekommen sind, in das Land, »in dem die Menschen so reich und so gut sind«, in das Land ihrer Träume, in dem sie nun in schändlicher Weise versklavt, sexuell ausgebeutet und zerstört werden. Von skrupellosen Menschenhändlern und Zuhältern, von Angehörigen krimineller Clans und verbrecherischer Banden. Unter Mithilfe derer, die nicht sehen wollen, was geschieht, die wegschauen und schweigen, die das Geschehen ignorieren, verdrängen oder schönreden, die es ins Dunkelfeld verbannen und dort belassen. Menschen, die Zuhälterei als ein »Kavaliersdelikt« oder als Delikt der Vergangenheit sehen, die mafiöse Umtriebe, Organisiertes Verbrechen und das Machtstreben krimineller Clans nicht wahrnehmen wollen, die Menschenhandel und Sexsklaverei als Gewerbe betrachten, die Sexsklaverei als Prostitution bezeichnen und Sexsklavinnen als Prostituierte behandeln, die fortgesetzte sexuelle Gewalt als Dienstleistung sehen, und es nicht zulassen, dass Opfer Opfer sein dürfen.

1.2 Wer oder was ist ein Zuhälter, was hält er zu, zu wem hält er und was ist von ihm zu halten?

Der Begriff »Zuhälter« ist auf das Verb »zuhalten« im Sinne von »geschlossen halten« zurückzuführen. Und unter »Geschlossen-Halten« wurden ursprünglich auch außereheliche Beziehungen verstanden. In diesem Zusammenhang kennt man den Begriff »Zuhälterin« schon sehr lange. Über Jahrhunderte hinweg ist er nicht im heutigen Sinne gebraucht worden, sondern wurde Begriffen wie »Dirne« oder »Hure« gleichgestellt. Der Begriff »Zuhälter«, die männliche Form und das, was man heute unter Zuhälterei versteht, ist dagegen erst seit dem 19. Jahrhundert üblich und dürfte polizeilichem Sprachgebrauch entstammen. Obwohl die Zuhälterei über lange Zeiträume hinweg keine oder nur wenig Beachtung fand, gab es in der Vergangenheit immer wieder Umtriebe und Ereignisse, die Aufmerksamkeit erregten und dann auch zu öffentlichen Diskussionen führten; zu Beginn des 19. Jahrhunderts zum Beispiel, als die Zuhälterei (wieder einmal) sprunghaft zunahm. Jede Dirne hatte ihren Luden, und dieser hatte offensichtlich nichts Besseres zu tun, als das von seiner Anvertrauten eingenommene Geld schnellstmöglich zu verprassen, Unruhe zu stiften und die Wirtsleute mitsamt ihren Gästen zu verprügeln … Ausufernde zuhälterische Umtriebe führten bald zu einer stärkeren öffentlichen Wahrnehmung der unrühmlichen Zeitgenossen und so kam es anlassbezogen immer öfter zu Klagen über die »verworfene Menschenklasse« der Zuhälter.

»Was war und was ist des Zuhälters tägliches Gewerbe?«, wurde in einer Tageszeitung jener Tage gefragt und festgestellt:

»Sie beschimpfen, verhöhnen und bedrohen die Leute, äußerst frech im Vertrauen auf ihre große Zahl fangen sie Händel an, sind auf einen Wink ihrer Herrin hin zur Stelle, um Misshandlungen oder Erpressungen durchzuführen. Diese Bande von ehrlosen Kerlen bildet eine förmliche Schule von Raufbolden, Dieben und Räubern; Schlägereien und Erpressungen sind ihre tägliche Beschäftigung …!«

Öffentliche Diskussionen und Berichte dieser Art riefen dann auch die Polizei auf den Plan. Sie befasste sich im 19. Jahrhundert erstmals intensiv mit der Zunft der Luden und stellte dabei fest, dass sich vor allem als Portiers getarnte Rausschmeißer zuhälterisch betätigten. Auch Kellner, bevorzugt Sonntagskellner, aber auch Gelegenheitsarbeiter auf Jahrmärkten, Großmärkten und Güterbahnhöfen würden sich haupt- oder nebenberuflich als Zuhälter verdingen. Und aus dem Kreis der Hökerjungen (Gehilfen von Straßenhändlern) rekrutiere sich häufig der wenig hoffnungsvolle Nachwuchs. Zum »besseren Ludentum«, welches es offenbar damals schon gab, seien solche zu zählen, die sich als Eintänzer tarnten oder sich zum Schein oder im Nebenerwerb als Handelsvertreter betätigten.

Heute kennt man die »Eintänzer« nicht mehr und die Handelsvertreter sind inzwischen fern jeglichen Verdachts. Die Zuhälterei der Gegenwart zeigt sich in ganz anderen und sehr unterschiedlichen Gewändern. Sie kennt verschiedene Hierarchie-Ebenen sowie Aufgabenbereiche und Machtbefugnisse. Das Spektrum reicht von ganz unten, von drogensüchtigen oder alkoholabhängigen, als Kuppler und Zuträger tätigen Milieupersonen, bis nach ganz oben zu Kiezgrößen in Designeranzügen, die in »besten gesellschaftlichen Kreisen« verkehren, von denen, die für die Schmutzarbeiten auf dem Straßenstrich oder in einem versteckten Puff zuständig sind, bis hin zu mächtigen, international agierenden Clan- und Bandenchefs. Die »Gummisammler«, die an der nächtlichen Straßenecke herumlungern, um »Lieschen Müller« zu kontrollieren und abzukassieren, und die »ehrlosen Kerle«, die in verruchten Eckkneipen versaufen und verzocken, was »Lieschen Müller« eingenommen hat, und dabei keiner Schlägerei aus dem Wege gehen, sind jedoch seltener geworden. Und die Portiers oder Rausschmeißer vergangener Tage haben sich zu einer im Milieu oft sehr einflussreichen und teilweise mächtigen Türsteherszene entwickelt. Eine mittlere, geschäftsführende (Zuhälter-)Ebene vertritt heute die Interessen der Bosse einzelner Objekte oder ganzer Milieuanteile nach innen wie nach außen. Angehörige dieser mittleren Ebene sind nicht selten »clean«, also nicht vorbestraft und manchmal sogar mit ganz guten Manieren ausgestattet, sodass sie sich bestens als »Vorzeigepersonen« eignen und das jeweilige Objekt oder die jeweiligen Objekte auch gegenüber Behörden in der gewünschten Weise vertreten können. Sie kooperieren mit den (staatlich oder kommunal geförderten) Beratungsstellen für Prostituierte und versuchen, diese in ihrem Sinne zu beeinflussen. Und sie haben dafür zu sorgen, dass ein geschäftsschädigendes polizeiliches Tätigwerden in ihrem Zuständigkeitsbereich nach Möglichkeit unterbleibt oder zumindest rechtzeitig erkannt wird, sodass gegebenenfalls ein unverdächtiger und »selbstverständlich kriminalitätsfreier« Betrieb präsentiert werden kann. Um das sicherzustellen, sind solche Geschäftsführer oder »Vorzeigeluden« auch immer wieder um Behördenkontakte ganz besonderer Art bemüht. Um Kontakte, die dazu führen können, dass die Polizei zu einer Razzia anrückt und von einem grinsenden Geschäftsführer erwartet wird, der hinter einem Tresen sitzt und die Ausweispapiere (angeblich) aller im Haus tätigen Frauen schön vor sich aufgereiht zur Einsichtnahme bereitgelegt hat. Oder dass, wie noch zu berichten sein wird, ein Objekt beim Eintreffen der Polizei wie leer gefegt erscheint – bis auf einen kleinen Zettel mit der Aufschrift: »Willkommen, Polizei!«

Über dieser »geschäftsführenden Ebene« thronen die eigentlichen Machthaber. Das sind heute zunehmend (auch) die Bosse von Banden und kriminellen Vereinigungen, von international agierenden Tätergruppierungen oder Clans, die oft mehrere Rotlichtobjekte wie Bars und Bordellbetriebe ihr Eigen nennen oder aber ganze Straßenzüge und Rotlichtbereiche kontrollieren und beherrschen. Diese Kiezgrößen, Clan- oder Bandenchefs, diese wahren Herrscher über Milieuanteile oder über ganze Milieus, agieren oft verdeckt und unerkannt im Hintergrund. Abgeschirmt von möglichen Investoren, von der geschäftsführenden Ebene, mit sorgsam ausgewählten »Vorzeigepersonen« einer »Wohnheim GmbH. und Co. KG« oder eines ähnlich lautenden (Tarn-)Unternehmens, von Rocker- oder rockerähnlichen Gruppierungen. Manche dieser Bosse regeln und beherrschen mit ihren Clans oder Banden das gesamte Geschehen des Menschenhandels und der Sexsklaverei, von der Anwerbung in den Rekrutierungsländern der »Ware Frau« bis hin zur Ausbeutung auf den Straßen oder in den Puffs im Zielland. Sie kooperieren mit vertrauenswürdigen Partnern auf nationaler wie internationaler Ebene, sofern dies zweckmäßig und zielführend erscheint. Die einzelnen Abläufe sind dabei zumeist klar geregelt und strukturiert.

Solche Kiezgrößen setzen ihre gefährlichsten Waffen, und das sind Sex, Geld und Skrupellosigkeit, immer wieder gezielt ein, um sich in ihrem jeweiligen Wirkungskreis einflussreichen Sektoren, Polit-, Sport-, Wirtschaftsgrößen, Vertretern der Polizei, der Justiz oder der Medien …, zu nähern und solche Kontakte dann für ihre oft verbrecherischen Ziele und Zwecke zu nutzen. Manche dieser Rotlichtbarone lenken und kontrollieren ihre Objekte oder die von ihnen beherrschten Rotlichtmeilen heute von einer für Polizei und Justiz zumeist nicht mehr erreichbaren Yacht auf Ibiza oder Teneriffa, von einem Strand in Kalifornien oder von einer Hotelanlage in Dubai aus. Die Drecksarbeit vor Ort verrichten andere:

Stellvertreter, Geschäftsführer, Türsteher, Rockerbanden, rockerähnliche Gruppierungen …

Das Auftreten und Agieren der Zuhälter heute ergibt also ein sehr differenziertes Erscheinungsbild, dementsprechend wird das »Ludentum« der Gegenwart auch unterschiedlich wahrgenommen und beurteilt – sofern es in unserer Gesellschaft überhaupt noch zur Kenntnis genommen wird. Grundsätzlich ist festzustellen, dass es die ursprünglichen Motive und Ziele zuhälterischen Handelns, das Behüten und Beschützen von Prostituierten (von gelegentlich vorgetäuschten Handlungsweisen abgesehen), nicht mehr gibt. Die Zuhälterei der Gegenwart hat allein das Ausbeuterische zum Ziel. List, Täuschungshandlungen, Erzeugen von Hilflosigkeit, Abhängigkeit, aber auch Gewalt und Zwänge sind dabei die gängigen Mittel und Methoden. Deren Anwendung erfolgt freilich nicht mehr in so spektakulärer und öffentlichkeitswirksamer Weise wie noch vor wenigen Jahrzehnten, sondern intern, lautlos, unbemerkt, unauffällig und sehr subtil.

Um Missverständnisse zu vermeiden: Nicht jeder, der einer Frau nahesteht, die der Prostitution nachgeht, ist ein Lude oder Krimineller. Und nicht jeder Clubbesitzer, Studio-, Bar- oder Bordellbetreiber, Geschäftsführer oder Türsteher ist ein Zuhälter. Es gibt Unternehmer und Unternehmer(innen) wie Bedienstete im Rotlicht, die erkennbar bemüht sind, sich von zuhälterischen und anderen kriminellen Praktiken zu distanzieren. Das wird ihnen zumeist nicht leicht gemacht in einem oft wenig gesetzestreuen Umfeld mit ganz eigenen, von den Normen der Allgemeinheit erheblich abweichenden Spielregeln und ungeschriebenen Gesetzen. Ihre Haltung verdient deshalb Respekt, und sie sind von alldem, was Zuhälter und zuhälterische Umtriebe in unserer Gesellschaft betrifft und was in dieser Abhandlung thematisiert wird, in keiner Weise betroffen. Zur Wahrheit gehört freilich auch, dass solche gesetzestreuen Verhaltensweisen und seriösen Verhältnisse nicht selten nur vorgegeben und vorgetäuscht sind.

Wer ein Zuhälter oder eine Zuhälterin ist, hängt auch und vor allem davon ab, was als zuhälterisches Handeln verstanden wird. Das ergibt sich klar und unmissverständlich aus den einschlägigen deutschen (österreichischen und Schweizer) Strafvorschriften. In Deutschland sind das die Tatbestände der »Zuhälterei« (§ 181a Strafgesetzbuch), der »Ausbeutung von

Prostituierten« (§ 180a StGB), des »Menschenhandels« zum Zweck der sexuellen Ausbeutung (§ 232 StGB), der »Zwangsprostitution« (§ 232a StGB) und der Ausbeutung unter Ausnutzung einer Freiheitsberaubung (§ 233a StGB). Doch auch Tathandlungen, die strafrechtlich nicht (mehr) erfasst werden, wie in Deutschland die »Kuppelei« oder die »Förderung der Prostitution« oder eine an Wucher grenzende oder als Wucher anzusehende Ausbeutung, sind nach allgemeinem Verständnis noch immer zuhälterisches Tun. Was als Zuhälterei gesehen und wie mit dem »von Zuhältern täglich betriebenen Gewerbe« umgegangen wird, hängt jedoch nicht nur vom geltenden Recht und den einschlägigen strafrechtlichen Bestimmungen, sondern auch vom Zeitgeist, von den gängigen Moralvorstellungen und nicht zuletzt von der Perspektive des jeweiligen Betrachters ab. Wie unterschiedlich solche Betrachtungsweisen sind, spiegelt sich in den zahlreichen Bezeichnungen wider, die für Zuhälter geprägt wurden. Die Luden werden dabei als »Kavaliere« verehrt und als »Schnallentreiber« verdammt. Der aus dem Französischen stammende Begriff »Loddel« (abgeleitet von Louis) bedeutet nichts anderes als »liederlicher Bursche«, ein »Lude« (von Ludewig) ist dagegen ein tapferer Held. Ein »Stenz« ist ein selbstgefälliger, aber keineswegs unsympathischer Typ, ein »Fosenhahn« (Fose ist ein derber alter Begriff für Prostituierte) ist eben nicht der Aufpasser und Beschützer einer Henne, sondern der einer Hure. Fern jeglicher negativen Deutung scheint der altdeutsche Name »Mädchenhirt« zu sein, der ausschließlich das Behütende und Beschützende zum Ausdruck bringt. Ein anderer Aspekt wird mit der in Österreich geläufigen Bezeichnung »Peitscherlbua« zum Ausdruck gebracht, welcher auf das Antreiben (zur Prostitution) und damit auch auf das Gewaltsame hinweist – ohne freilich allzu sehr das Negative zu betonen, denn ein »Peitscherl« ist nun einmal keine gefährliche Waffe und ein »Bua« kein ernst zu nehmender Krimineller.

Auch mit dem in Wien üblichen Begriff des »Strizzis« wird im Gegensatz zu dem des »Gramltreibers« eher etwas Harmloses, fast Liebenswertes zum Ausdruck gebracht. Ein ausgeprägtes Talent, den Menschen und den Dingen einen passenden Namen zu geben, wird den Berlinern zugeschrieben. Entsprechend vielseitig und zahlreich sind die Bezeichnungen für Zuhälter, die in Berlin üblich waren oder üblich sind: Das »Einauge« gehört dazu und der »Kohlstrunk«, der »Milchjäger«, der »Schlanke Junge«, der »Pflaumenaugust« und der »Pomadenhengst«, der »Staudenemil«, der »Trioalbert« und der »Wienerer« … Auch diese zum Schmunzeln anregenden, einmal mehr auf das Asoziale und Schändliche hinweisenden, von einer gewissen Sympathie getragenen und dann wieder eher verächtlichen Bezeichnungen spiegeln nicht nur das Gute oder Böse wider – sie sind auch Hinweis auf einen gesellschaftlich ambivalenten Umgang mit den Zuhältern und der Zuhälterei.

Unterschieden wird jedoch nicht nur hinsichtlich des Grades von Sympathie und Antipathie, von Akzeptanz und Ablehnung, von achtens- oder verachtenswertem Verhalten oder mehr oder weniger großer krimineller Energie. Auch die Hierarchie, welcher ein Zuhälter zuzuordnen ist, wird namentlich bedacht. Während einem »Patentluden«, einem »Rotlichtprinzen«, einem »Revierfürsten« oder einem »Kiezkönig« eine führende und beherrschende Rolle zugeschrieben wird, was im Milieu Respekt und Ansehen mit sich bringt, sind »Gummisammler«, »Heiermann-« oder »Hartgeldluden« (der Begriff Heiermann kommt aus der Seefahrt, bezeichnet ein Fünf-Mark-Stück, mit dem Matrosen die Hafendirnen für ihre Dienste entlohnten) rangniedrige Zuhälter mit geringen Machtbefugnissen und geringem Ansehen.

Im Englischen werden Zuhälter als »pimp«, »bully« oder »creeper« bezeichnet, in Frankreich als »maquerau«, in Italien werden sie »bertone« und in Spanien »macareno« genannt. Während unter einem »creeper« ein erbärmliches Kriechtier zu verstehen ist, stehen die Bezeichnungen »bully« und »macareno« für Raufbold, Prahlhans, Faulenzer und Nichtsnutz. Die in Großbritannien, Frankreich und Spanien verwendeten Begriffe sind also vorwiegend negativ besetzt. Zuhälter waren und sind diesen Bezeichnungen zufolge sowohl Kavaliere, Charmeure, Verführer, Hüter, Beschützer als auch parasitäre Ausbeuter, verachtenswerte Abzocker, Faulenzer, Gewalttäter … Heute sind sie darüber hinaus vor allem eines: Angehörige und Akteure verbrecherischer Organisationen, die sich national oder international auf dem Geschäftsfeld des Menschenhandels und der Sexsklaverei betätigen.

Die Zuhälter oder Luden beließen es nie dabei, die ihnen Anvertrauten oder ihnen Ausgelieferten und von ihnen Abhängigen zu behüten, zu beschützen, einzuschüchtern, zu bedrohen, zu verprügeln und auszubeuten. Sie betätigten sich seit jeher auch auf anderen Kriminalitätsfeldern. Wüste Schlägereien, Messerstechereien, wilde Schießereien und ein gelegentlicher Mord, Nötigungen, (Schutzgeld-)Erpressungen, Raub und Diebstahl gehörten über Jahrhunderte hinweg zur Begleitkriminalität der Zuhälterei, und solche Taten scheinen auch heute noch zum Repertoire so mancher im Rotlicht agierenden Täter und Tätergruppierungen zu gehören. Hinzu kommt der Handel und der Einsatz illegaler Drogen. Drogen sind eine nicht mehr wegzudenkende Vielzweckwaffe im Milieu und neben der Prostitution und Sexsklaverei seit Jahrzehnten die wichtigste Einnahmequelle und das zweite Standbein der Kiezkönige, Zuhälterbanden und kriminellen Clans im Rotlicht. Auch die Geldwäsche gehört zum festen Bestandteil ihrer Geschäfte; und dass es in dem auf Dauer angelegten Kampf um Macht, Machterhalt und Machtzugewinn gelegentlich zu einem bedauerlichen »Betriebsunfall« in Form eines Aufsehen erregenden (Auftrags-)Mordes kommt, erscheint trotz der inzwischen üblichen, internen und diskreten Erledigung solcher Angelegenheiten unvermeidlich. Und so sehr man sich auch bemüht, seriöses Geschäftsgebaren vorzutäuschen und jedes kriminelle Handeln von sich zu weisen: Schlagwerkzeuge, Stich- und Schusswaffen dienen noch immer dem Erhalt von Macht und Ansehen. Was allerdings Zuhälter und Zuhältergangs neben all diesen Verbrechensbereichen und kriminellen Taten sowohl für betroffene Einzelpersonen wie für Staat und Gesellschaft am gefährlichsten macht, fand in der Vergangenheit und findet heute seltsamerweise wenig Beachtung: Es sind dies die permanenten und immer wieder erfolgreichen Versuche der Annäherung an mit Einfluss und Macht ausgestattete Vertreter der Allgemeinheit. Es ist das in engem Zusammenhang mit dem Fortschreiten der OK stehende Unterwandern staatlicher und gesellschaftlicher Einrichtungen und Organisationen, das Einwirken und das Eindringen in Wirtschaftsunternehmen, Parlamente, politische Parteien, Vereine und Verbände, die unablässige Suche nach »nützlichen Idioten«.

In Berlin erregte das Einschleusen und Eindringen von Angehörigen eines kriminellen arabischen Clans in die Polizei für Aufsehen. Das Beherrschen der arabischen Sprache dieser Polizeianwärter wäre für die Berliner Polizei fraglos von Vorteil und großem Nutzen. Ob die Neuzugänge jedoch dem Eid auf die deutsche Verfassung jemals mehr Bedeutung zumessen als den ganz anderen »Gesetzen« ihres Clans, muss bezweifelt werden. Die Folgen einer solchen Unterwanderung der Polizei wären oder sind jedenfalls fatal. Solche für das Eindringen von Kiezgrößen und der OK in gesellschaftliche Bereiche geradezu typischen Methoden sind allerdings nicht neu. So ist überliefert, dass schon die Zuhälter des Römischen Reichs darum bemüht waren, sich den Mächtigen bis hin zu Kaiser Nero höchst persönlich zu nähern, sie zu umgarnen und zu vereinnahmen. Nero soll sich fleißig den ihm offerierten Kurtisanen und Huren angenommen und selbst zu heruntergekommensten Zuhältern Kontakte gepflegt haben. Ob die Contubernales (römisch: Zuhälter) ihre Nähe zum Regenten des Römischen Reiches dann auch für ihre Zwecke und Ziele genutzt haben, ist nicht bekannt. Es würde jedoch verwundern, hätten sie es nicht getan.

Diese sich lohnende und bewährte zuhälterische Strategie und Praxis des Umgarnens und Vereinnahmens einflussreicher Zeitgenossen und das Unterwandern gesellschaftlicher Einrichtungen setzte sich jedenfalls über Jahrhunderte hinweg fort. Im Mittelalter vermittelten von der Obrigkeit berufene und eingesetzte Frauen- oder Hurenwirte zwischen den von ihnen zu betreuenden und behütenden »wohlfeilen Dirnen« und der bürgerlichen Gesellschaft mit ihren geistlichen und weltlichen Herren. Und obwohl es ihnen strengstens untersagt war, sollen zu nächtlicher Stunde immer wieder einmal Ehemänner, Geistliche und andere ehrenwerte Angehörige des Bürgertums in Richtung Stadtmauer und Rosengasse, Rosenhain oder Rosengarten[1] geschlichen sein, um sich einem mittelalterlichen Puff zu nähern. Und die Hurenwirte sollen gelegentlich großzügig über solche Verfehlungen hinweggesehen haben. Ihr Wissen von solchen Gegebenheiten aber gab ihnen Macht. Macht, die sie zu nutzen verstanden.

Auch die als »Ringbrüder« getarnten Zuhälterbanden der Weimarer Republik verstanden es meisterhaft, das Angenehme mit dem Nützlichen zu

1 »In die Rose gehen« bedeutete im Mittelalter außerehelich zu verkehren oder ins Frauenhaus zu gehen. Diese Häuser waren zumeist am Stadtrand, in der Nähe der Stadtmauer angesiedelt. Bis heute können Straßenbezeichnungen wie »Rosengasse« oder »Rosenallee« Hinweise auf den Standort eines mittelalterlichen Puffs sein.

verbinden. Sie luden in steter Regelmäßigkeit Politiker, Juristen, Polizeichefs, Journalisten und so wohlhabende wie angesehene Geschäftsleute zu ihren berühmt-berüchtigten Lumpenbällen und Dampferfahrten ein. Und diese Einladungen wurden selbstredend gerne angenommen. Sie ergingen freilich nicht ohne gewisse Absichten und nicht ohne Gegenleistungen, die dann bei passender Gelegenheit eingefordert wurden.

Eine namhafte Berliner Rotlichtgröße, der Puffbetreiber Otto Schwanz, ist ein weiteres Beispiel aus der jüngeren Vergangenheit für die lange Tradition zuhälterischer Einflussnahme auf interessante, mit Einfluss und Macht ausgestattete Persönlichkeiten. Schwanz war in den 1980er-Jahren im Osten wie im Westen Deutschlands sehr erfolgreich um solche Kontakte bemüht. Er pflegte innige Freundschaften zum DDR-Funktionär Alexander Schalck-Golodkowski und zu anderen Politgrößen des Ostens. Diese intensiven Ostkontakte hielten den als »Zuhälter der Entspannungspolitik« bekannten Puffbetreiber jedoch nicht davon ab, als Mitglied der West-Berliner CDU auch gute Beziehungen und Freundschaften zu namhaften Politikern im Westen Berlins zu pflegen. Davon, dass der Bordellier diese Beziehungen und Freundschaften diesseits und jenseits von Mauer und Stacheldraht für seine nicht immer staatstragenden Interessen und Ziele – er bekam von findigen Journalisten die Ehrenbezeichnung: »ein Stück nationaler Verbrechenskultur« – genutzt haben dürfte, ist auszugehen.

Ganz andere Wege führten den Metzgergesellen Marcus Eberhardt ans Ziel. Der clevere junge Mann legte in den 1990er-Jahren die Metzgerschürze ab und tauchte nicht nur ins Rotlicht, sondern auch in die »bessere Gesellschaft« des Adels ein, indem er sich von Frederic von Anhalt adoptieren ließ und sich so auf wundersame Weise vom Metzgergesellen zum Prinzen wandelte, was ihm so manche Türen und Tore geöffnet haben dürfte. Der Prinz soll inzwischen im Besitz von zahlreichen deutschen Bar- und Bordellbetrieben sein, die er vom fernen Dubai aus lenken und kontrollieren (lassen) soll. Heute werden solche zumeist sehr diskreten Kontakte zwischen Clanchefs, Bandenbossen, Milieufürsten und Zuhältern einerseits sowie einflussreichen und mächtigen Persönlichkeiten aus der »besseren Gesellschaft« andererseits (die im Milieu freilich als »nützliche Idioten« gesehen werden) offensichtlich mehr gepflegt als jemals zuvor. Sichtbar werden solche innigen Beziehungen und Freundschaften zum Beispiel dann, wenn Milieu- und Zuhältergrößen weniger in Haftanstalten als auf den Ehrentribünen und in den VIP-Räumen des Landes anzutreffen sind. Oder aber wenn sie nicht mehr in verrauchten wie verruchten Kneipen, umgeben von 50 oder gar 100 Jahren Knast, diskutieren, sondern in Fernsehstudios, im illustren Kreis von prominenten Vertretern aus verschiedensten gesellschaftlichen Bereichen.

Sie stricken permanent sehr geschickt und erfolgreich an solchen für sie und ihr oft ausbeuterisches und kriminelles Handeln nützlichen Beziehungsgeflechten, die nicht nur für ihre jeweilige Zielperson, sondern auch für die Gesamtgesellschaft höchst brisant und gefährlich sind. Denn selbstredend erwarten sie sich den Schutz und Beistand derer, mit denen sie sich in Freundschaft verbunden fühlen, kommen sie einmal in Bedrängnis und Not. Den »nützlichen Idioten« bleibt dann oft gar nichts anderes übrig, als dabei behilflich zu sein, denn die »Freunde« wissen einfach zu viel. Viel, zu viel steht auf dem Spiel.

Diese mit den Waffen der Rotlichtmilieus geschaffene Erpressbarkeit, zerstörerische Abhängigkeiten, gezieltes Unterwandern sowie die Einflussnahme auf private wie öffentliche Einrichtungen werden in unserer Gesellschaft allenfalls als marginales Geschehen zur Kenntnis genommen. In der Verantwortung stehende, mediale und politische Kräfte wirken gelegentlich sogar, bewusst oder unbewusst, unterstützend daran mit. So gibt es offizielle Organisationen (Verbände und Beratungsstellen), die sich staatlicher oder kommunaler Unterstützung erfreuen und auch immer wieder mediales wie politisches Gehör finden, obwohl sie dem Milieu, den Milieubossen und deren Intentionen sichtlich näher stehen als den vorgegebenen gemeinnützigen Zielen. Der Erfolg solcher infamen Angriffe auf Vertreter unterschiedlicher gesellschaftlicher Bereiche und öffentlicher Einrichtungen zeigt sehr deutlich, dass zuhälterisches Streben und Agieren weit über das Beschützen oder Ausbeuten von Prostituierten und auch weit über die Milieus im Rotlicht hinausgehen. Zuhälter und Zuhältergangs sind heute in weiten Teilen der OK zuzuordnen und sie versuchen, in die verschiedensten gesellschaftlichen Gebiete einzudringen und sich Machträume zu verschaffen. Sie können deshalb (wieder) zu einer ernsthaften Bedrohung und Gefahr für Staat und Gesellschaft werden – wenn sie es nicht bereits sind. Zuhälter sind jedenfalls mehr als nur Luden.

1.3 Jung, lieb, nett und brutal – die »Loverboys«

Stellt man sich die Frage, wer oder was ein Zuhälter ist, denkt man heute sogleich und keineswegs unbegründet an einen Zuhältertyp und eine zuhälterische Methode der Anwerbung, Rekrutierung und Ausbeutung von Mädchen und Frauen, die in den vergangenen Jahren vermehrt ins Zentrum der öffentlichen Wahrnehmung gerückt sind: an die sogenannten »Loverboys« und an die »Loverboy-Methode«. Die zunächst in den Niederlanden festgestellten perfiden Vorgehensweisen dieser Verführer schwappten gegen Ende des 20. Jahrhunderts nach Deutschland über und sind inzwischen auch in den Rekrutierungsländern und -gebieten von Ost- und Südosteuropa gängige Praxis.

Die scheinbar unerklärliche und manchmal unbegreifliche Fähigkeit mancher Zuhälter, Mädchen und Frauen in kürzester Zeit für sich zu gewinnen und zu vereinnahmen, ist ein Phänomen, welches keineswegs neu ist. Es gab sie schon immer, diese scheinbar unwiderstehlichen Charmeure mit ihren unlauteren Absichten und unfassbaren Erfolgen. Ihre verbrecherische Methode des Umgarnens, des geschickten Loslösens vom bisherigen sozialen Umfeld und des Vereinnahmens zum Zweck der sexuellen Ausbeutung hat aber in jüngster Zeit im In- und Ausland Ausmaße angenommen, die es erforderlich machen, »Loverboys« und ihre Strategien und Vorgehensweisen näher zu beleuchten. Allein im Jahr 2020 wurden von den deutschen Ermittlungsbehörden 99 Ermittlungsverfahren wegen Menschenhandels zum Zweck der sexuellen Ausbeutung registriert, bei denen diese »Loverboy-Methode« Anwendung fand. Somit muss davon ausgegangen werden, dass heute nahezu jedes vierte Mädchen oder jede vierte Frau auf diese infame Art und Weise der Prostitution oder Sexsklaverei zugeführt wird. Auffallend dabei: Es sind immer jüngere Tatverdächtige und es sind immer jüngere Opfer. Dass die Methode zunehmend Anwendung findet, verwundert allerdings nicht, denn die eingesetzte »psychische Gewalt« ersetzt plumpe erpresserische oder körperliche Gewalt, hinterlässt also keinerlei sichtbare Spuren, und führt daher zu schnellem Erfolg. Sie ist für die Täter bestens geeignet, um glaubhaft zu machen, die Prostitutionsausübung sei freiwillig und selbstbestimmt. Zwar ist genau Gegenteiliges der Fall, der Beweis dafür ist aber nur schwer zu erbringen. Für eine tiefergehende Analyse der »Loverboy-Methode« erscheint es sinnvoll, neben kriminalistischen Aspekten auch die Erfahrungen von Nichtregierungsorganisationen (NGO) miteinzubeziehen, die sich mit den Opfern des Menschenhandels und der Sexsklaverei – und damit auch mit denen der »Loverboys« – befassen. Eine der profilierteste Akteurinnen auf diesem Feld ist die Leiterin von SOLWODI Baden-Württemberg, Marietta Hageney. Wenn neben Einblicken in die »Loverboy-Methode« auch noch Erfahrungen und Empfindungen eines Opfers dieses schändlichen Tuns, das authentisch über seinen Weg in die Hölle (der Prostitution) und zurück ins Leben berichtet, einfließen, ist das zum einen ein höchst seltener »Glücksfall«, zum anderen bleibt dann an Wahrheit und Klarheit nichts mehr offen, was diese üble zuhälterische Anwerbungs- und Ausbeutungsmethode betrifft.

»Loverboy« – das klingt nett … Ein Liebhaber – ein Junge, der dich lieb hat. Wünschen sich nicht viele Mädchen einen solchen Jungen, der sie liebt? Schließlich ist es doch der Wunsch eines jedes Menschen, geliebt zu werden …, so Marietta Hageney. Und die im Umgang mit Opfern des Menschenhandels und der Sexsklaverei erfahrene Leiterin der Hilfsorganisation erklärt weiter: *SOLWODI (SOLidarity with WOmen in DIstress) ist seit 1985 Anlaufstelle für Frauen und Mädchen, die durch Armut, Menschenhandel und Sextourismus in die Prostitution gezwungen werden oder zwangsverheiratet in Deutschland leben. SOLWODI ist bundesweit mit 19 Beratungsstellen und 9 Schutzwohnungen für Frauen und Kinder in Not vertreten. Ich leite die erste Beratungsstelle von SOLWODI in Baden-Württemberg und mache immer wieder die Erfahrung, dass Prostitution für viele Frauen oftmals das letzte Glied einer Kette aus Armut, Perspektivlosigkeit, Gewalt, Missbrauchserfahrungen und Stigmatisierung ist. Ich erlebe immer wieder, dass Frauen und Mädchen versuchen, einer Welt voller Nöte zu entfliehen – und dann im Elend landen. Prostitution ist nie die Lösung. Arme Frauen werden nicht reich. Traumati-*

sierte und verletzte Frauen werden nicht gesund und diskriminierte Frauen werden nicht weniger ausgegrenzt. Frauenhändler, Zuhälter und die Sexindustrie aber leben davon, dass Frauen und Mädchen in die Prostitution getrieben werden, und sie haben auch perfideste Methoden entwickelt, um diese zu rekrutieren. Eine davon ist diese so harmlos, ja nett klingende »Loverboy-Methode«. Es sind vor allem sehr junge Frauen und Mädchen, die dabei in emotionale Abhängigkeit geraten. Die »Loverboys« spielen ihnen die große Liebe vor, versprechen eine wundervolle gemeinsame Zukunft (ein Leben in Luxus, ein eigenes Haus, eine schicke Wohnung …), lösen ihre auserwählten Opfer geschickt aus ihrem bisherigen sozialen und familiären Umfeld, vereinnahmen es und verfolgen in Wahrheit von Anfang an nur ein Ziel: sie der Prostitution zuzuführen und in der Prostitution auszubeuten. Neben Schulen und ähnlichen Einrichtungen machen diese Täter heute vor allem im Internet ihre Beute. Nicht selten läuft die Erstanbahnung über Frauen, über Mittäterinnen, die selbst Opfer sein können. Der Zuhälter (»Loverboy«) kommt erst dann ins Spiel, wenn ein gewisses Vertrauen aufgebaut wurde. Das System ist bestens ausgeklügelt und überlässt nichts dem Zufall.

Sandra Norak ist Betroffene. Sie wurde zum Opfer eines »Loverboys« und war sechs Jahre lang in der Prostitution gefangen, bis sie sich befreien konnte. Niemand kennt die perfiden Methoden eines »Loverboys« besser als sie. Inzwischen hat Sandra Norak mit Erfolg ein Studium abgeschlossen und engagiert sich in bewundernswerter Weise, um anderen Mädchen und Frauen ein ähnliches Schicksal, wie sie es ertragen musste, zu ersparen. Sie klärt an Schulen auf, publiziert ihre gemachten Erfahrungen und kämpft gegen das System Prostitution und deren Profiteure. Ihre beeindruckende Schilderung der »Loverboy«-Strategien und ihre leidvollen Erfahrungen werden bei der Arbeit von SOLWODI Baden-Württemberg, aber auch bei der anderer kompetenter Hilfsorganisationen wie SISTERS, KARO e.V. (an der deutsch-tschechischen Grenze tätig), KOFRA, JADWIGA, SOLWODI Österreich, der Schweizer Christlichen Ostmission (COM) und anderer Nichtregierungsorganisationen (NGO) immer wieder bestätigt.

Mein Zuhälter war ein ehemaliger Fremdenlegionär – das sagte er mir zumindest –, also ein Krieger, ein Stratege. Er erzählte mir von einem sehr alten Buch über Kriegsstrategien, das »Sun Tsu – Die Kunst des Krieges« heißt und das er geradezu vergötterte. Nach meinem Ausstieg aus der Prostitution beschaffte ich mir dieses Buch, denn ich wollte wissen, warum er es so hochgepriesen hatte. Ich entdeckte dann auch das Buch der Psychotherapeutin Marie-France Hirigoyens, die in ihrem Werk mehrfach Sun Tsus Aussagen aufgreift und einige seiner Ausführungen über die Kriegskunst auf den »psychischen Krieg« zwischen zwei Menschen überträgt. Das Kriegsbuch, so war festzustellen, enthält unglaublich viel an psychologischen Taktiken und Vorgehensweisen, um den jeweiligen Gegner in die Knie zu zwingen. Interessant dabei ist das »Wie«. Eine Aussage von Sun Tsu hierzu: »Die größte Leistung besteht darin, den Widerstand des Feindes ohne einen Kampf zu brechen!« Und er veranschaulicht in seinem Buch sehr gut, wie man das tun kann. Manchmal direkt, manchmal zwischen den Zeilen. Marie-France Hirigoyens in ihrem Buch dazu: »Sucht siegreich zu sein, ohne Schlachten zu liefern … Bevor sie (die Ahnen) kämpften, versuchten sie die Zuversicht des Feindes zu schwächen, indem sie ihn demütigten, indem sie ihn kränkten, indem sie seine Kräfte schweren Prüfungen unterzogen … Bestecht all das, was das Beste bei ihm ist, durch Angebote, Geschenke, Versprechungen, untergrabt sein Selbstvertrauen, indem ihr seine tüchtigen Männer zu schändlichen und gemeinen Taten anspornt und versäumt nicht, das unter die Leute zu bringen …«

Bei einer perversen Aggression geht es um den Versuch, den anderen zu erschüttern, ihn zweifeln zu lassen an seinen Überzeugungen, seinen Empfindungen. Das Opfer verliert dabei das Bewusstsein seiner Identität. Es kann nicht denken, nicht verstehen. Das Ziel ist es, zu negieren und dabei zugleich zu lähmen, damit das Auftreten eines Konflikts vermieden wird. Man kann es angreifen, ohne es zu verlieren. Es bleibt zur Verfügung. Dies geschieht unter doppeltem Druck: Etwas wird auf verbaler Ebene und das Gegenteil auf nichtverbaler Ebene zum Ausdruck gebracht. Die paradoxe Äußerung besteht aus einer ausdrücklichen Botschaft und einem Hintergedanken, dessen Existenz der Aggressor abstreitet. Ein äußerst wirkungsvolles Mittel, den anderen zu destabilisieren.

Auch der »Loverboy« versucht die Mädchen oder Frauen von ihren eigent-

lichen Empfindungen und Gefühlen zu spalten, und wenn man sich die Kommunikationsebenen zwischen den »Loverboys« und ihren Opfern ansieht, dann ist es genau das, was die Autorin Marie-France Hirigoyens aufschlüsselt. Denn oft ist es so, dass der »Loverboy«, nachdem er damit begonnen hat, das Prostitutionsthema aufzuwerfen und sein Opfer zu drängen, es soll sich prostituieren, danach auf verbaler Ebene sagt, dass es ihm aber nicht zu viel zumuten möchte, dass er es so sehr liebt, dass er es eigentlich nicht mit anderen Männern teilen möchte und er ihm aber gleichzeitig mit dem vorher Gesagten, seiner Miene und der nonverbalen Kommunikation, die hierbei gezielt manipulativ eingesetzt wird, vermittelt: »Wenn du dich nicht prostituierst, dann lässt du mich im Stich und bist schuld daran, wenn (mir) etwas passiert.« So werden im Gegenüber bewusst Schuldgefühle geweckt im Wissen, dass es letztlich anfängt, sich gegen seinen Willen zu prostituieren, und das ist genau das, wovon auch Sun Tsu spricht: Der Widerstand des Feindes (hier der Widerstand des Menschen, der sich eigentlich nicht prostituieren will, der aber in der Prostitution ausgebeutet werden soll) wird ohne einen Kampf gebrochen, ohne physische Gewalt – allein auf der Ebene von »perverser Kommunikation«, wie Marie-France Hirigoyen es nennt.

Viele Zuhälter, die ich kennengelernt habe, waren Meister dieser Art von Kommunikation und Manipulation und sie gaben diese Taktiken untereinander weiter.

Wichtig ist auch, zu verstehen, wie der Zuhälter seine Beziehung zu einem Mädchen oder einer Frau aufbaut. Die Autorin des genannten Buches schreibt auch über die sogenannte perverse Verführung. Sie spricht dabei von einer Vorbereitungsphase, während der das Opfer destabilisiert wird und zunehmend Selbstvertrauen einbüßt. Ein Zitat hieraus: »Es geht darum, es zunächst zu verführen, dann zu beeinflussen, schließlich der eigenen Macht zu unterwerfen und ihm dann jegliche Freiheit zu nehmen … Mit Wahn wie bei der verliebten Idealisierung, wo man sich, um die Liebe zu bewahren, weigert, die Fehler oder Schwächen des anderen zu sehen, hat das alles nichts zu tun, es ist Einverleibung – mit dem Ziel, zu zerstören … Beherrschender Einfluss oder Dominanz, das ist die geistige oder seelische Bevormundung in einem Abhängigkeitsverhältnis. Die Macht verführt den anderen, er wird hilflos, er kann gar nicht anders, als einwilligen und zustimmen. Dies erfordert unter

Umständen verschleierte Drohungen oder Einschüchterungen, denn er muss geschwächt werden, um ihm die eigenen Ansichten aufzwingen zu können … Das Opfer ist in einem Spinnennetz gefangen, zur Verfügung gehalten, psychologisch gefesselt, betäubt. Ihm ist oft nicht einmal bewusst, dass ein Übergriff stattgefunden hat … Weil er die Wünsche des anderen ausschaltet und all seine Eigentümlichkeit beseitigt, hat der beherrschende Einfluss diese unleugbar zerstörerische Komponente. Nach und nach findet das Opfer seine Widerstandskraft und seine Widerspruchsmöglichkeiten aufgerieben …«

Übertragen auf die »Loverboy-Methode« läuft das auch so ab. Der »Loverboy« ist zumeist älter als das Mädchen oder die Frau, welche er zu vereinnahmen versucht, und es besteht ein großes Machtgefälle. Nachdem er das erforderliche Vertrauen hergestellt hat, besitzt er den beherrschenden Einfluss und setzt die Frau unter Druck, gibt zum Beispiel Schulden vor. Wenn erforderlich, kommen Drohungen und Einschüchterungen ins Spiel, sie kann aber auch mit Bildern oder Sonstigem erpresst werden. Sie wird durch verschiedene Vorgehensweisen geschwächt und gefügig gemacht. Sie wird psychologisch gefesselt. Am Anfang also wird die Liebe benutzt, um ein Mädchen oder eine Frau in die Prostitution zu bringen. Was aber geschieht dann? Die Autorin schreibt dazu einen wichtigen Satz in ihrem Buch: »Zunächst gehorchen sie, um ihrem Partner Freude zu bereiten oder um ihn aufzurichten, weil er unglücklich aussieht. Später werden sie gehorchen, weil sie Angst haben.«

Wenn ein Mädchen den »Loverboy« kennenlernt, hat es allein Gefühle der Liebe, was sich dann in der Prostitution ändert. Diesem Gefühl der Liebe folgen Gefühle der Verzweiflung, der Ungewissheit und der Angst. Nach dem Umzug zu meinem »Loverboy« rutschte ich vom alltäglichen Schulleben in die Milieukriminalität, hatte es plötzlich mit den »Hells Angels« und anderen Milieupersonen zu tun. Man bekommt mit diesen Menschen keine Probleme, solange man sich an die Regeln hält. Diese aber haben nichts gemeinsam mit normal-gesellschaftlichen Regeln.

Was ich häufig bei Prostituierten beobachtet habe: Sie funktionieren. Sie funktionieren, weil sie wissen, was in diesem Milieu passieren kann, wenn sie nicht funktionieren, wenn sie sich nicht an die Regeln halten. Auch hier stoßen wir auf seelische Gewalt, denn es werden häufig sehr gezielt Anspielungen auf mögliche Konsequenzen gemacht. Es ist also ein Ertragen der Situation aus Angst vor der Ungewissheit, was ansonsten passiert. Und diese Kreise, von denen ich spreche – das ist die Organisierte Kriminalität. Und diese kommt nicht nur vereinzelt vor, sie steuert heute das komplette Milieu!

Zum Thema »seelische Gewalt« abschließend noch ein Zitat aus dem Werk von Sun Tsu, das voll und ganz auf die Prostitution zutrifft:

»Bringe deine Soldaten in Positionen, aus denen es keinen Fluchtweg gibt, und sie werden den Tod der Flucht vorziehen. Wenn sie den Tod vor sich sehen, gibt es nichts, was sie nicht erreichen können. Wenn es keinen Fluchtweg gibt, bleiben sie standhaft … Wenn sie keine Hilfe erwarten, werden sie hart kämpfen. So bleiben die Soldaten, ohne Befehle zu erwarten, ständig wachsam und sie tun, was du willst, ohne angeleitet zu werden. Sie werden ohne Vorbehalte treu sein, du kannst ihnen trauen, ohne Befehle geben zu müssen …«

Marie-France Hirigoyens zur seelischen Gewalt dieser Art: »Auch wenn sie nonverbal, versteckt, unterdrückt bleibt, die Gewalt ist dennoch da: im Unausgesprochenen, in den Anspielungen, in den absichtlichen Auslassungen … Und dadurch überträgt und erzeugt sie Angst.«

Sandra Norak stellt abschließend fest:

Würde mir heute so jemand (ein »Loverboy«) unter die Augen treten, hätte er keine Chance mehr. Doch viele, vor allem junge Menschen, vor allem Mädchen und Frauen, haben diese Widerstandskraft noch nicht entwickelt, sind leicht zu manipulieren, und es ist wichtig, sie davor zu bewahren und bereits Betroffene herauszuholen. Das aber schafft man nicht, wenn man sagt, sie seien aufgrund ihrer Naivität oder Dummheit selbst schuld, in der Prostitution gelandet zu sein. Von den »Loverboys« bekommen sie vermittelt: »Wenn mir etwas passiert, weil du dich nicht prostituierst, bist du schuld.«

Wenn dann aus der Gesellschaft heraus auch noch zum Ausdruck gebracht wird: »Du bist selbst schuld, wenn du darauf reinfällst, wenn du das machst …«, dann ist das eine doppelte Schuldzuweisung, die sich Zuhälter und Menschenhändler zunutze machen und die allein ihnen dient. Indem diese doppelte Schuldzuweisung – wenn auch unbewusst – bewirkt, dass sich die Betroffenen in ihrer Schuld gefangen fühlen und eher in dem perfiden System verharren. Aus der Gesellschaft heraus sollte man sich also klar positionieren und nur eines zum Ausdruck bringen: »Du bist nicht schuld, wir reichen dir die Hand, ohne dir Vorwürfe zu machen!«

2. Geschichte(n) der Zuhälterei

2.1 Die »Loverboys« der Antike

Die Zuhälterei könnte schon vor Beginn aller Aufzeichnungen, zu Zeiten der »häuslichen Prostitution« alltäglich gewesen sein – ohne dass sie freilich als solche erkannt wurde. Es gab eine Zeit, in der die Gastfreundschaft weit über das heute übliche Maß hinausging. Man war sich schließlich nicht sicher, ob ein Fremder, der anklopfte und um Einlass bat, nicht göttliche Eigenschaften in sich trug und über das eigene Wohl und Wehe befinden könnte. Also wurde ihm, um jeglichem Ungemach vorzubeugen, das Beste aus Küche und Keller serviert, und nicht nur das: Er wurde auch freundlichst ersucht, sich der Frau oder der Tochter des Hauses zu bedienen. Ein Angebot, das sicher gern und oft angenommen wurde. Der Hausherr erwartete für so ein überaus großzügiges Entgegenkommen selbstredend ein angemessenes Gastgeschenk, welches freilich auch als Vergütung für die hingebungsvolle Tätigkeit von Frau oder Tochter angesehen werden konnte – womit wir der Zuhälterei schon recht nahe gekommen sind.

Sicher ist, es gab die Luden und das Ludentum bereits in vorchristlichen Zeiten. Bereits die Reden des Athener Staatsmannes Demosthenes (384 v. Chr bis 322 v. Chr.) enthalten Hinweise auf zuhälterische Umtriebe. So berichtete der Grieche von einem gewissen Stephanos, der die Hetäre Neaera heiratete, welche ihr »unsittliches Gewerbe«, die eingegangene Ehe ungeachtet, munter fortsetzte. Allerdings, so Demosthenes, erhöhte sie die Preise für ihre Dienstleistungen, da sie ja nun bei jedem Akt Gefahr lief, beim Ehebruch ertappt zu werden. Und dieser skrupellose Stephanos vermehrte das Haushaltsgeld der Familie zusätzlich, indem er den Kunden seiner Frau mit einer Klage wegen Ehebruchs drohte und sie damit erpresste. Doch damit nicht genug: Er zwang auch Neaeras Tochter zur Prostitution und erpresste auch von deren Kunden beachtliche Summen.

Auch im siebenten Hetärengespräch des Lucian wird von einem Zuhälter berichtet, der in seinem Handeln einigen Vertretern seiner Zunft von heute zu ähneln scheint. Er verkaufte sämtliche Schmuckgegenstände seiner Anvertrauten und versoff die Erträge, ohne dadurch deren Liebe und damit seine Einnahmequelle zu verlieren.

Und auch der Contubernalis Publius Aebulius lebte von den Einnahmen der Hure Ficenia Hispala, wie vom römischen Geschichtsschreiber Titus Livius (59 v. Chr. bis 17 n. Chr.) festgehalten wurde. Schließlich berichtete der römische Dichter Ovid (43 v. Chr. bis 17 n. Chr.) davon, dass der Ehemann der Kurtisane Corinna seinen Lebensunterhalt von deren Einnahmen bestritten habe.

Diese und andere Beispiele zeigen, schon im alten Griechenland wie im Römischen Reich waren Menschenhandel (zum Zweck der sexuellen Ausbeutung), Prostitution und Zuhälterei weit verbreitet. Vorwiegend waren es Sklavinnen, die damals zur Prostitution gezwungen und schamlos ausgebeutet wurden. Sie galten nicht als Menschen mit (Menschen-)Rechten, sondern als eine Art von Gegenständen, die man willkürlich und ganz nach Bedarf benutzen konnte. So wurden auf den Sklav(inn)enmärkten der Römer neben männlichen Arbeitskräften auch Frauen und Kinder angeboten – manchmal nackt, wie Gott sie schuf, und zum freien Gebrauch, ganz nach Belieben. Das kostbare Gut menschlicher Würde kannte man noch nicht. Diese vielleicht wichtigste Entdeckung der Menschheitsgeschichte machte man erst viel später. Doch hätte man diese »Würde« gekannt, sie wäre den Sklavinnen und Sklaven des Altertums wohl nicht zugestanden worden.

Bei den Prostituierten wie bei den Zuhältern Roms gab es große Unterschiede, was ihr Aussehen und ihr Auftreten, die Örtlichkeiten ihres Tuns und nicht zuletzt ihr gesellschaftliches Ansehen betraf. Während der Aedil[2] das Treiben der gewöhnlichen und von der besseren Gesellschaft mehr verachteten als geachteten Huren mitsamt ihren »Beschützern« in die äußeren Stadtteile Roms verbannte, waren die Kurtisanen gesellschaftlich integriert und angesehen und ihre Dienste wurden gern und reichlich in Anspruch genommen. Sie waren zumeist verheiratet. Nicht selten mit einem Mann, der zugleich ihr Zuhälter war und die werte Kundschaft für die Gattin zu besorgen hatte. Bevorzugt geschah dies unter den Wohlhabenden, Ein-

2 Aedil (Ädil) war die in Rom (auch) für die Prostitution zuständige untere Polizeibehörde.

flussreichen und Mächtigen jener Zeit. Schon damals gab es also Hinweise darauf, dass Zuhälter nach solchen, für sie nützlichen Verbindungen und Beziehungen Ausschau hielten.

2.2 Hurenwirte und Henkersknechte – die »Mädchenhirten« des Mittelalters

Im Mittelalter galt käuflicher Sex (von Prostitution wurde erst im späteren Mittelalter gesprochen) auf europäischem Boden grundsätzlich als sündhaft. Das Treiben der »liederlichen Weibsbilder« wurde dennoch weitgehend geduldet und als notwendiges Übel hingenommen. Nicht zuletzt aufgrund des mittelalterlichen Heiratsrechts, nach dem junge Männer nur dann eine Heiratserlaubnis bekamen, wenn sie eine Familie ernähren konnten, was vielen erst im späteren Lebensalter möglich war.

Im Verlauf der Jahrhunderte, von 600 n. Chr. bis ins 17. Jahrhundert hinein, entwickelte und etablierte sich ein höchst ambivalentes und dazu sehr unterschiedliches Verhältnis der bürgerlichen Gesellschaften zum Dirnen(un)wesen und der mit ihm untrennbar verbundenen Zuhälterei. Die »freien Töchter« (»frei« bedeutet in diesem Zusammenhang, dass sie für alle frei verfügbar waren oder frei verfügbar sein mussten) wurden einerseits den Verfemten zugeordnet, so wie die »Hurenwirte« – die von der Obrigkeit eingesetzten Betreiber von Frauenhäusern und Bordellen – und viele andere Berufe und Tätigkeiten auch. Die Bader zum Beispiel und die Spielleute, die Heilkünstler, Tierverschneider, Feldschäfer, Abdecker, Hundeschläger, Gassenfeger und die Chirurgen …

Die Dirnen waren damit, so wie all die Genannten, ehr- und rechtlos und konnten daher auch dazu gezwungen werden, sexuelle Dienste anzubieten. Dennoch wurden sie nicht nur verachtet und erbarmungslos ausgebeutet, sondern auch verehrt und hofiert und zu allen Zeiten gerne und viel in Anspruch genommen. So waren die »wohlfeilen Dirnen« zum Beispiel gern gesehene Gäste bei Festen, Umzügen und anderen öffentlichen Veranstaltungen. Auch wurden sie zu Hochzeiten geladen und als Glücksbringerinnen verehrt und reichlich beschenkt.

Zur Zeit Karls des Großen gab es dann die ersten städtischen Bordelle, die sich aus den frühmittelalterlichen Web- und Spinnhäusern (Gynaeceen) entwickelten, in denen die Frauen ursprünglich für die »Frauenwirte« eine vorgegebene Anzahl von Stoffen zu weben oder zu spinnen hatten. Gegen Ende des 13. Jahrhunderts gab es immer mehr solche Bordellbetriebe, offizielle und von der Obrigkeit geschaffene und genehmigte Frauenhäuser und Badstuben, die von allen Ständen aufgesucht wurden. »Hurenprozessionen« waren in dieser Zeit ebenso üblich wie offizielle Feierlichkeiten in den Freudenhäusern. Auch wurde jeder hohe Besuch ganz selbstverständlich ins Frauenhaus geleitet und dort auf Kosten der Gastgeber bewirtet und verwöhnt.

Auch in den Kirchen kehrte in dieser Zeit vor Luther die Sünde ein. Der liebe Gott wurde von den geistlichen Herren sträflich vernachlässigt und viele Bischöfe verhielten sich nicht anders wie die weltlichen Fürsten dieser Zeit: Sie gaben sich der Völlerei hin, kleideten sich in feinste Gewänder, gingen gern auf die Jagd und hielten sich Kurtisanen. Selbst der niedere Klerus lebte oft in Saus und Braus, und es gab Klöster, die unterschieden sich nicht allzu sehr von öffentlichen Bordellen.

Am stärksten verkommen, so wurde berichtet, war Rom. Nahezu jeder Priester hielt sich in der »heiligen Stadt« eine Mätresse, nicht selten auch zwei oder mehr. In Rom, die Stadt zählte damals knapp 100 000 Seelen, sollen gut 6 000 von Zuhältern »betreute« und vermittelte Prostituierte ihre Dienste angeboten haben, und in besonders hohem Maße grassierte die Sünde an der Spitze der Christenheit. Päpste hielten sich Mätressen, zeugten Kinder und verwandelten den Vatikan mitunter in ein Bordell. Bonifaz VIII. (1235–1303) fiel, um ein Beispiel zu nennen, nicht nur durch seine Habgier und Fresslust und allerlei Grausamkeiten auf. Er soll auch einen verwandten Bankier zum Kardinal ernannt haben, welcher ihm auch als Kuppler zu dienen hatte. Ein Zuhälter im Kardinalsgewand!

Die Hurenwirte und »Züchtiger« in deutschen Landen, über lange Zeiträume hinweg waren es die Scharfrichter, die mit dieser Aufgabe betraut waren und sich so ein Zubrot verdienten, hatten darauf zu achten, dass keine heimischen Bürgerstöchter in den Frauenhäusern tätig wurden. Die Huren für die mittelalterlichen Puffs wurden ausschließlich aus dem Kreis der Verfemten und damit der Rechtlosen rekrutiert, oder es waren ortsfremde Frauen, die zur Prostitution gezwungen wurden. Wurden sie, ob aus purer Not oder von Zuhältern (Ehemännern, Badern, Frauenwirten oder übers Land ziehenden Mädchenhändlern …) dazu gezwungen, als »gemeine Weiber« tätig, so waren sie, ungeachtet des Zwangs und ungeachtet ihrer Wertschätzung, zumeist strengen örtlichen und zeitlichen Beschränkungen unterworfen.

Es gab Vorschriften für die Huren und es gab »Hurenhausordnungen«, in denen die Pflichten der Huren und Hurenwirte festgelegt waren. Verstöße gegen solcherlei Vorgaben wurden in aller Regel drastisch bestraft.

Auszüge aus einer Hurenhausordnung der damaligen Zeit:

Zuvörderst sollen alle Bordellwirte und eingezeichneten Mädchen stets eingedenk sein, dass ihr an sich schändliches Gewerbe nur geduldet, nicht aber erlaubt oder gar gutgeheißen wird … Niemand darf ein Bordell anlegen, ohne vorher von der Polizei die Erlaubnis dazu erhalten zu haben … Öffentliche Mädchen dürfen weder bei Tag noch bei Nacht Vorübergehende auf den Straßen anreden oder gar anhalten noch ihnen aus den Fenstern zuwinken … Kein öffentliches Mädchen darf sich abends nach 11:00 Uhr ohne männliche Begleitung auf den Straßen blicken lassen … Kein Wirt oder Mädchen darf jungen Leuten unter 20 Jahren Zutritt verstatten … Tanzmusik, Karten- und andere Spiele sind in Bordellen untersagt … Kein Wirt oder für sich wohnendes öffentliches Mädchen darf nächtlichen Lärm und Unfug, Singen, Geschrei oder gar Zank und Schlägerei bei sich dulden … Kein Hurenwirt und eingeschriebenes Mädchen darf sich Erpressungen oder Gewalttätigkeiten gegen einen Gast erlauben … Der Austritt aus dem Bordell darf keinem Mädchen, das seine Lebensart ändern und sich auf eine rechtliche Weise nähren will, erschwert oder gar verweigert werden, namentlich wegen Schulden des Mädchens … Alle acht Tage müssen sich die öffentlichen Mädchen der ärztlichen Untersuchung unterwerfen … Der Ratschirurgus zeigt die bei der Untersuchung ausbleibenden Mädchen sogleich der Polizei an … Die von den öffentlichen Wirten und Mädchen zu bezahlenden Abgaben müssen vor dem 14. jeden Monats auf die Polizei gebracht werden …[3]

3 Auszug aus einer Hamburger Polizeiverordnung vom 30.1.1834, die im Wesentlichen den alten Hurenhausordnungen entspricht.

Zumeist war auch vorgegeben, dass die Frauen jedem zugänglich sein mussten, und auch die Mindestanzahl der Freier, die sie zu bedienen hatten, war häufig festgelegt. Auch wurden – zumeist nicht sehr frauenfreundliche – Regelungen für den Krankheitsfall getroffen. Bemerkenswert ist, dass den »eingeschriebenen Mädchen« in mittelalterlichen Zeiten viele Pflichten auferlegt wurden, dass sie jedoch keinerlei Rechte hatten und ihnen auch kein Schutz gewährt wurde. Sie wurden als Sexsklavinnen und dazu als Sünderinnen und (potenzielle) Täterinnen und nicht als Opfer gesehen und behandelt. Das wird deutlich, da sie jeden Freier empfangen mussten, also keinen, der sie begehrte, zurückweisen durften. Den Hurenwirten wie den Huren wurde streng untersagt, einem Gast Gewalt anzutun oder ihn zu erpressen. Wurde jedoch, was häufig der Fall gewesen sein dürfte, einem »eingeschriebenen Mädchen« vonseiten eines Hurenwirts, eines Zuhälters oder eines Freiers Gewalt angetan oder wurde es erpresst und zur Hurerei gezwungen, so war es diesem schutzlos ausgeliefert. Das war von der jeweils Betroffenen hinzunehmen und nicht von strafrechtlicher Relevanz. Auch der ausdrückliche Hinweis, dass ein Hurenwirt ein Mädchen nicht vom Verlassen des Bordells »namentlich wegen Schulden« abhalten durfte, ist auf verbreitete zuhälterische Praktiken jener Zeit und auf das Ausgeliefertsein der »wohlfeilen Dirnen« zurückzuführen. Die Hurenwirte beuteten die ihnen Anvertrauten nicht selten erbarmungslos aus, trieben sie in die Verschuldung und zwangen sie damit, im jeweiligen (Frauen-)Haus zu bleiben – um sie weiterhin ausbeuten zu können.

Kaiser Rudolf von Habsburg hatte dann ein Herz für die weitgehend rechtlosen und leidgeplagten Huren jener Zeit. Er verbot im Jahre 1276, die »gelüstigen Frauen« zu beleidigen oder zu demütigen, schließlich würden diese fleißig Steuern bezahlen. Ungeachtet des kaiserlichen Wohlwollens hatten die »Hübschlerinnen« freilich weiterhin an Sonntagen und während der Fastenzeit die Stadt zu verlassen. Schließlich musste die moralische Distanz der frommen und anständigen Bürgerinnen und Bürger der Stadt sowie der über jeden Zweifel erhabenen Obrigkeit gegenüber den »unzüchtigen Weibern« irgendwie zum Ausdruck gebracht werden. Das verhinderte freilich nicht, dass die aus der städtischen Gemeinschaft vorübergehend Verbannten nach der verordneten Abwesenheit von den Bürgerlichen wieder freudig in Empfang und eng umschlungen in die Arme genommen wurden. Um peinliche Verwechslungen der Huren mit den ehrbaren Bürgerlichen zu vermeiden, hatten sich diejenigen, welche »umb Gelt in liebe pflegen« vielerorts kenntlich zu machen. So hatten sie in Straßburg bestimmte Mäntel, in Augsburg einen Schleier und in Hamburg, Zürich und Bern eine Haube zu tragen. In Wien war als Unterscheidungsmerkmal ein gelbes Tuch vorgeschrieben, in Meran ein kleines gelbes Fähnlein auf den Schuhen. Ganz nebenbei waren das auch nützliche und hilfreiche Hinweise für die (potenziellen) Freier.

Im Jahr 1278 unterstellte Rudolf von Habsburg alle »Vensterhennen« dann offiziell den Scharfrichtern, was Schreckliches erahnen lässt, jedoch keineswegs die Enthauptung oder den Tod auf dem Scheiterhaufen zur Folge hatte. Die Henkersleute wurden vielmehr damit beauftragt, die »unzüchtigen Weibsbilder« sorgsam zu behüten und zu beschützen. Das allerdings führte dazu, dass so mancher ehrenwerte Henkersknecht zum Zuhälter wurde. Und trotz der in jener Zeit recht zahlreich zu vollstreckenden Todesurteile erzielte so mancher Scharfrichter mit der Ausbeutung der ihm anvertrauten Huren mehr Einnahmen als mit seinem mittels Strick oder Schwert ausgeübten Handwerk.

Während zuhälterische Dienste zum Schutz der »liederlichen Weiber« vor rabiaten oder zahlungsunwilligen Freiern über lange Zeiträume hinweg als unverzichtbar galten, erübrigten sich solche Aufpasser und Ausbeuter durch die voranschreitende Bordellierung mehr und mehr. In den Frauenhäusern, Badstuben und Freudenhäusern, kontrolliert von staatlichen, von der Obrigkeit eingesetzten Betreibern, wurden deshalb, von den offiziell eingesetzten und häufig auch zuhälterisch tätigen Badern und Hurenwirten abgesehen, auch keine der Zuhälterei verdächtigen Personen mehr geduldet. Hielt sich eine Dirne trotz Verbots einen solchen Aufpasser oder Ausbeuter, so war das mit harten Strafen bedroht – freilich für die Dirne und eher selten für den Zuhälter. Gelegentlich aber wurden auch beide aus der Stadt gejagt. Und aus der Stadt vertrieben zu werden, den Schutz der städtischen Gemeinschaft und der Stadtmauern zu verlieren, galt zwar als eine der milderen Strafen, konnte zu bestimmten Zeiten aber dennoch den sicheren Tod bedeuten.

Nachdem die Prostitution dann nur noch in den offiziellen Frauen- und Freudenhäusern erlaubt und jede andere Form der Prostitutionsausübung strengstens verboten war, spätestens da geriet die Zunft der Luden ernsthaft in Not und schien vom Aussterben bedroht. Doch trotz des Verbots der »käuflichen Liebe« außerhalb der Bordelle, trotz strenger Überwachung und Strafandrohungen bis hin zum Tod durch das Schwert, hielt sich eine illegale »Winkelprostitution« weiterhin hartnäckig. Diese illegal anschaffenden Frauen und Mädchen waren auf zuhälterische Dienste angewiesen. Mussten sie doch nicht nur vor zahlungsunwilligen oder gewalttätigen Freiern, sondern auch vor der Obrigkeit und vor Strafverfolgung und damit möglicherweise vor dem sicheren Tod bewahrt werden.

Diese »Heimlichen«, so zeigte sich bald, waren nicht auszurotten. Im Gegenteil, sie nahmen zu, und bald entbrannte ein Konkurrenzkampf zwischen den offiziellen und »eingeschriebenen« Dirnen in den Frauenhäusern und den »Illegalen« oder »Heimlichen«. Die Obrigkeit sah zwar mehr und mehr von den schweren Leibesstrafen ab, achtete jedoch weiterhin peinlichst darauf, dass die Dirnenabgaben dem Stadtsäckel nicht verloren gingen. Die »Heimlichen« wurden deshalb von den Gassenknechten verfolgt und, wurden sie ertappt, kurzerhand in ein Frauenhaus oder in eine Badstube gesteckt.

Diese Badstuben, die ursprünglich der Körperpflege und der Behandlung von Krankheiten dienten, wurden in der Zeit vom 13. bis ins 16. Jahrhundert hinein immer mehr zweckentfremdet. Sie wurden zu beliebten gesellschaftlichen Treffpunkten und letztlich zu reinen »Unzuchtstätten«. Selbst zu Zeiten und in Häusern, in denen vorgegeben war, dass Männer und Frauen nur getrennt baden durften, blühte die »Unzucht« unter den Badenden, da immer Frauen anwesend zu sein hatten, die im Bad »arbeiteten«. Wesentlich gefördert wurde diese Wandlung von Badehäusern hin zu Bordellbetrieben durch die (von der Obrigkeit eingesetzten) Bader, die schnell erkannten, dass sich neben der Überwachung eines solchen Badebetriebs mit kupplerischen und zuhälterischen Tätigkeiten ein erkleckliches Zubrot verdienen ließ. Und so wie die Betreiber der Frauenhäuser galten auch die Bader deshalb bald als sehr wohlhabende Zeitgenossen – nicht jedoch als das, was sie zumindest teilweise waren: Ausbeuter und Zuhälter.

Wie groß die Reinlichkeit und Körperpflege in jener Zeit geschrieben wurden, wird am Beispiel der Stadt Ulm deutlich. In der Freien Reichsstadt an der Donau wurden im Jahr 1489 über 180 Badehäuser oder Badstuben gezählt. Flussabwärts in Wien waren es dagegen nur 21. Heute hat sich das Verhältnis umgekehrt, und in der Stadt Wien werden ungleich mehr Bar- und Bordellbetriebe gezählt als in der flussaufwärts gelegenen Münsterstadt Ulm.

Die Beliebtheit solcher Badstuben ungeachtet und allen Bemühungen der Obrigkeit zum Trotz, nahm die Zahl der »Heimlichen« weiter zu. Die Gasthaus- und Winkelprostitution blühte auf und es gab immer mehr Animierkneipen und geheime Liebesnester, die von Gastwirten, Herbergsvätern und Zuhältern sowie von anderen »unsauberen Elementen« betrieben wurden.

Mit der aufkommenden Reisetätigkeit wuchsen (illegale) Prostitution und Zuhälterei vor allem in den Gasthäusern und Herbergen an, die an viel befahrenen Wegen lagen und in denen sich auch immer mehr »fahrende Frauen« niederließen. Allein zum Konstanzer Konzil (1414) sind 700 bis 1 000 »fahrende Frauen« angereist, um ihre Dienste anzubieten. Auch mit den Heeren des Mittelalters zogen zahlreiche Marketenderinnen und von einem »Hurenweibel« befehligte Dirnen. Neben sexuellen Dienstleistungen hatten die Trossweiber auch andere Frauenarbeiten zu verrichten: Kochen, Putzen, Waschen und anderes mehr. Allein die Heere Karls des Kühnen (1433–1477) sollen von Tausenden von einem »Hurenweibel« befehligten Dirnen begleitet worden sein.

Ähnlich wie bei den »Eingeschriebenen« in den Frauenhäusern waren es auch bei den »fahrenden Frauen« vorwiegend Gesellen, Studenten und Ledige, die sich ihrer annahmen. Diejenigen also, für die städtische Frauenhäuser oder Bordellbetriebe vorgesehen waren. Doch auch andere Zeitgenossen, denen das Betreten eines Bordells strengstens untersagt war, wie Geistliche, Verheiratete, Juden und Türken, schlichen zu später Stunde gern in Richtung eines mittelalterlichen Puffs oder näherten sich vorsichtig einer der »Heimlichen«, die in dunklen und versteckten Ecken und Winkeln zu finden waren, an Örtlichkeiten, die Interessierten freilich nicht unbekannt waren. Wurden solche Sünder ertappt, stellte man sie an den Pranger, man steckte sie in den Narrenkäfig oder verwies sie der Stadt. Doch auch Kastration und Brandmarkung konnten drohen. Gelegentlich war sogar die Todesstrafe die Folge und das Ende des Vergnügens. Allein die Geistlichen sollen nach solchen Verfehlungen zumeist ungestraft oder mit milden Strafen davongekommen sein. Da wollte man wohl nichts falsch machen, um die Himmelstüren offen zu halten.

Knäblein unter 14 Jahren und junge Frauen, »die weder bruste noch anders hette, das dozu gehort«, wurden in den mittelalterlichen Puffs nicht geduldet. Wurden sie dort angetroffen, setzte es zum Beispiel von den Hurenwirten oder den herbeigerufenen Gassenknechten verabreichte Peitschenhiebe. Sie wurden nicht als Opfer, sondern als kleine Sünderinnen oder Sünder gesehen und entsprechend bestraft.

Im 15. und zu Beginn des 16. Jahrhunderts wurden die »unzüchtigen Weibspersonen« dann wieder mehr geächtet als geachtet und ihr Alltag gestaltete sich zunehmend schwieriger. Vor allem die Kirche bekämpfte die unsittliche Lebensweise und drohte mit harten Strafen, bis hin zur Todesstrafe für Dirnen und für Freier, nicht jedoch für Zuhälter. Deren Beteiligung an dem unerwünschten, unzüchtigen Treiben wurde als nicht weiter beachtenswert, bedeutsam und auch nicht als strafwürdig angesehen. Vielleicht (auch) deshalb, weil zahlreiche von der Obrigkeit eingesetzte Betreiber von Frauenhäusern, Bädern und Puffs zuhälterisch tätig waren. Die Kirchen und die zuständigen staatlichen Institutionen beachteten sie und ihr Tun jedenfalls nicht, machten nun aber regelrecht Jagd auf die »freien Töchter« und »wohlfeilen« Dirnen. Schließlich wurden alle Frauen- und Freudenhäuser mit der von Kaiser Karl V. erlassenen Reichspolizeiordnung von 1530 verboten und nicht zuletzt wegen der sich rasant ausbreitenden Geschlechtskrankheit Syphilis geschlossen. Die Folge davon: Die aus den Bordellen Vertriebenen verbreiteten die Geschlechtskrankheiten im ganzen Land. Und zuhälterische Dienste waren plötzlich wieder gefragt. Ungeachtet aller Vorgaben und Verbote, der Schließung aller Frauenhäuser, der Ausbreitung von Syphilis und der drohenden (Todes-)Strafe, breiteten sich Prostitution und Zuhälter(un)wesen weiter aus. Die Armut trieb die Frauen in die Prostitution, und ohne Zuhälter war diese angesichts so manch rabiater oder zahlungsunwilliger Freier und drohender Strafverfolgung kaum möglich. Neben der grassierenden Armut führten auch sexuelles Fehlverhalten, Ehebruch, voreheliche Schwangerschaften und Vergewaltigungen immer wieder dazu, dass Frauen zu »gemeinen weybern« wurden, die dann auf zuhälterischen Schutz angewiesen waren. Obwohl mit schwersten Strafen bedroht (Pranger, Abschneiden der Ohren, Auspeitschen mit Ruten ...), wurden Frauen und Töchter in diesen Armutszeiten auch immer wieder von Vätern oder Ehemännern in die Prostitution vermittelt und verkauft. Andere wurden von Zuhältern, die übers Land zogen, nach hübschen Mädchen Ausschau hielten und diese mit falschen Versprechungen anlockten (»Loverboy-Methode«) oder gewaltsam entführten, in die Prostitution getrieben. Dessen ungeachtet hatten die »unzüchtigen Weibsbilder« nach den 1530, 1548 und 1577 erlassenen Reichspolizeiordnungen hohe Geldstrafen zu bezahlen und wurden ausgepeitscht oder öffentlich angeprangert, so man ihrer habhaft wurde. Ihr »schändliches Tun« wurde auch damit bestraft, dass man ihnen als sichtbares und bleibendes Zeichen ihres sündigen Treibens ein Ohr abschnitt, und bei wiederholten Zuwiderhandlungen wurden auch noch schwerwiegendere Leibesstrafen bis hin zu Todesurteilen ausgesprochen und vollstreckt. So ist im *Urgichtbuch* der Stadt Ulm (1594–1636) zu lesen, dass eine Anna Mürdlin, weil sie der Unzucht nachging, am 3. September 1624 mit dem Schwert hingerichtet wurde. Neben den kirchlichen Sittengesetzen traten während des »Heiligen Römischen Reichs deutscher Nation« (vom Spätmittelalter bis zum Jahr 1806) weitere städtische und staatliche, das Dirnen(un)wesen betreffende Verordnungen und Verbote in Kraft. Mit den Verordnungen von 1548 und 1577 wurden neben einem strikten Verbot der »gewerbsmäßigen Unzucht« und des außerehelichen Beischlafs erstmals auch kupplerische Tätigkeiten mit Strafe bedroht, was dann bis ins 18. Jahrhundert hinein – und was die Kuppelei betrifft, noch länger – geltendes Recht war.

Auch während des Dreißigjährigen Krieges zogen zahllose Trossfrauen und Marketenderinnen mit den Heeren. Es waren vorwiegend Frauen und Mädchen, die, der Armut und Not gehorchend, sich durch die Begleitung der Söldner- und Soldatenheere Schutz, Sicherheit und ein sicheres Einkommen versprachen. Es waren aber auch Beutefrauen, Frauen und Mädchen, die geraubt und von den Heeren für Tage, Wochen oder längere Zeiträume vereinnahmt und mitgenommen wurden. Dass sie in dieser entbehrungsreichen und grauenvollen Zeit den Soldaten und Söldnern auch als Sexsklavinnen zu dienen hatten, war pure Selbstverständlichkeit.

Spätere, gegen Ende des 17. Jahrhunderts eingeleitete Versuche, die Prostitution und damit auch die Zuhälterei vollständig auszurotten, scheiterten so kläglich wie gleichartige Versuche in den Jahrhunderten zuvor und danach.

2.3 Die unduldsame Kaiserin, »Wasserschübe« und die »Lex Heinze«

Auch Kaiserin Maria Theresia (1717–1780) drohte den »Hübschlerinnen« in der *Constitutio Criminalis Theresiana* mit empfindlichen Strafen. Wurde ein Freier bestohlen oder mit Syphilis angesteckt, schnitt man der beschuldigten Hure einer kaiserlichen Anweisung entsprechend das Haar ab, man teerte ihren Schädel oder peitschte sie vor einer Kirche aus. Eine von der Kaiserin eingesetzte Keuschheitskommission ging rigoros gegen Dirnen und Freier vor. Neben anderen Zeitgenossen hatte der Venezianer Giacomo Casanova sehr unter dieser auf Keuschheit achtenden Kommission zu leiden. Nachdem er während eines Wien-Aufenthalts im Jahre 1753 beim »Wild-Pinkeln« erwischt und deshalb ermahnt worden war, hatte man ihn schließlich der Stadt verwiesen. In seinen Memoiren beklagt er sich deshalb bitter:

»Schändliche Spione, die man Keuschheitskommissare nennt, waren die unerbittlichen Quälgeister aller hübschen Mädchen. Die Kaiserin hatte alle Tugenden, nicht aber die Duldsamkeit, wenn es sich um unerlaubte Liebe zwischen Mann und Frau handelte!«

»Incorrigible Weibspersonen« wurden zur Zeit Maria Theresias in ein Zucht- oder Spinnhaus gesteckt. Zudem führte die Kaiserin die »Temeswarer Wasserschübe« ein: Huren und andere »liederliche Weibsbilder« wurden zusammen mit Asozialen und Taugenichtsen (es waren vorwiegend Zeitgenoss(inn)en, die als gesellschaftliche Schädlinge erachtet wurden, die man strafrechtlich aber nicht so richtig packen konnte – also auch Zuhälter) auf Donauschiffen ohne Rückfahrkarte in das Banat deportiert. Bei solchen erzwungenen Umsiedlungen innerhalb der Habsburgermonarchie wurden zwischen 1744 und 1768 von Wien aus über 3 000 Personen auf die Reise in eine ungewisse Zukunft geschickt.

So richtig wahrgenommen, bekämpft und bestraft wurde die Zuhälterei aber immer noch nicht. In aller Regel gerieten die Luden nur dann ins Visier der Obrigkeit, wenn sie sich auch als Diebe, Räuber, Erpresser, Totschläger oder Mörder betätigten, was freilich nicht selten der Fall war. Allen Maßnahmen der strengen Kaiserin und ihrer Keuschheitskommission zum Trotz: Die Prostitution war nicht auszurotten. Im Gegenteil: Sie und mit ihr die zuhälterischen Umtriebe nahmen (wieder einmal) zu. Jede Hure hatte bald wieder ihren »Betreuer«, und diese Zunft hatte, alten Traditionen folgend, nichts anderes zu tun, als das von den Dirnen eingenommene Geld schnellstmöglich wieder zu verprassen. Schon bald nahmen die zuhälterischen Umtriebe so überhand, dass die Luden nun erstmals größere öffentliche Aufmerksamkeit auf sich zogen.

Das Verwerfliche, Kriminelle und Strafwürdige der Zuhälterei, das über Jahrhunderte oder gar über Jahrtausende hinweg unbeachtet blieb oder unterdrückt wurde, rückte nun mehr und mehr ins Bewusstsein der Öffentlichkeit. Das führte allerdings dennoch nicht zu kriminalpolitischen Konsequenzen.

Im 19. Jahrhundert entwickelte sich die Prostitution dann zu einem Massenphänomen und das hatte seine Gründe: Während es im vorrevolutionären Europa nur Söldnerheere gab, zu deren Tross Frauen und Marketenderinnen gehörten, wurde die bürgerliche Gesellschaft mit der Einführung der allgemeinen Wehrpflicht im Jahr 1813 in Preußen voll und ganz durchmilitarisiert. Das hatte zur Folge, dass die wehrpflichtigen jungen Männer aus ihren gewohnten Lebens- und Arbeitsbereichen herausgelöst, in die Fremde geschickt und in Kasernen untergebracht wurden. Um der damit verbundenen Trennung von ihren Partnerinnen Rechnung zu tragen, wurden ihnen (oft zur Prostitution gezwungene) Frauen zur Verfügung gestellt.

Auch die langen Berufsausbildungswege und die damit verbundenen späten Heiraten mit zumeist über 30 und oft über 40 Jahren, die zur bürgerlich-männlichen Norm wurden, trieben die Männer in die Hände von Prostituierten und trugen zum Anstieg der Hurerei bei. Und wie könnte es anders sein: Auch die Prostitution wurde in jener Zeit streng militärisch kontrolliert und so manche politisch Verantwortlichen, Offiziere und Soldaten wurden dabei geradezu zwangsläufig zuhälterisch tätig. Die Prostituierten wurden von ihnen und in ihrem Auftrag eingesetzt und dabei nicht selten gewalttätig behandelt, dazu unter demütigenden Bedingungen medizinisch untersucht und strafrechtlich rücksichtslos verfolgt. Dessen ungeachtet trugen vor allem die miserablen Lebens- und Arbeitsbedingungen der Frauen zu einem weiteren Anstieg der Prostitution bei. Ökonomische Veränderungen bewirkten in dieser Zeit die Herausbildung des Proletariats und des Bürgertums. Während die bürgerlichen Frauen finanziell abgesichert waren, verschärfte sich die wirtschaftliche Situation der proletarischen Frauen zusehends. Fehlende Erwerbsmöglichkeiten, geringer Lohn und die zum Teil katastrophalen Arbeitsbedingungen trieben immer mehr Frauen in die Hurerei. Dienstmädchen, Kellnerinnen, Fabrikarbeiterinnen, Verkäuferinnen, Näherinnen, Plätterinnen, Wäscherinnen, Kirmesangestellte, Schauspielerinnen, Chor- und Ballettmädchen … ihr Lohn reichte nicht zum (Über-)Leben, was sie in vielen Fällen dazu zwang, als (Gelegenheits-)Prostituierte tätig zu werden.

Ende des 19. Jahrhunderts dürften in Deutschland 100 000 bis 200 000 »Professionelle« und eine Vielzahl von Gelegenheitsprostituierten »angeschafft« haben, kurz vor dem Ersten Weltkrieg waren es über 300 000 Frauen, die offiziell der Prostitution nachgingen.

Auch das Reglementierungssystem des 19. Jahrhunderts beschränkte sich im Wesentlichen auf die sich prostituierenden Frauen und trug damit zu ihrer sozialen Diskriminierung bei. Im Reichsstrafgesetzbuch von 1871 wurde die Einschreibung der Prostituierten gefordert. In der Neufassung von Paragraph 361 des RStGB im Jahr 1876 wurde die nicht konzessionierte Prostitutionsausübung ebenso mit Strafe bedroht wie der Verstoß einer eingeschriebenen Prostituierten gegen polizeiliche Vorschriften. Vor allem die illegal anschaffenden Frauen waren weiterhin auf zuhälterische Dienste angewiesen, um ihren Freiern nicht hilflos ausgeliefert und vor polizeilichem Zugriff geschützt zu sein. Die eingeschriebenen Prostituierten wurden nun wieder in Bordellen untergebracht, welche allerdings mehr Gefängnissen glichen. Die Frauen durften diese Häuser nur zum Zweck ärztlicher

Zwangsuntersuchungen und nur in Begleitung des Bordellwirts oder der Bordellwirtin verlassen. Die Hurenwirte und -wirtinnen betätigten sich zuhälterisch, indem sie sich der Einnahmen der Frauen durch überhöhte Preise für Speisen und Getränke oder Kleidungsstücke bedienten und die so Ausgebeuteten in die Schulden trieben, was noch immer unterdrückt oder als unschädlich angesehen wurde. Je größer der Schuldenberg wurde, umso weniger war es den Frauen möglich, das jeweilige Bordell zu verlassen. Aus solchen Gründen gab es bald auch weniger »Eingeschriebene« als »Heimliche«, die illegal auf der Straße oder an versteckten, aber zumeist nicht unbekannten Örtlichkeiten nach Kunden Ausschau hielten. Die Abhängigkeit von gierigen, ausbeuterischen Puffbetreibern sowie polizeiliche Schikanen blieben ihnen damit erspart. Dafür waren sie zwingend auf den Schutz von oft brutal und ausbeuterisch agierenden Zuhältern angewiesen und diesen hilf- und wehrlos ausgeliefert. Ob »Eingeschriebene« oder »Heimliche« – die Armutsprostituierten dieser Zeit hatten nur die Wahl zwischen Pest und Cholera.

Gegen Ende des 19. Jahrhunderts erregte dann ein spektakuläres Verbrechen großes Aufsehen: der gewaltsame Tod des Nachtwächters Braun im Invalidenpark zu Berlin. Der brave Wächter trat seinen Dienst am Abend des 27. September 1887 an und postierte sich, so wie üblich und vorgeschrieben, ganz in der Nähe der Elisabethkirche im Norden der Stadt. Um ihn herum setzte, wie jeden Abend bei Einbruch der Dunkelheit, ein wildes Treiben der »weiblichen Halbwelt« ein. Dieses wurde überwacht und kontrolliert von Zuhältern, Kupplern und allerlei lichtscheuen Gestalten, die dem Nachtwächter Braun nicht gut gesinnt waren.

Nachdem sich Braun am nächsten Morgen nicht, wie vorgegeben und gewohnt, beim zuständigen Polizeibüro abmeldete, ahnten die diensthabenden Beamten Schlimmes und machten sich auch gleich auf, um nach ihm zu suchen. Und sie fanden ihn – tot an einem Baum des Invalidenparks hängend. Die kriminalistische Arbeit am Tatort führte bald zu dem Ergebnis, dass Braun erschlagen und anschließend an einen Ast gehängt worden war, um auf diese Weise eine Selbsttötung vorzutäuschen. Es dauerte dann auch nicht lange, bis ein hübscher junger Mann, der Töpfer Gotthilf Heinze, als Zuhälter einer alternden Prostituierten namens Anna polizeibekannt, als

Täter ermittelt, festgenommen und der Öffentlichkeit als Mörder präsentiert wurde. Der junge Heinze stammte aus gutem Hause und war 25 Jahre alt, als er die gut zehn Jahre ältere Hure Anna kennenlernte. Sie umgarnte ihn und er verliebte sich in sie. Anna machte ihm klar, dass sie so viel verdiene, dass er nichts mehr arbeiten müsse, dass er sie jedoch heiraten solle, weil er sonst als ihr »Zuhälter« zu großen Gefahren ausgesetzt sei. Kaum hatten die beiden den Bund fürs Leben geschlossen, kam es immer öfter zu Streitereien. Der Tatverdacht gegen den jungen Zuhälter Heinze ergab sich zum einen aus Zeugenberichten, nach denen er in der Mordnacht mit seiner Frau in Tatortnähe gesehen worden war. Zum anderen wurde berichtet, dass der junge Töpfer am Tag nach der Tat eine zerrissene Jacke getragen habe. Außerdem habe man gehört, dass ihn Anna im Streit als »Nachtwächtermörder« beschimpft habe. Woraufhin er Zeugenaussagen zufolge einmal geantwortet haben soll: »Wenn icke verhaftet werde, muss deine Kohlrübe (dein Kopf) auch runter …«

Der Prozess gegen den Zuhälter Heinze und die mitangeklagte Hure Anna gestaltete sich dann unerwartet schwierig, denn es kam fortgesetzt zu allerlei Merkwürdigkeiten und Zwischenfällen. So tauchte neben anderen Überraschungen und Störmanövern plötzlich ein elegant gekleideter Zeuge im Gerichtsgebäude auf und ließ die Richtenden wissen, er habe Wichtiges zu sagen. Der Fremde entledigte sich in einer gewissen Vornehmheit seiner edlen Glacéhandschuhe, übergab diese mitsamt seinem nicht weniger edlen Zylinderhut dem Gerichtsdiener, um dann erhabenen Schrittes vor das Gericht zu treten und wenig Erfreuliches über die Hure Anna auszusagen und Entlastendes, was den Angeklagten Heinze betraf. Die Hure Anna aber setzte sich gleich heftig zur Wehr und klärte das Gericht dahingehend auf, dass der feine Herr ein ebenso dreckiger Zuhälter und Lügner sei wie »der da« – wobei sie auf ihren bisherigen Beschützer und Mitangeklagten Gotthilf Heinze deutete.

Ähnlich fragwürdige Ereignisse und Erkenntnisse erforderten erneute Recherchen und zogen das von der Öffentlichkeit aufmerksam verfolgte Verfahren in die Länge. Und je länger sich dieses hinzog, umso öfter kamen bis dahin kaum für möglich gehaltene schändliche und höchst kriminelle zuhälterische Praktiken, nicht nur im Invalidenpark, sondern in ganz Berlin und darüber hinaus im gesamten Reich, ans Licht. Die allgemeine Empörung über die verbrecherischen Umtriebe von Zuhältern wuchs spürbar.

Nachdem Anna eine gegen sie verhängte, zehnjährige Haftstrafe abgesessen hatte und wieder auf freiem Fuß war, ging sie auch gleich wieder mit einem jungen Nachwuchszuhälter an der Seite ans Anschaffen. Gotthilf Heinze, der im Jahre 1907, nachdem er 15 Jahre im Zuchthaus geschuftet hatte, entlassen wurde, lebte dagegen in der Folgezeit unauffällig und zurückgezogen. Bis an sein Lebensende beteuerte er, allein durch die Hure Anna auf die »schiefe Bahn« und ins Berliner Zuhältermilieu geraten zu sein und er schwor, den Mord an dem Nachtwächter Braun nicht begangen zu haben. Er, Gotthilf Heinze, sei zu Unrecht 15 Jahre im Zuchthaus gesessen.

Ob Heinze der Mörder des braven Nachtwächters war oder nicht – das Gerichtsverfahren brachte Ausmaß und »Gemeingefährlichkeit« des Zuhältertums in bis dahin nicht gekannter Deutlichkeit ans Licht. Immer lauter wurde gefordert, so scharf wie nur möglich gegen das Zuhälter(un)wesen und die Ausschreitungen von Zuhälterbanden vorzugehen. Schließlich machte sich Kaiser Wilhelm II. höchstpersönlich für eine wirksame Bekämpfung des Zuhälter(un)wesens im Reich stark. Er forderte in einem an das Staatsministerium gerichteten Erlass ein »rücksichtsloses Vorgehen gegen diese verworfene Menschenklasse« und wies die Gerichte an, sich bei ihrem Urteil »von keiner falschen Humanität leiten zu lassen«. Die zuständigen Gremien sahen sich dadurch in der Pflicht, eine die Zuhälterei betreffende Strafvorschrift auszuarbeiten. Am 25. Juni 1900 wurde der Tatbestand der Zuhälterei (nach dem in Berlin verurteilten mutmaßlichen Mörder auch »Lex Heinze« genannt) dann auch ins deutsche Strafrecht aufgenommen. Kuppelei wie Zuhälterei waren nun also mit Strafe bedroht. Die Tatbestände waren wie folgt abgefasst:

> Paragraph 181 RStGB Kuppelei
> Die Kuppelei, selbst wenn sie weder gewohnheitsmäßig noch aus Eigennutz betrieben wird, ist mit Zuchthaus bis 5 Jahren zu bestrafen, wenn um der Unzucht Vorschub zu leisten hinterlistige Kniffe angewandt worden sind oder der Schuldige zu der Person, mit welcher die Unzucht betrieben worden ist, in dem Verhältnis von Eltern zu Kindern,

von Vormündern zu Pflegebefohlenen, von Geistlichen, Lehrern oder Erziehern zu den von ihnen zu unterrichtenden oder zu erziehenden Personen steht.
Neben der Zuchthausstrafe ist der Verlust der bürgerlichen Ehrenrechte auszusprechen, auch kann auf Zulässigkeit von Polizeiaufsicht erkannt werden.

Paragraph 181a RStGB Zuhälterei (Lex Heinze)
Eine männliche Person, welche einer Frauensperson, die gewerbsmäßige Unzucht treibt, unter Ausbeutung ihres unsittlichen Erwerbes ganz oder teilweise den Lebensunterhalt bestreitet oder welche eine solche Frauensperson gewohnheitsmäßig oder aus Eigennutz in Bezug auf die Ausübung des unzüchtigen Gewerbes Schutz gewährt oder sonst förderlich ist (Zuhälterei), wird mit Gefängnis nicht unter einem Monat bestraft.

Der Tatbestand der Zuhälterei betraf also (im Gegensatz zum heutigen Recht) nur männliche Personen, die sich gegenüber einer Unzucht treibenden weiblichen Person zuhälterisch betätigten; und dieser Nachweis war bereits erbracht, wenn ein Mann Geld von einer Prostituierten annahm. Ergänzend ist zu vermerken, dass eine Gefängnisstrafe von mindestens einem Jahr angedroht wurde, sofern es sich beim Zuhälter um den Ehemann der Unzucht Treibenden handelte oder wenn Drohungen oder Gewalttätigkeiten nachgewiesen werden konnten. Außerdem konnte der Richter eine nach der Haftverbüßung vorzunehmende Einweisung in ein Arbeitshaus von einer Dauer von bis zu zwei Jahren anordnen. Im Jahr 1934 wurde die Strafandrohung für Zuhälterei dann von den Nationalsozialisten von einem auf bis zu fünf Jahren Zuchthaus erhöht. Bei mildernden Umständen wurden Gefängnisstrafen von drei Monaten bis zu fünf Jahren festgeschrieben.

Interessant erscheint, dass das Ausbeuterische und Kriminelle der Zuhälterei unter dem Vorwand und Deckmantel des Betreuens und Beschützens um die Jahrhundertwende nicht nur in Deutschland, sondern auch in anderen europäischen Staaten erkannt und mit entsprechenden Strafvorschriften versehen wurde. In Österreich wird die Zuhälterei seit 1885 mit Strafe bedroht, in Belgien trat 1891 ein entsprechendes Gesetz in Kraft, in

Portugal 1894, in England 1898, in Spanien 1904, und in den Jahren 1903 und 1916 fand die Zuhälterei Aufnahme im französischen Recht. Was über Jahrhunderte oder gar Jahrtausende hinweg keine Beachtung fand oder als wenig bedeutsames und keinesfalls strafwürdiges Tun erachtet wurde, war von nun an in Europa mit Gefängnis- oder gar mit Zuchthausstrafe bedroht.

2.4 In Krieg und Frieden – Ringbrüder und Zuhälter in Uniform

Um die Moral der Truppen zu stärken, wurden während des Ersten Weltkriegs (1914–1918) an den Fronten Mannschafts- und Offiziersbordelle eingerichtet. Die Militärs diktierten und kontrollierten die Prostitution. Hinweistafeln mit der Aufschrift »Nur für Offiziere – Eintritt für Mannschaften und Hunde verboten!« wiesen den Soldaten den Weg der Entspannung.

Die Mannschaftsbordelle waren häufig an den langen Schlangen ungeduldig wartender Krieger zu erkennen. Der Grund für diese Schlangenbildungen und langen Wartezeiten: Jeder Soldat hatte sich vor dem Bordellbesuch von einem Sanitäter hinsichtlich möglicher Krankheiten untersuchen zu lassen und musste sich zudem einer sehr intensiven und unangenehmen vorbeugenden Behandlung unterziehen. Erst dann war es erlaubt, Kraft durch Freude zu tanken. Für die Herren Offiziere waren solche lästigen wie zeitaufwändigen Vorsichtsmaßnahmen freilich nicht zumutbar. Sie konnten sich ohne Voruntersuchungen der Dame ihrer Wahl zuwenden. Über diese ihnen eingeräumten Freiheiten konnten sie sich allerdings oft nur kurze Zeit erfreuen, dann fanden sie sich mit unangenehmem Juckreiz in der Schlange stehend vor den Lazarett-Abteilungen für Geschlechtskranke wieder.

Nach Kriegsende gewannen sogenannte »Ringvereine« plötzlich an Bedeutung. Der erste Verein dieser Art wurde im Jahr 1890 in Berlin gegründet. Auch in Halle gab es bereits 1902 einen solchen von Bordellbetreibern gegründeten Verein unter dem Namen »Zufriedenheit«. In Hannover entstand später der Sparclub »Treue«, in Dresden der Verein »Deutsche Eiche« und in Hamburg St. Pauli der Club »Fidelio«. Nun aber schossen solche Vereine plötzlich wie Pilze aus dem Boden. Während der Weimarer Republik, in den Jahren 1918 bis 1933, bildeten sich allein in Berlin bis zu fünfzig solcher

»Untergrundvereine« mit völlig unverfänglichen Namen wie »Immertreu« oder »Glaube-Liebe-Hoffnung«. Und schon bald gab es auch in vielen anderen deutschen Städten zahlreiche Vereinigungen dieser Art. 1926 und 1927 kam es sogar zu überregionalen Zusammenschlüssen wie dem »Mitteldeutschen Ring«, einem Verbund von 21 Vereinen aus allen größeren Städten. Insgesamt gab es mehr als hundert Ringvereine in Deutschland mit weit über 5 000 Mitgliedern.

Den Statuten nach sollten diese »Ringvereine« allein der Unterstützung der Familien von Häftlingen sowie entlassener Strafgefangener dienen, die nach der Haft nur schwer wieder Fuß fassen konnten. Doch die »Ringbrüder« gerieten bald in Verdacht, zuhälterisch tätig zu sein, die Prostitution zu kontrollieren, die Prostituierten auszubeuten und ihre Vereinskassen mit Geldern aus der Hurerei zu füllen. Und bald wurde offenkundig, was schon lange vermutet wurde: Die Mitglieder der »Ringvereine« begingen auch Einbrüche und Raubüberfälle, sie schmuggelten Alkohol, Waffen und Drogen und sie trieben Schutzgelder bei Gastwirten, Bar- und Bordellbetreibern sowie anderen Geschäftsleuten ein. Die Kriminalpolizei sprach aus guten Gründen nicht mehr von Vereinsmitgliedern, sondern von Zuhältern und Berufsverbrechern.

Um »Ringbruder« zu werden, so wurde den Ermittlern in dieser Zeit bekannt, bedurfte es eines Leistungsnachweises in Form der Eintragung ins amtliche Vorstrafenregister. War ein solcher Nachweis nicht zu erbringen, konnte allenfalls der Titel eines »Ehrenvorbestraften« eine Mitgliedschaft ermöglichen. Dieser Titel wurde freilich ausschließlich an Rechtsanwälte, Unternehmer und andere einflussreiche und zahlungskräftige Zeitgenossen vergeben. Nicht ohne Grund und schon gar nicht ohne gewisse Absichten. Öffentlich traten die »Ringbrüder« zumeist nur dann in Erscheinung, wenn sie vor den Gefängnistoren – so in Tegel oder Plötzensee – entlassenen Vereinsbrüdern mit Rotwein und Blasmusik einen triumphalen Empfang bereiteten oder wenn sie ihre berühmt-berüchtigten »Lumpenbälle« veranstalteten, die auch von der bürgerlichen Gesellschaft gern und zahlreich besucht wurden.

Diese »Ringvereine« der Weimarer Republik zeigten fraglos Merkmale des Organisierten Verbrechens. So waren alle Vereinsmitglieder und »Ringbrüder« zu absoluter Verschwiegenheit, vor allem gegenüber der Polizei, verpflichtet. Die von diesen Vereinen geförderte und zunehmend ausufernde Prostitution machte die Zuhälterei für die »Herren der Ringe« zum lukrativsten Betätigungsfeld und für die Polizei zu einem immer größeren Problem.

Allein in Hamburg wurden im Jahr 1924 von der »Sittenpolizei« 171 Zuhälter, zumeist »Ringbrüder«, festgenommen. 1925 waren es bereits 288 und 1926 sogar 314. Und das, obwohl sich der Kampf gegen die Ringe tragenden Luden zumeist sehr schwierig gestaltete und es ihre Abgeschlossenheit und Verschwiegenheit oft unmöglich machte, die erforderlichen Beweise zu erbringen.

Diese Zahlen aus Hamburg zeigen, wie dramatisch sich eine solche kriminelle (Zuhälter-)Szene in dieser von einer tiefen Wirtschaftskrise gekennzeichneten Zeit rasch entwickeln konnte. Und die Festnahme von 314 Zuhältern im Jahr 1926 allein in der Hansestadt zeigt auch, welche bedrohlichen Ausmaße das »Zuhältertum« annehmen kann.

Die »Ringvereine« und deren Erfolge waren geprägt von Skrupellosigkeit, Verschlossenheit und einer bedingungslos einzuhaltenden Schweigepflicht, verbunden mit ernsten Konsequenzen bei entsprechenden Verstößen. Das machte sie zu gefährlichen, kriminellen Vereinigungen, die zu einer ernsthaften Bedrohung wurden und öffentliche Unruhen auslösten.

Im Jahr 1927 gab es in Deutschland dann wieder eine einschneidende Veränderung. Der Paragraph 361 des Reichsstrafgesetzbuches (RStGB), der Landstreicherei, Bettelei, Spiel-, Trunksucht, Müßiggang und anderes mit Strafe bedrohte, wurde neu gefasst. Und im Rahmen dieser Neufassung wurden die Kasernierung von Prostituierten und die Bordellierung wieder einmal untersagt und die Strafvorschriften der Kuppelei und der Zuhälterei wurden neu gefasst oder ergänzt. Diese Ergänzungsbestimmungen verboten einerseits das Unterhalten von Bordellen und bordellähnlichen Betrieben, gestatteten andererseits aber, Wohnungen an über 18-jährige Dirnen zu vermieten, sofern damit kein Anwerben oder Anhalten zur Unzucht oder eine Ausbeutung verbunden war – was sich bald sowohl in der Verwaltungspraxis wie für die Polizei und die Rechtsprechung als höchst problematisch erwies. Förderlich waren diese gesetzlichen Veränderungen allein für die Zuhälter und deren munteres Treiben. Und schon bald sorgte die erheblich zunehmende und nicht mehr überschaubare Hurerei und Zuhälterei auf den Straßen und Plätzen für öffentlichen Unmut, für Proteste und heftige Kritik. Am 26. Mai 1933 wurde dann infolge solcher Proteste das öffentliche Anbieten und Auffordern zur Unzucht in auffälliger Weise oder in einer Weise, die geeignet sein könnte, Einzelne oder die Allgemeinheit zu belästigen, verboten (RGBl I, S. 295). Nach der Machtübernahme durch die Nationalsozialisten galt die Prostitution als »nicht mit dem Bild der deutschen Frau vereinbar« und so wurde ihr in der Folgezeit mehr und mehr der Kampf angesagt. Im Rahmen dieser Bestrebungen wurden im Jahr 1934 dann auch alle »Ringvereine« verboten. Das hatte zwei Gründe: Zum einen, weil es sich dabei erkennbar um Zuhälterbanden und kriminelle Vereinigungen handelte, und zum anderen, weil es vermehrt Hinweise darauf gab, dass diese nicht nur im links orientierten Arbeiterbezirk von Hamburg St. Pauli, sondern auch an vielen anderen Orten der Republik mit den Kommunisten paktierten.

Die (offiziell) ablehnende Haltung gegenüber der Prostitution ungeachtet, wurde vom NS-Regime in einem Runderlass vom 9. September 1939 festgelegt, dass die »Gewerbsunzucht« in besonderen Häusern – in denen keine Kinder und Jugendlichen wohnten – zu dulden sei, sofern die Vermieter der Dirnenhäuser durch den »unzüchtigen Verkehr« ihrer Mieterinnen keine Gewinne erzielten. Während des Zweiten Weltkriegs duldete und förderte das NS-Regime die Errichtung von Bordellen in deutschen Städten, weil die Soldaten dadurch besser vor Geschlechtskrankheiten geschützt werden konnten. Gegen ertappte oder ermittelte Kuppler und Zuhälter wurde aber in aller Regel hart und rücksichtslos vorgegangen. Sie konnten »wegen Asozialität« sogar in Vorbeugehaft genommen und in Konzentrationslager eingewiesen werden. Zweck und Ziel solcher Vorgehensweisen war es wohl, den Schein propagierter, nationalsozialistischer Ideale zu wahren und keine Unruhe im öffentlichen Raum aufkommen zu lassen. Auch in den besetzten Gebieten sowie in Fremdarbeiter- und Konzentrationslagern wurden von den NS-Oberen Bordelle errichtet. In den insgesamt etwa 500 Wehrmachts- und den 10 vom Reichsführer SS, Heinrich Himmler, zur »höheren Leistungsbereitschaft der Gefangenen« errichteten KZ-Puffs sahen sich die zwangsrekrutierten Frauen oft zu einer mörderischen »Fließbandarbeit« verpflichtet. Ertrugen sie ihr Leid nicht mehr oder waren sie (nach damaligem Sprachgebrauch) »verbraucht«, so wurden sie schlichtweg »entsorgt«, also erschossen oder vergast und durch neue ersetzt. Sowohl die Zwangsrekrutierung von Frauen aus den besetzten Gebieten als auch die Überwachung, Kontrolle und Ausbeutung von »Asozialen« – als solche galten auch und vor allem diejenigen, die sich mit der NS-Ideologie nicht anfreunden wollten – waren letztlich nichts anderes als Menschenhandel und Zuhälterei in übelster, menschenverachtender Art und Weise – von Tätern in Uniform, im Auftrag des Regimes. Dieses so brutale wie traurige Kapitel der NS-Geschichte, die Zwangsrekrutierung und gnadenlose Ausbeutung von Frauen in den Wehrmachts- und KZ-Bordellen sowie die Kontrolle und das zuhälterische Treiben in diesen Einrichtungen durch Uniformierte, scheint bis heute nicht vollständig aufgearbeitet.

2.5 »Sparer«, »Spritzer«, »Sonntagskellner« – die Luden der Nachkriegsjahre

Kaum war der Krieg vorbei, traten »Sparvereine« in die Fußstapfen der einstigen »Ringvereine«, und die »Sparbrüder« übernahmen auch gleich deren fragwürdige Geschäfte. Obwohl diese »Sparvereine« grundsätzlich vielerorts mit der redlichen Absicht antraten, den Sparsinn der Menschen zu fördern, und dabei von Banken und Sparkassen unterstützt wurden, vermehrten sich schnell die Hinweise auf »schwarze Schafe« und kriminelle Umtriebe. Die »Sparbrüder« gaben sich zwar höchst seriös, ihr Tun war jedoch in weiten Teilen nicht weniger kriminell als das ihrer Ringe tragenden Brüder in den Vorkriegsjahren.

Der erste Vorsitzende des Berliner »Sparvereins Südost« klärte einen Reporter der *Berliner Zeitung* in einem Interview darüber auf, dass der von ihm geführte Verein keine anderen Aktivitäten pflege als Geselligkeit, Eintracht und das Sparen, nebenbei sei ihnen auch der Beistand von Gefangenen und die Betreuung der Familien Inhaftierter wichtig. Darüber hinaus, so berichtete er, würde man auch Gutes tun, indem man Geschäftsleute auf ihrem nicht ungefährlichen Weg zur Bank begleitete und beschützte – freilich gegen eine angemessene Entlohnung. Dass es sich bei dieser Entlohnung zumeist um erpresstes Geld handelte und dass allein die fleißigen »Sparer« festlegten, wie viel Geld so ein Geschäftsmann der Bank übergeben konnte und wie viel von seinem sparsamen Begleiter einbehalten wurde, wollte er so nicht bestätigen. Um aber deutlich zu machen, dass Wohltätigkeit und Güte der Mitglieder dieser »Sparvereine« auch ihre Grenzen hatten, räumte der Vereinsvorsitzende gegenüber dem Berichterstatter der *Berliner Zeitung* ein, dass derjenige, der einen »Sparbruder« beleidige, fraglos »eine auf die Mütze oder aufs Hirn« bekomme. Bei einer Razzia der Berliner Polizei im Vereinsheim des Berliner Sparvereins Südost wurden erwartungsgemäß weder Sparbüchsen noch Sparbücher, dafür aber einer Vielzahl von Einbruchswerkzeug sowie Holzknüppel und Schlagringe aufgefunden.

Die eifrigen »Sparer« hinterließen nicht nur in Berlin fortgesetzt und immer häufiger unbezahlte Zechen in den Kneipen, und die Wirte hüteten sich tunlichst davor, die Gelder einzufordern. Auch stimmten sie zähneknirschend zu, wenn ein »Sparbruder« bei ihnen ungefragt als Kellner tätig wurde, um die Tageseinnahmen zu kontrollieren und dementsprechend das in Zukunft zu entrichtende Schutzgeld festzulegen. Zudem erwarteten die »Sparfreunde« von den Wirten und anderen Geschäftsleuten regelmäßig großzügige Spenden, vor allem anlässlich von Vereinsfesten, Tombolas und ähnlichen Ereignissen. Gingen solche nicht wie erwartet ein oder widersetzten sich die Betroffenen gar den Forderungen, so war in steter Regelmäßigkeit »Möbelrücken« angesagt. Einrichtung und Mobiliar der Ungehorsamen wurden kurz und klein geschlagen, sodass oft nicht mehr als ein Trümmerhaufen übrigblieb.

Die »Sparer« brachten auf diese Weise so manchen Wirt und Geschäftsmann in größte Bedrängnis und existenzielle Not. Dazu erkannten sie sehr schnell, dass die Prostitution ein einträgliches Geschäft war, und ähnlich wie die »Ringvereine« in den Vorkriegsjahren wurden nun die »Sparvereine« immer mehr zu Banden von Zuhältern. Und die der »Unzucht« nachgehenden oder von den »Sparern« zur »Unzucht« gezwungenen »Flittchen« hatten bald sehr unter den Vereinsbrüdern zu leiden. Sie sahen sich zum einen gezwungen, die »Sparer« und ihre Gäste in den Vereinsheimen und bei den Vereinsfesten zu beglücken, zum anderen hatten auch sie, wenn nicht alles, so doch den Großteil ihrer Einnahmen regelmäßig »abzudrücken«. Auch sie wussten, »wer singt, wird aufgebügelt«, und so sangen und widersetzten sie sich nicht, sondern gehorchten und lieferten.

Von den auf diese Weise »ersparten« Geldern finanzierten die »Sparer« Stiftungsfeste, Lumpenbälle und Dampferfahrten, zu denen neben den »hübschen Mädchen« nicht selten und schon gar nicht ohne Grund auch Pressevertreter sowie einflussreiche Persönlichkeiten aus der Politik, der Wirtschaft und der Polizei eingeladen und fürstlich bewirtet und verwöhnt wurden. Damit wurde wieder einmal jene zuhälterische Taktik angewandt, die sich in den Vorkriegsjahren bei den »Ringbrüdern« und bereits davor bewährt hatte und die sich in verfeinerter Form bis ins 21. Jahrhundert hinein fortsetzen und zu einer ausgeklügelten und gefährlichen Strategie entwickeln sollte. Den »Sparern« und Zuhältervereinigungen, vor allem den Vereinsvorsitzenden, fehlte es also weder an Skrupellosigkeit noch an Cleverness und Raffinesse und schon gar nicht an Humor.

Als der Vorsitzende des »Vereins Berlin-Südost«, während er wieder einmal in Tegel inhaftiert war, davon erfuhr, dass seine ungewollte Abwesenheit dazu benutzt werden sollte, ihn abzuwählen und durch einen anderen Vorsitzenden zu ersetzen, ersuchte er die Gefängnisverwaltung, sein Bruchband aus der Wohnung holen zu dürfen. Dem wurde, nichts Böses ahnend, zugestimmt und so fuhr er in Begleitung eines Wachtmeisters termingerecht nach Kreuzberg. Dort überredete er seinen Begleiter zu einem Gläschen Bier und so saßen die beiden plötzlich im Vereinslokal, wo die Wahl gerade ihren Anfang nahm. Prompt bewirkte die Anwesenheit des Vorsitzenden, dass er entgegen dem ursprünglichen Vorhaben wiedergewählt wurde. In Siegerlaune verprügelte er kurz noch ein paar Gäste und kehrte dann kurz vor Tor- und Zellenschluss in wachtmeisterlicher Begleitung wieder nach Tegel zurück.

Die erbarmungslose Ausbeutung der »Flittchen« und »Veronikas« – wie Prostituierte in jener Zeit bezeichnet wurden – und die zunehmende und kaum mehr erträgliche Terrorisierung von Geschäftsleuten machten schließlich drastische Polizeimaßnahmen unerlässlich. Und so saßen von den 63 Sparern des »Vereins Berlin-Südost«, die zusammen auf 56 Jahre Zuchthaus, 137 Jahre

Gefängnis und 21 470 D-Mark Geldstrafe kamen, bald über die Hälfte hinter Schloss und Riegel. Unter ihnen so hochkarätige Persönlichkeiten wie der »Brillanten-Willi«, der »Boxer-Harry« und der »Nutten-Schorsch«, welcher die vom Verein kontrollierten »hübschen Mädchen« damit zumindest vorübergehend nicht mehr bei Laune halten, verprügeln, gewinnbringend einsetzen und um ihre Einnahmen erleichtern konnte.

Die Abwesenheit solch wichtiger Funktionäre hatte prompt zur Folge, dass sich der Verein bald aufgrund »höherer Gewalt« auflöste. Diese »höhere Gewalt« hatte freilich einen Namen: Es war die Westberliner Kriminalpolizei.

Das Ende der »Sparvereine« bedeutete freilich nicht das Ende der Prostitution und der Zuhälterei. Im Gegenteil: Die Städte waren durch den Krieg zerstört, der Schwarzmarkt blühte und Tauschgeschäfte waren überlebenswichtig. Die Armut und Not machten Sex in den Nachkriegsjahren geradezu zwangsläufig zur Ware und zum Tauschobjekt. Flüchtlinge, vorwiegend aus den verlorenen Gebieten im Osten kommend, strömten nach Westen. Es kam verbreitet zur sogenannten »Überlebensprostitution«. Zahlreiche Frauen gaben sich gegen Geld oder Nahrungsmittel hin, um so ihr Leben und das ihrer Angehörigen zu sichern.

Überall dort, wo in Deutschland amerikanische, englische oder französische Truppen stationiert waren, entwickelte sich eine »Besatzungsprostitution«. Um die Not zu lindern oder sich gewisse Vorteile zu verschaffen, welche ebenfalls vorwiegend aus Nahrhaftem bestanden, boten sich nicht wenige Frauen und Mädchen, diskret und versteckt oder aber offen und unverkennbar, den »Besatzern« an. Und das an den verschiedensten Örtlichkeiten: Zwischen den Trümmern der Häuser, auf Straßen und Gassen, in Wohnungen, Kneipen, Bars und in Bordellen.

Männer waren zwar eher »Mangelware«, weil viele gefallen, vermisst oder in Gefangenschaft geraten waren, so manche Heimkehrer (darunter auch Ehemänner), Geflüchtete oder Jungluden kontrollierten aber das Geschehen. Sie standen beobachtend in dunklen Ecken, den Hut tief ins Gesicht gezogen, ein Tuch um den Hals, die Zigarette im Mundwinkel, oder sie lauschten in einer Kammer nebenan, um herauszufinden, was dort geschah … In den Städten begann allabendlich auf den Straßen und in den Gassen, in Kneipen und Spelunken, in Wohnungen und Gartenlauben, dunklen Ecken und versteckten Winkeln ein lebhaftes Treiben. Und die verschiedensten Prostitutionsformen riefen eine Vielzahl von Luden, Schleppern, Kupplern und »Spritzern« auf den Plan. Sie alle wollten an den florierenden Geschäften teilhaben. Jugendliche boten den Soldaten an, Geld zu wechseln, das diese unter anderem benötigten, um die Dienste der »Veronikas« zu vergüten. Sie tauschten ungültiges Geld ein oder nahmen mit einem Trick alles Geld an sich und »spritzten« dann davon. Solche »Spritzer« waren nicht selten auch als Kuppler tätig.

Wie diese Zuhälter der Nachkriegsjahre von der Polizei wahrgenommen wurden, welche gesellschaftliche und kriminalistische Bedeutung ihnen zugemessen wurde, wurde von einem »Sittenwächter« jener Tage wie folgt beschrieben:

Die allermeisten Menschen stellen sich unter einem Zuhälter eine »heruntergekommene und lichtscheue Gestalt« vor, mit einer Ballonmütze auf dem Kopf und einem Tuch um den Hals … Solche Vertreter der zuhälterischen Zunft gibt es zwar auch, in aller Regel sehen die Luden der Nachkriegsjahre aber ganz anders aus. Sie haben ein selbstbewusstes Auftreten, sind elegant gekleidet und täuschen durch ihr gediegenes, vertrauenswürdiges Aussehen über ihr wahres Wollen und Tun hinweg. Nichts an ihnen erinnert an einen unehrlichen Menschen. Die Besucher zweifelhafter Vergnügungsstätten würden sich wundern, wenn sie wüssten, wie viele der vermeintlich seriösen und gut gekleideten Herren in einem solchen Lokal haupt- oder nebenberuflich als Zuhälter tätig sind. Und so wie Außenstehende werden durch das Aussehen und Auftreten der Zuhälter auch die Dirnen getäuscht, die sich häufig noch etwas darauf einbilden, von einem dieser »vornehmen Herren« begehrt zu werden und dann aus Liebe zu ihm tummeln gehen …

Bei den meisten Zuhältern sei eine starke Arbeitsscheu festzustellen. Das zeige sich, wie aus vielen Strafakten ersichtlich, schon frühzeitig durch häufiges Schulschwänzen. Was diese Arbeitsscheu betreffe, seien Zuhälter den Landstreichern gleichzustellen. Allein die (Nicht-)Sesshaftigkeit würde beide unterscheiden. Dennoch könnten die Zuhälter immer eine – zumeist nicht sehr anstrengende – Arbeit nachweisen, wenn sie gegenüber der Polizei eine

Einkommensquelle nachzuweisen hätten. So werde neben den mit der erforderlichen Körperkraft ausgestatteten »Rausschmeißern«, offiziell als Türsteher oder Portiers geführt, von Zuhältern häufig der Beruf des Kellners, bevorzugt der des Sonntagskellners, ausgeübt. Auch die verschiedensten Gelegenheitsarbeiten seien sehr beliebt, vor allem solche, bei denen sich neben ausgedehnter Freizeit auch noch die Gelegenheit eines Nebenerwerbs durch Diebstähle biete. Einer ernsthaften und auf Dauer angelegten Arbeit würden sie niemals nachgehen. Nicht nur, weil sich das mit ihrer zuhälterischen Tätigkeit nicht vereinbaren lasse, sondern auch aufgrund ihrer Neigung zur Geselligkeit, zum Glücksspiel und zu anderen Vergnügungen, die einen hohen Zeitaufwand erforderten. Polizeilich und kriminalistisch von Bedeutung sei vor allem auch der »Korpsgeist«, den Zuhälter entwickelten und pflegten. So sei es zum Beispiel einem außenstehenden und fremden Luden niemals möglich, in das Revier eines »Platzhirsches« einzudringen, ohne dass gewaltiger »Zoff« angesagt sei. Jeder Verein und jede Vereinigung von Zuhältern sorge unverzüglich dafür, dass sich so ein Eindringling schleunigst wieder zurückziehe. Die Zuhälterei weise weiters auch immer professionellere Züge und effizientere Methoden auf. So würden mancherorts von Zuhälterbanden und -vereinigungen in Gaststätten Automaten aufgestellt, in welche die Dirnen ihre Einnahmen in einen mit ihrem Arbeitsnamen versehenen Schlitz einzuwerfen hätten. Die Schlüssel zu solchen Geräten seien im Besitz der Zuhälter, die nach Geschäftsschluss die Einnahmen kassierten. Der Wirt bekomme einen angemessenen Anteil, und auch die Dirnen würden für ihre gute Arbeit entlohnt oder aber bei schlechtem Kassenstand gleich noch einmal auf die Straße getrieben.

Aufschlussreich erscheint auch, was ein »Sittenkommissar« jener Tage über das Verhältnis der Dirnen zu ihren Zuhältern zu berichten weiß:

Dieses Verhältnis gründet sich nicht nur darauf, dass die Dirne geschützt werden will oder geschützt werden muss und der Zuhälter ihr diesen Schutz gewährt. Ihm liegen auch ganz andere, tiefergehende Ursachen zugrunde. So ist die Dirne zumeist sozial entwurzelt, ihre Beziehungen zum Elternhaus oder zu Verwandten wurden aufgelöst und sie ist der allgemeinen Verachtung anheimgefallen. Die Männer, denen sie sich gegen Entgelt hingibt, sind ihr gleich-

gültig oder sie verabscheut oder hasst sie. Und sie weiß, auch von ihnen wird sie verachtet und als willenloses Werkzeug benutzt. Auch muss die Dirne der Polizei und ihrer Wirtin misstrauen, denn wer nimmt schon ein solches Geschöpf auf, ohne sich Vorteile dadurch zu versprechen!? Betrachtet man das alles, so wird verständlich, dass ein solch zumeist schwaches und haltloses Mädchen aus dem Gefühl innerer Einsamkeit heraus das Bedürfnis hat, sich an jemand anzulehnen und von ihm als menschliches Wesen behandelt zu werden. Doch dicht bei einer so entstehenden, oft rührseligen Gutmütigkeit, tiefen Dankbarkeit und großer Opferbereitschaft gegenüber dem »Freund« wohnt eine durch das »Gewerbe« hervorgerufene Kälte und Brutalität. Und so ist der Zuhälter einmal der heiß Geliebte, dann wieder der verhasste Antreiber und Ausbeuter. Himmelhoch jauchzend – zu Tode betrübt! Das kann dazu führen, dass eine Dirne spontan Anzeige gegen ihren Aufpasser erstattet. Es kommt zwar selten und zumeist nur dann vor, wenn der Lude einer anderen »schöne Augen« gemacht hat. Handgreifliche Auseinandersetzungen zwischen Dirne und Zuhälter sind dagegen häufig. Die Dirne ist jedoch in aller Regel durch Erlebnisse, die ihr »Gewerbe« mit sich bringt, ein hohes Maß an physischer und psychischer Gewalt gewohnt und empfindet Schläge nicht als allzu dramatisch. Gelegentlich provoziert sie solche sogar regelrecht, um auf diese Weise festzustellen, was sie ihrem Betreuer noch wert ist und ob dieser sie noch liebt. Sie ahnt oder weiß in der Regel, dass ihr Zuhälter sie ausnutzt oder ausbeutet, empfindet das aber nicht als Grund, ihn nicht (weiterhin) zu lieben.

Beispiele aus der kriminalpolizeilichen Praxis der Nachkriegsjahre zeigen, wie Männer zu Luden wurden, und geben Einblicke in das oft widersprüchliche und für Außenstehende unverständliche Verhältnis zwischen Zuhältern und Huren:

Ein Lude wurde von seiner Dirne angezeigt und musste mehrere Monate in den Knast. Als er entlassen wurde, holte diese ihn an den Gefängnistoren ab, erschien jedoch nicht im »Festtagsstaat«. Als er das sah, griff er zu einem Stock und prügelte sie gleich nach allen Regeln zuhälterischer Kunst durch. Das sah ein junger Mann, der heraneilte, um der »Dame« beizustehen. Da kam er aber schlecht an. »Du Affe«, schrie die Verprügelte ihn an, »misch dich nicht in die Angelegenheit anderer Leute ein, mein Manne wird mich wohl noch begrüßen dürfen …« Hätte sich der junge Mann nicht schnellstens davon gemacht, die beiden wären vereint auf ihn losgegangen.

Bernhard, 28 Jahre alt, arbeitete als Schlosser und führte ein ordentliches Leben. Eines Tages entschloss er sich, in die Heimat nach Westfalen zu fahren, um seine Eltern zu besuchen. Als er im Wartesaal eines Großstadtbahnhofs auf einen Anschlusszug wartete, lernte er eine Prostituierte kennen. Diese überredete ihn, die Fahrt nicht fortzusetzen, sondern mit ihr tanzen zu gehen. Sie verbrachten die Nacht miteinander und am nächsten Tag forderte die Frau ihn auf, doch bei ihr zu bleiben. Er blieb bei ihr, suchte und fand auch gleich wieder Arbeit. Das aber gefiel der Dirne nicht. Sie wollte einen Mann, der den ganzen Tag für sie da war. Bernhard gab daraufhin seine Arbeitsstelle auf und lebte von ihren Einnahmen. So oft der bis dahin nicht Vorbestrafte auch versuchte, sich von der Prostituierten zu lösen, sie verstand es, ihn zurückzuhalten. Wieder einmal kam es zum Streit. Er schlug auf sie ein und sie erstattete Anzeige. Die Strafe, die er daraufhin abzusitzen hatte, und weitere Haftstrafen waren allein auf seine Beziehung zu dieser Dirne zurückzuführen.

Anton war gelernter Schuhmacher. In Zeiten hoher Arbeitslosigkeit fand der 30-Jährige aber nur noch Gelegenheitsarbeiten. Das machte ihn unzufrieden und so entwickelte sich langsam, aber unaufhaltsam ein regelrechter Hang zur Bettelei und zur Landstreicherei. Mit Körperverletzungsdelikten und kleinen Diebstählen wurde sein Strafregister eröffnet. Nach Verbüßung einer Haftstrafe lernte er ein Mädchen kennen, von dem er wusste, dass es der Prostitution nachging. Von nun an lebte er von deren Einnahmen, was ihm so sehr gefiel, dass er bald weitere Dirnen an sich band. Die ihm am meisten ablieferte, war von nun an seine »Allerliebste«. Das mit dem »unsittlichen Gewerbe« vereinnahmte Geld verjubelte er in verschiedenen Kaschemmen. Geriet er bei einem solchen Gelage in Stimmung, verprügelte er regelmäßig andere Gäste und so wurde sein Strafregister immer länger …

Emil war als Bauarbeiter tätig. Durch Arbeitskollegen auf die schiefe Bahn gekommen, wurde er bereits mit 25 Jahren immer wieder straffällig. Dann lernte er ein Mädchen kennen, das er auch bald heiratete. Statt zu arbeiten, gab er sich aber der Bummelei hin. Dabei lernte er ein anderes Mädchen kennen, mit dem er ein intimes Verhältnis begann. Als seine Frau davon erfuhr, begann diese einen Lebenswandel, der dem ihres Mannes glich. Und schon bald ging sie der Prostitution nach. Ihrem Mann war das ganz recht. Er unterstützte sie in ihrem Tun und konnte so sein unbeschwertes Leben weiterführen. Auch eine Zuchthausstrafe hielt ihn nicht davon ab, weiterhin als Zuhälter tätig zu sein.

Gestützt auf seine Begegnungen und Erfahrungen mit Zuhältern in den Nachkriegsjahren nahm ein »Sittenkommissar« eine Typisierung vor und unterschied dabei nach folgenden Typen: prädestinierte, indolent haltlos passive Zuhälter, haltlos Passive, aber reizbar Brutale, berechnende, brutale Aktive sowie Gelegenheitszuhälter.

Kennzeichnend für den »indolent haltlos passiven« Zuhältertyp sei, dass nicht der Mann, sondern die Dirne die Aktive und Werbende sei. Sie, die zumeist auch Ältere und Erfahrenere, ergreife die Initiative. Dass junge Männer einer solchen Frau folgten und in die Zuhälterei abglitten, liege zumeist schon in Mängeln des Elternhauses begründet. Es handle sich um Mängel, die dazu führten, dass der Mann auf der Straße oder in Wirtshäusern nach Anschluss suche. Arbeitsunlust, Genusssucht, Gefallen an elegantem Schein sowie permanenter Geldmangel verbänden ihn dort mit Gleichgesinnten und führten so zur Zuhälterei. Gerate er in den Bann einer Dirne, lasse diese ihn nicht mehr los. Kaltblütige und überlegte Gewalttaten seien von diesem Zuhältertyp kaum zu befürchten. Ihm mangle es an Tatkraft und er neige in vielen Fällen eher zur Feigheit. Seine Hemmungen und Ängste streife er allenfalls im Zustand der Trunkenheit oder der Verzweiflung ab. Nur dann könne auch er in Gewalttätigkeiten ausbrechen.

Die »haltlosen, aber reizbar Brutalen« seien dagegen aus ganz anderem Holz geschnitzt. Kaum berechenbar, ließen sie sich infolge ihrer Launenhaftigkeit, Reizbarkeit und oft auch Rohheit schon durch belanglose Anlässe zu Gewalttaten hinreißen. Ihre Unbeherrschtheit führe dazu, dass sie sehr häufig straffällig würden, wodurch sie auch wesentlich zum gängigen Bild des Zuhälters beitrügen. Das Milieu, in dem sie sich bewegten, fördere die Entwicklung der rohen und oft jähzornigen Charaktere. Während die Dirne zunächst bemüht sei, diesem Typ von Zuhälter Geschenke zu machen und ihm Freude zu bereiten, um ihn auf diese Weise friedlich zu stimmen und an sich zu binden, werde er dadurch verwöhnt und immer dreister in seinen Ansprüchen. Könne sie diese nicht mehr erfüllen, sei Streit vorprogrammiert. Solange sich gewisse Prügelszenarien in Grenzen hielten, werde dies von der Dirne oft über lange Zeiträume hinweg hingenommen. Oft aber verleihe dieser Typ des Zuhälters seinem Willen mit Fußtritten, dem Einsatz eines Messers oder anderer Stich- oder Schlagwerkzeuge Nachdruck, sodass sich die Dirne gezwungen sehe, nach Hilfe zu rufen oder die Polizei einzuschalten. Unter dem Einfluss von Alkohol und dem Beistand von »Kollegen« hätten nicht selten auch Wirtsleute und Wirtshausgäste sehr unter der Gewaltbereitschaft dieses Zuhältertyps zu leiden. Allein gegenüber denjenigen, die seine Dirne bezahlten, zeige er sich in aller Regel zuvorkommend und rücksichtsvoll.

»Berechnend brutale aktive« Zuhälter strebten zielbewusst die Ausbeutung der Dirne an. Sie knüpften von sich aus Kontakte und verführten oder zwängen nicht selten ein unbescholtenes Mädchen zur Prostitution. Sobald sie eine Frau in ihren Fängen hätten, schreckten sie vor Misshandlungen nicht zurück, um die Dirne zu fleißigem Strichgang anzuhalten. Oft handle es sich dabei um ältere Männer mit viel Lebenserfahrung, die sie dann auch einsetzten, um sich gegenüber der Dirne zu behaupten.

Als »Gelegenheitszuhälter« betätigten sich vor allem Männer, die bereits mehr oder weniger kriminell seien: Gewalttäter, Diebe, Räuber, Betrüger … Oft gingen sie nur vorübergehend eine zuhälterische Beziehung ein, um dann wieder zu ihrem ursprünglichen, nicht weniger kriminellen Lebenswandel zurückzukehren. Es gebe aber auch solche, die unerkannt der (Gelegenheits-)Zuhälterei nachgingen, die sehr geschickt agierten, sich den Nachforschungen der Behörden entzögen und ihre wahre Lebensweise zu verschleiern wüssten. Sie zu enttarnen, sei nicht nur aus kriminalistischer Sicht von ganz besonderem Interesse.

Schließlich wies der Ermittler im Rotlicht der Nachkriegsjahre darauf hin, dass es auch weibliche Vertreterinnen der zuhälterischen Zunft gebe. Es handle sich zumeist um sehr erfahrene, »mit allen Wassern gewaschene« Dirnen, die es schafften, andere Frauen und Mädchen auf dem Strich für sich zu gewinnen und zu vereinnahmen. Auch wisse man von lesbisch Veranlagten, die sich niemals prostituieren würden, wären sie nicht unsterblich in ihre Zuhälterin verliebt – was von dieser erbarmungslos ausgenutzt werde. Drohungen und Gewalt würden von den Zuhälterinnen nicht ausgeübt, um den Strichgang zu fördern, sondern allenfalls aus Eifersucht, die allerdings bis hin zu schweren Misshandlungen, zum Totschlag oder zum Giftmord führen könnten.

Zuhälterinnen, gleich welcher Art, gälten in Zuhälter- und Dirnenkreisen jedenfalls als weitaus bösartiger und gefährlicher als ihre männlichen Kollegen. Nicht zuletzt deshalb, weil sie in ihrem Handeln immer mehr dem Instinkt als der Überlegung folgten. Der Vollständigkeit halber sei auch auf die »Zuhälter von Strichjungen« hingewiesen. Es handle sich dabei um höchst üble und gefährliche Burschen, die jedoch nicht wegen Zuhälterei belangt werden könnten, weil nach Paragraph 181a des Strafgesetzbuchs (in der damaligen Fassung) nur derjenige bestraft werden könne, der sich gegenüber einer Frau zuhälterisch betätige. Die Betätigung von Strichjungen sei eine Gefahr sowohl für die öffentliche Sicherheit als auch für denjenigen, der sich mit einem männlichen Prostituierten einlasse, und nicht zuletzt für den Strichjungen selbst. Bei dieser Art der Zuhälterei werde häufig nicht nur der männliche Prostituierte, sondern oft auch dessen Kunde erpresst (homosexuelle Handlungen waren mit Strafe bedroht). Auch werde von der Polizei immer wieder festgestellt, dass die Zuhälter männlicher Prostituierter eine sehr rege kupplerische Tätigkeit entwickelten und Homosexuelle vermittelten. Von welch niederer Gesinnung und Charakterlosigkeit Zuhälter von Strichjungen seien, zeigten so manche Strafverfahren gegen männliche Prostituierte, die als unverdorbene Jugendliche angeworben und zu Strichjungen abgerichtet würden. Werde ein solcher Junge verführt, könne er vom Zuhälter mit der Drohung einer Anzeige erpresst, gefügig gemacht und zur Fortsetzung der Tätigkeit als »Stricher« angehalten werden. Während Dirnen ihre Zuhälter, so sie lästig würden, einem Strafverfahren zuführen könnten, brächten Zuhälter von Strichjungen diese zur Anzeige, sobald sie ihnen nicht genügend Geld ablieferten oder versuchten, sich von ihnen zu lösen und wieder in ein anständiges Leben zurückzukehren.

3. Zeit- und Städtereisen von der Nachkriegszeit ins Rotlicht von heute

3.1 Münchner Freiheit

München galt in der Nachkriegszeit als Hochburg der freien Prostitution. Es gab in der Bayernmetropole weder eine Reglementierung noch typische Dirnenunterkünfte oder Bordellbetriebe wie in anderen Städten. Vielmehr waren die unterschiedlichsten Prostitutionsformen über das ganze Stadtgebiet verstreut. Es fanden sich Straßenstriche vom Holzkirchner Bahnhof bis zur Ludwigsbrücke wie rund ums Sendlinger Tor; die Autostriche entwickelten sich bevorzugt in der Nähe von Kasernen; Bar- und Bordellprostitution gab es in allen Stadtteilen; mehr oder weniger eindeutige Angebote in zahllosen Kneipen und Ruinen …

Ende der 1940er- und Anfang der 1950er-Jahre wurden in München etwa 500 »Vollprostituierte« gezählt, dazu etwa 1800 »Veronikas«, die als HwG-Personen (häufig wechselnde Geschlechtspartner) galten. Beim Münchner Gesundheitsamt ging man zudem noch von mehr als 3000 »Heimlichen« und Gelegenheitsprostituierten aus. Und bei der Polizei war man sich ziemlich sicher: Sie alle wurden individuell beschützt, betreut, abkassiert und ausgebeutet.

Besonders ausgeprägt war das »unsittliche Treiben« rund um den Münchner Hauptbahnhof. Grellbuntes Neonlicht lud in ebenerdige Nachtlokale mit Bezeichnungen wie »Hollywood«, »Colorado«, »Broadway« oder »Ranchbar« ein. Die Türen zu den Etablissements waren weit geöffnet. Lautstarke »Tingeltangel-Musik« drang nach außen, vermischt mit dem Stimmengewirr der zahlreichen Gäste. Hinter künstlichen und verstaubten Bäumchen sah man mehr oder weniger angetrunkene amerikanische Soldaten, zwischen ihnen grölende, kreischende und Zigaretten rauchende »Flittchen« in voller Kriegsbemalung … Es gab vielversprechende Blicke, Küsse, Handgreiflichkeiten; immer wieder verschwanden Pärchen draußen im

Dunkel. Vier im Hintergrund um einen kleinen Ecktisch versammelte Herren in abgewetzten Sonntagsanzügen spielten Skat. Über die Karten hinweg beobachteten sie aufmerksam, was in der Kneipe vor sich ging. Auch auf den Gehwegen rund um den Münchner Hauptbahnhof war reger Betrieb. »Aufgedonnerte Fräuleins« mit der Zigarette im Mundwinkel gingen auf und ab, warfen den Soldaten verheißungsvolle Blicke zu. Betrunkene »Besatzer« stolperten auf den Straßen und Gehwegen herum, Halbwüchsige pöbelten die »Fräuleins«, aber auch zufällig vorbeikommende Passantinnen und Passanten an. In der Kaufinger Straße, am Stachus und am Sendlinger Tor flanierten »Strichdamen«. Brach die Dunkelheit herein, waren es zeitweise ganze Horden, die auf Männerfang gingen. Auch die potenziellen Freier vermehrten sich zusehends und die Anzahl der an den Hausecken oder im Schatten von Bäumen herumlungernden Luden, Kuppler, Stricher und »Spritzer« nahm sichtlich zu. Gleiches war allabendlich auf dem Marien- und Isartorplatz zu beobachten. An den meisten Hauptverkehrsstraßen der Stadt gingen »Anhalterinnen« auffallend langsam den Bürgersteig entlang und zogen die Aufmerksamkeit der Autofahrer auf sich. Immer wieder hielt einer an, um eine der »Damen« einsteigen zu lassen und dann mit ihm zu ihrem etwas abgelegenen Stammplatz zu fahren.

In manchen in Zigarettenrauch gehüllten Vergnügungslokalen und Dirnenkneipen spielten sich oft auch weniger schöne Szenen ab: betrunkene Gäste, verschlampte Huren, Schlägereien, Diebstähle … Allabendlich von Zuhältern und Dirnen besuchte Kneipen, ob einigermaßen ordentlich geführt oder heruntergekommen, gab es nicht nur im Stadtzentrum, sondern im gesamten Stadtgebiet. Auch die »Kaffeehaus-Prostitution« wurde vielerorts gepflegt. Sie hatte in München eine langjährige Tradition. Schon Ende des 18. Jahrhunderts waren in so manchen Lokalen der bayerischen Landeshauptstadt mehr »Kaffeehaus-Jungfern« als Kellnerinnen anzutreffen.

Am Stadtrand, etwa zehn Kilometer vom Zentrum Münchens entfernt, zwischen Wohnsiedlungen und Kasernen, bot sich dem Besucher in den Nachkriegsjahren ein ganz anderes Bild der Prostitution. Allein in der Warner-Kaserne waren etwa 15 000 US-Soldaten stationiert. Unmittelbar angrenzend standen zwölf große Wohnblocks. Viele Mieter der Wohnungen in dieser Siedlung betätigten sich als Kuppler und Zuhälter und machten den anständigen und unbedarften Bewohnern der Häuser wie der Stadtverwaltung das Leben schwer. Sie vermieteten einen Raum an eines dieser gelb-grün oder schreiend rot aufgedonnerten »Fräuleins«, in welchem dieses dann Abend für Abend und Nacht für Nacht Gäste empfangen konnte. Dafür hatten die offiziell als Hausgehilfinnen angemeldeten Untermieterinnen das Drei- oder gar Vierfache dessen »abzudrücken«, was der Hauptmieter an Mietkosten zu entrichten hatte. Dieser hatte dafür allerdings zumeist über Monate oder gar Jahre hinweg in der Küche oder in einem kleinen Nebenraum zu nächtigen.

Unweit des Kasernengeländes campierten auch zahlreiche »streunende« Huren, Frauen und Mädchen ohne festen Wohnsitz, die sich den Soldaten bei Tag und Nacht anboten. Immer wieder war zu beobachten, wie eines der »Straßenmädchen« aus dem Pkw eines Amerikaners stieg, kurz Frisur und Kleider in Ordnung brachte, sich eine Zigarette anzündete und dann die abgewetzte Handtasche schwenkend erneut auf Männerfang ging.

Dem aufmerksamen Beobachter entging nicht, dass sich auf der Straßenseite gegenüber in gebührendem Abstand einige wenig vertrauenserweckende Gestalten aufhielten, die die Szenerie beobachteten: Zuhälter, Kuppler, Beschützer, Ausbeuter ... Auch in einer Laubenkolonie, unweit der Kaserne, hatten sich zahleiche »Veronikas« eingerichtet. Obwohl sie Wucherpreise für die Miete einer Gartenlaube zu bezahlen hatten, lohnte es sich, in diesen kaum einsehbaren Schrebergärten der Hurerei nachzugehen. Manche erzielten Einnahmen, die es ermöglichten, dass sie sich selbst eine Wellblechhütte oder Holzbaracke auf einem Gartengrundstück errichten lassen konnten. Den allermeisten aber wurden ihre Einnahmen gleich wieder abgenommen – von ihren diskret im Hintergrund lauernden Bewachern. Schließlich gab es rund um das Kasernengelände auch noch einige Vergnügungslokale und Spelunken. »Nahkampfdielen« mit Bezeichnungen wie »Zum siebten Himmel«, in welchen die Luden ihre Strategien festlegten, das Geld ihrer »Schäfchen« verprassten und in denen das Laster in all seinen Farben und Facetten blühte.

Unabhängig von den unterschiedlichsten Prostitutionsformen, die es in diesen Nachkriegsjahren in München gab, und unabhängig davon, ob die Prostitution in Dirnenunterkünften, Lokalen, Wohnungen, Gartenlauben,

Ruinen, auf der Straße oder auf dem Autostrich stattfand – die »Strichdamen« oder »Veronikas« wurden zumeist liebevoll betreut, kontrolliert, überwacht und abkassiert. In ihrer Nähe gab es immer eine Vielzahl von Zuhältern, Kupplern, »Autokupplern«, »Schiebern« und »Spritzern«, lichtscheue Gestalten und Kriminelle, die eines gemeinsam hatten: Sie sahen in der Prostitution oder im Geschehen rund um die Prostitution eine leichte Art des Broterwerbs. Dabei gab es, was die Art der Zuhälterei und die kriminelle Energie der einzelnen Zuhälter betrifft, erhebliche Unterschiede. Die Kuppler und die »Spritzer«, oft waren es Jugendliche aus den Wohnsiedlungen, die bestimmte »Fräuleins« an Kunden vermittelten und dafür eine kleine Vermittlungsgebühr einstrichen, galten als harmlos. Sie bereiteten der Stadtverwaltung allein aus Gründen des Jugendschutzes Sorgen. Lohnend für Autobesitzer war die »Autokuppelei«. Dabei wurden Pkw samt Fahrer zur Verfügung gestellt, um die »Veronikas« mit ihren Freiern in eine einsame Gegend und nach Erledigung der Geschäfte wieder sicher zurück aufs Kasernengelände zu kutschieren – gegen Bezahlung, versteht sich. Auch das wurde zumeist mehr als Dienstleistung und weniger als kriminelles Tun gesehen. Ähnlich wie die einträglichen Geschäfte der Wohnungseigentümer und Mieter, die einen Raum ihrer Wohnung zum Zwecke der »Unzucht« vermieteten. Dem Münchner Zuhältermilieu gehörten aber auch damals schon hochkarätige Kriminelle an, welche die ihnen anvertrauten oder ausgelieferten Frauen bedrohten, schlugen, gewaltsam zur Prostitution zwangen und gnadenlos ausbeuteten. Und nicht nur das: Manche von ihnen waren fortgesetzt in Raufhändel verwickelt, begingen Diebstähle und Raubstraftaten und wechselten ständig ihren Aufenthaltsort – zwischen der Haftanstalt, dem Zuchthaus und den Münchner Spelunken oder »Nahkampfdielen«. Einige dieser »Hochkaräter« schreckten auch nicht davor zurück, bayerische Abgeordnete zu bedrohen, weil diese sich dafür einsetzten, energischer gegen das wilde Treiben von Zuhältern und Dirnen in der Stadt München vorzugehen.

Als schließlich rund zwanzig Jahre »Wirtschaftswunder« ihrem Ende entgegengingen, nahmen auch die Einkünfte der Münchner Huren und Luden spürbar ab und die Arbeitslosenzahlen rapide zu. Und diese Wirtschaftskrise führte, so wie in der ganzen Republik, auch in der Isarmetropole zu einem Umbruch und zu Veränderungen. Dabei wurde schnell erkannt, dass es neben all den wirtschaftlichen Einbrüchen auch neue Möglichkeiten und neue Chancen gab. In München und anderen westdeutschen Großstädten machten sich mehr oder weniger clevere Investoren auf, um in den Rotlichtmilieus mit neuen Ideen und neuen Konzepten Geld zu verdienen. Und so sah man schon bald »den Rudi mit dem weißen Rolls-Royce« über die Straßen der Isarmetropole donnern. Typen wie der »Karlsruher Hans«, der »Metzger Dieter« und der »Dicke Fritz« sorgten für Schlagzeilen. Und über ihnen allen thronte bald der als »Pate von München« bezeichnete Unternehmer Walter Staudinger. Er machte sich, nachdem er als »Chef« einer Münchner Halbstarkenbande so einige »Jugendsünden« begangen und vier Jahre Knast hinter sich hatte, nach Hamburg St. Pauli auf, um als Aushilfskellner im »Star-Club« seine Lehrjahre fortzusetzen – in dem Club, in dem einst die Beatles auftraten. Staudinger, so wurde berichtet, führte ein Leben mit Musik, Alkohol, Schlägereien und schönen Frauen. Als er die Möglichkeit sah, in das erste Eros-Center Deutschlands zu investieren, das in Hamburg errichtet wurde, griff er, ohne zu zögern, zu und mietete gleich eine ganze Etage des Bordells an. Schon aber warfen die Olympischen Spiele im Jahr 1972 in München ihre Schatten voraus. Staudinger witterte im Rahmen dieses Großereignisses gute Geschäfte und es zog ihn in seine Heimatstadt zurück. Er investierte in den »Leierkasten« in München-Freimann und in das »Rote Palais«. In dieser Zeit rückten in München dann auch weitere Bordellbetriebe und Spielhallen ins Rampenlicht. Das »Crazy Sexy«, das »Moulin Rouge«, das »1001 Nacht« oder das »Las Vegas City« wurden zu nächtlichen Anziehungspunkten. Und schon bald war Prominenz aus aller Welt zu Gast in München: Muhammad Ali, die Boxlegende, Fußballstars wie Pelé, Diego Maradona und viele andere mehr. Es kam zu Annäherungen und Beziehungen zwischen den Münchner Rotlichtkönigen und Prominenten, Einflussreichen und Mächtigen aus München und aus aller Welt. Noch im Jahr 1997 geriet der »Dicke Fritz« (wieder einmal) wegen solcher Beziehungen ganz ungewollt in die Schlagzeilen. Der Mörder des Kultdesigners Gianni Versace hatte sich selbst das Leben genommen – ausgerechnet auf dem Hausboot des »Dicken« in Miami.

Dieser »Dicke Fritz« verdiente im Milieu Millionen und er besaß Villen in Spanien und in Trudering. Er galt als Gentleman, war aber als Geschäftsmann knallhart und gefürchtet. Und so löste der Tote auf seinem Hausboot wildeste Spekulationen aus. Spekulationen, die beim »Dicken« allerdings nicht viel mehr als ein müdes Lächeln hervorgerufen haben sollen. Dieses Lächeln dürfte ihm freilich spätestens im Jahr 2001 vergangen sein, als er zusammen mit weiteren 17 Rotlichtgrößen verhaftet wurde. Dem Pächter des »Leierkastens« wurden Zuhälterei, Förderung der Prostitution und Steuerhinterziehung vorgeworfen. Ziel der Polizeiaktion war es, die »Münchner Sexmafia« zu zerschlagen. Weil er die veranschlagte Kaution in Millionenhöhe nicht bezahlen wollte (»das Geld bekomme ich doch nie wieder«), begab er sich in Haft, wo er über ein Jahr lang schmorte. Was in der Zeit mit seinen Läden und seinem Geld geschah? Nichts Gutes, es ging steil bergab!

Sie erlebten glanzvolle Zeiten, die Rotlichtkönige von München. Der »Dicke Fritz« besaß in seinen besten Tagen vier sündhaft teure Rolls-Royce und nannte 15 Clubs »mit den schönsten Frauen« sein Eigen. Dass es dem »Rudi mit dem weißen Rolls-Royce« einst nicht viel schlechter erging, besagt schon der Name, den ihm die Münchner(innen) gaben. Und Walter Staudinger, der »Pate von München«, der immer Wert darauf legte, als Geschäftsmann wahrgenommen zu werden, konnte sich Mitte der 1980er-Jahre als wohlhabender Mann in die USA zurückziehen.

In der Folgezeit wurde es dann von Hamburg bis nach München immer unruhiger in den Prostitutionsmilieus. Immer öfter wurde aus verschiedenen Städten von wahren »Zuhälterkriegen« berichtet. Und ohne Zuhälter, so erkannten Fahnder und Ermittler, ging in den Milieus im Rotlicht nun gar nichts mehr. Diese vermehrten sich angesichts der lukrativen Märkte wie die Kaninchen. Gleichzeitig stiegen sie vermehrt sowohl in illegale Drogen- als auch in Waffengeschäfte ein. Auch systematische, an Mafiamethoden erinnernde Unterwanderungsversuche mit der Zielgruppe Polizei und verschiedenen anderen Behörden nahmen erkennbar zu. Die Machtkämpfe in den Milieus wurden immer härter, brutaler.

In München kämpften Zuhälter ab Mitte der 1980er-Jahre mit Feuer- und Säureanschlägen um neu erschlossene Jagdgebiete an verschiedenen Ausfallstraßen, wo in Dutzenden Wohnmobilen rund um die Uhr angeschafft wurde. Mit dieser Wohnwagenprostitution wurden Einnahmen erzielt, die alles Bisherige sprengten. Das wiederum lockte Topzuhälter und -gangster aus anderen deutschen Großstädten, aber vermehrt auch aus dem Ausland an die Isar. Als ein Münchner Zuhälter 50 000 D-Mark Ablöse für eine ihm ausgespannte »Mobildirne« forderte und sein Kollege sich weigerte, diese Summe zu bezahlen, drohte der Münchner mit einem Hamburger Killerkommando. Und bald darauf kam es zu einer wilden Verfolgungsjagd durch Münchens Straßen, die damit endete, dass der Bedrohte dem ihn angreifenden »Karate-Lee« ein Loch in den Kopf schoss.

Und so wie in Hamburg, Frankfurt, Berlin und anderswo drängten in der Folgezeit auch in München immer mehr Zuhälter und Gangster aus den Nachfolgestaaten der Sowjetunion, aus der Türkei, aus den verschiedenen Balkanstaaten und sogar aus Afrika auf die so schmutzigen wie lukrativen Münchner Märkte mit der »Ware Frau«. Selbst Menschen- und Mädchenhändler aus Vietnam und China schienen sich plötzlich vermehrt für die Münchner und die bundesdeutschen Sexmärkte zu interessieren.

Was in der Vergangenheit von Staudinger, dem »Dicken Fritz« und anderen Münchner Rotlichtgrößen mehr oder weniger überschaubar geregelt wurde, geriet immer mehr in die Hände von ausländischen Zuhältern und Zuhältergangs, die in weiten Teilen der OK zuzuordnen waren und dementsprechend verschlossen agierten. Tipps, Hinweise oder Anzeigen, die bisher schon sehr selten waren, gab es nun nicht mehr. Bis dahin geltende Spielregeln und ein gewisser, zumeist beachteter Ehrenkodex hatten plötzlich keine Gültigkeit mehr. Alles wurde von nun an milieuintern, hinter verschlossenen Türen, lautlos, von Polizei und Öffentlichkeit möglichst unbemerkt geregelt. Ob im Internet, auf Münchens Straßen, in schummrigen Münchner Puffs, Bars oder Kneipen. Das Glück der Münchner Rotlichtgrößen, das ohnehin nicht immer ungetrübt war, weil es nicht nur für den »Dicken Fritz« immer wieder einmal mehr oder weniger schmerzhafte Berührungen mit der Polizei gab, schien zu Ende. Der »Karlsruher Hans«, auch ein langjähriger Betreiber des »Leierkastens«, starb jedenfalls 55-jährig bei einem bedauerlichen Jagdunfall. Und der »Dicke Fritz« wurde Anfang des Jahres 2020 in der von einem »Spezl« zur Verfügung gestellten 27-Quadratmeter-Wohnung in Aschheim verarmt und tot in seinem Blut liegend aufgefunden. Er wurde immerhin 72 Jahre alt. Den wenigsten gelang es, am Ende der Karriere im Rotlicht nach oben aufzusteigen und Aufnahme in der »besseren Gesellschaft« zu finden oder, wie Walter Staudinger, einen sorglosen Lebensabend fernab des Münchner Milieus und fernab aller Grabenkämpfe im Schatten des Rotlichts in den USA zu verbringen.

Heute ist München trotz der Zuwanderung und den Machtübernahmen fremder Kräfte im Milieu weit davon entfernt, die »Kriminalitätshauptstadt« Deutschlands zu sein. Vielmehr gelang es der Münchner Stadtverwaltung, Polizei und Justiz, der Organisierten Kriminalität im Rotlicht Grenzen zu setzen. Das ist allein daran erkennbar, dass Rocker- und rockerähnliche Gruppierungen im Münchner Rotlicht nie eine auch nur annähernd so bestimmende Rolle gespielt haben wie in anderen deutschen Großstädten. Und nachdem Hinweise auf Menschenhandel und Sexsklaverei bundesweit zunahmen, wurde im Jahr 2021 bei der Münchner Staatsanwaltschaft eine Abteilung aufgewertet und mit einem Expert(inn)enteam zu einer Spezialabteilung angehoben, die für diesen Kriminalitätsbereich zuständig ist.

Im ersten Halbjahr 2021 gab es in München 16 Verfahren wegen Zwangsprostitution, 7 wegen Menschenhandels zum Zweck der sexuellen Ausbeutung und 5 Verfahren wegen Zuhälterei.

Die leitende Oberstaatsanwältin dieser Spezialabteilung für den Deliktsbereich »Menschenhandel und Sexsklaverei« und ihre Mitarbeiter(innen) wissen aber: Das Dunkelfeld ist groß. So wie die Brutalität des Geschehens im Rotlicht und das Leid der Betroffenen auch. Die Anzeige- und Aussagebereitschaft ist gering, die Ermittlungen und die Beweisführung sind aufwändig und schwierig. Dessen ungeachtet soll die (Organisierte) Kriminalität im Rotlicht durch diese Spezialabteilung bei der Münchner Staatsanwaltschaft in Zusammenarbeit mit der Polizei noch mehr vom Dunkel- ins Hellfeld gerückt werden. Dass durch die Einrichtung solcher mit dem Milieu und seinen Machenschaften bestens vertrauter Spezialisten bei Polizei und Staatsanwaltschaft ganz nebenbei eine nicht zu unterschätzende präventive Wirkung erzielt wird, ist sicher ein willkommener Nebeneffekt. München ist für Menschenhändler, Zuhälter und andere Rotlichtgangster jedenfalls längst nicht so attraktiv wie andere deutsche (österreichische oder Schweizer) Großstädte.

3.2 In den »finsteren Gassen« von Köln

Ein von München krass abweichendes Bild bot in den Nachkriegsjahren die Stadt Köln. In der Rheinmetropole setzte man seit jeher auf ein Kasernierungssystem. Die eingeschriebenen Prostituierten wurden in bestimmten Straßen und Häusern untergebracht. Vor Kriegsbeginn, im Jahr 1939, gab es in Köln 1200 bis 1400 eingeschrieben Dirnen, die in 120 öffentlichen Häusern ihre Dienste anboten. Im allgemeinen Chaos unmittelbar nach Kriegsende waren dann nur noch etwa 30 Dirnen registriert. Diese Zahl wuchs schnell wieder an. Anfang der 1950er-Jahre waren es bereits wieder zwischen 200 und 250 Frauen, die eingeschrieben waren und in 20 bis 25 Häusern der »finsteren Straßen von Köln«, vorwiegend in der Nähe des Stadtzentrums und im Hafenviertel, tätig wurden. Ging man in den Nachkriegsjahren durch die Große oder Kleine Brinkgasse, sah man sich im Stavenhof oder in manch anderen Straßen und Gassen um, so war überall ein reger »Koberbetrieb« zu beobachten. Charakteristisch waren die niederen, zumeist einstöckigen Häuser mit den Koberfenstern im Erdgeschoss. Dahinter saßen die Dirnen, allein oder in Gemeinschaft mit anderen, aufreizend gekleidet auf Barhockern oder Stühlen und boten den Vorbeigehenden ihre Dienste an. Hinter den Koberfenstern befand sich zumeist ein Empfangs- oder Warteraum, der aber oft auch als »Unzuchtsraum« diente. Obwohl das Ansprechen der Passanten und jedes aggressive Kobern untersagt war, wurde immer wieder versucht, auch auf diese Weise einen Vorübergehenden zu angeln. Im Stavenhof gab es zwischen den Dirnenhäusern auch »solide« Mietshäuser. Während sich in den Koberfenstern spärlich bekleidete Schönheiten präsentierten, spielten vor den Fenstern Kinder. Und an den Häuserecken lehnten polizeibekannte Zuhälter, um die Geschäfte zu beobachten und zu kontrollieren. Um zuhälterische Umtriebe und andere unerwünschte Entwicklungen in den Häusern zu vermeiden, wurden Verwalterinnen (aus nachvollziehbaren Gründen ausschließlich weibliche Personen) zur Betreuung eingesetzt. Und so schien es zumindest, als bestünde ein einvernehmliches Miteinander zwischen den Anwohnern und den Anschaffenden in diesem Kölner Problembereich.

Für die Kölner Dirnenhäuser gab es keine Konzessions- oder Meldepflicht. Auch die Zimmervergabe war ausschließlich Sache des Vermieters. Bewohnt waren die Häuser zumeist von fünf bis zehn Frauen. Ihre Zimmer waren reichlich mit Polstermöbeln bestückt, die erforderlichen sanitären Anlagen waren vorhanden und alles machte einen ordentlichen und sauberen Eindruck. In hygienischer und sanitärer Hinsicht wurden die Häuser auch regelmäßig vom Gesundheitsamt überprüft und die Liebesdienerinnen wurden ärztlich betreut und untersucht. Der Dirnenlohn wurde von den Frauen zwischen fünf und zehn D-Mark je nach Aussehen und Stand des Freiers festgelegt. »Man kann doch von einem Arbeiter nicht so viel verlangen wie von einem Reichen«, verlieh eine Kölner Hure in dieser Zeit ihrem sozialen Gewissen Ausdruck.

Bei Stadtverwaltung und Polizei ging man grundsätzlich davon aus, dass die Frauen freiwillig und in wirtschaftlicher Unabhängigkeit in den Häusern tätig wurden. Bei Hinweisen auf Kuppelei, Zuhälterei oder andere Milieustraftaten schritt die Polizei unverzüglich in angemessener und wirksamer Weise ein. Erforderlichenfalls wurde auf dem Verwaltungsweg die Schließung eines solchen Hauses betrieben. Das alles verfehlte seine präventive Wirkung nicht. Dennoch war nicht zu verhindern, dass Zuhälter und Kuppler, aber auch Kupplerinnen ihre Finger im Spiel hatten. So wurde zum Beispiel Anfang der 1950er-Jahre eine Vermieterin ins Gefängnis gesteckt, weil sie sich als Kupplerin betätigte. Auch gegen die fraglos vorhandene und in den Nachkriegsjahren kontinuierlich zunehmende »heimliche« und von Zuhältern kontrollierte Prostitution ergriff die Stadt Köln wirksame Maßnahmen. Für diesen Bereich war eine »Sichtungsstelle« mit Vertretern der Gesundheitsbehörde, der Fürsorge und der Polizei zuständig. Diese Einrichtung versuchte mit Erfolg, Frauen und Mädchen, vorwiegend aus dem Kreis von Flüchtlingen, Heimatlosen, Elternlosen oder Evakuierten, die in Gefahr gerieten, in die Prostitution abzugleiten, rechtzeitig aufzufangen. Die Polizei probierte gleichzeitig, zuhälterische Betätigungen im Keim zu ersticken und die Luden durch anhaltenden Kontrolldruck von ihrem parasitären Tun sowie von Gewalt- und anderen Straftaten abzuhalten. Parallel dazu wurden die in dieser Zeit zahlreichen wohnsitzlosen und herumstreunenden Frauen und Mädchen fürsorglich betreut. Doch trotz aller sozialen und polizeilichen Maßnahmen gab es die »Heimlichen« mit ihren Luden und diese hielten sich vorwiegend in stadtbekannten (Animier-)Lokalen und Kaschemmen mit »Tingel-Tangel-Musik«, bevorzugt im Hafenviertel, auf. Doch auch auf den Bänken des Rheinufers und entlang der Uferstraßen wurden »Anhalterinnen« von ihren Antreibern zum »Tummeln« geschickt, um von dort aus mit ihren Kunden, verdeckt beaufsichtigt und bewacht, in den nahegelegenen Stadtwald zu fahren. Trotz eines insgesamt sehr hohen Prostitutionsaufkommens und solcher Praktiken waren Zuhälterei und die mit ihr verbundene Kriminalität anderer Art in Köln durch das Kasernierungssystem und kluge Maßnahmen von Stadtverwaltung, Gesundheitsbehörde, Fürsorge und Polizei längst nicht so ausgeprägt wie in vielen anderen deutschen Städten.

Das aber sollte sich schnell und gründlich ändern. Bereits in den 1960er-Jahren galt die Stadt als das »Chicago am Rhein« – angelehnt an die Verbrechenshauptstadt Chicago zu Zeiten von Al Capone. Ende des Jahres 1965 wurde der Kölner Lude »Dummse Tünn« festgenommen und wegen Zuhälterei und anderer Delikte für drei Jahre ins Zuchthaus gesteckt.

Nach Verbüßung der Strafe bemühte er sich jedoch gleich wieder um Anteile und Macht im Kölner Milieu. Und so stand er bis in die 1970er-Jahre hinein »Schäfers Nas« und anderen Jungluden beim Kampf um die Vorherrschaft im Kölner Milieu konkurrierend und in inniger Feindschaft verbunden gegenüber. Um ein für alle Mal zu klären, wer »Chef im Ring« war, schlug der wegen seiner markanten Nase »Schäfers Nas« Genannte seinen Konkurrenten »Dummse« im September 1975 so zusammen, dass dieser bewusstlos liegen blieb. »Dummse Tünn« aber stand wieder auf und sorgte weiterhin für Schlagzeilen: Er wurde Leibwächter des berühmten Filmsternchens Romy Schneider. Eine so anspruchsvolle wie notwendige Tätigkeit: Galt der Filmstar in jener Zeit doch als »Staatsfeind(in)« der damaligen DDR. Auch in Köln gab es also solch wundersame Verbindungen zwischen Spitzenzuhältern und Prominenten und Angehörigen der »besseren Gesellschaft«. Die »Karriere« des Zuhälters mit der auffälligen Nase im Gesicht nahm dagegen einen ganz anderen Weg: »Schäfers Nas« wurde im Jahr 1984 wegen Vergewaltigung, Zuhälterei und Freiheitsberaubung zu einer Freiheitsstrafe von acht Jahren verurteilt. Doch kaum ein paar Jahre in Freiheit, war auch von ihm wieder zu hören. Als im Jahre 1996 ein wertvolles Kreuz aus der Domschatzkammer gestohlen wurde, nutzte »Schäfers Nas« seine Milieukenntnisse und Kontakte in die Kölner Halbwelt und es gelang ihm, das wertvolle Stück wiederzubeschaffen. Weil er auf den ausgelobten Finderlohn großzügig verzichtete, entschädigte ihn der Dompropst, indem er ihn in seine Fürbitten einschloss. Diese Episode aus dem Leben des Zuhälters mit der großen Nase wurde vom Kölner Millowitsch-Theater aufgegriffen und mit dem Theaterstück *Der König vom Friesenplatz* mit Erfolg einem breiten Publikum vorgestellt. Doch auch andere Rotlichtgrößen machten sich in Köln einen Namen. »Die Axt« zum Beispiel, der mit einer solchen so manches Lokal in Trümmer legte, oder »Karate Jacky«, ein großer, durchtrainierter Kampfsportler, der sich bestens als Türsteher und Bodyguard eignete. »Jeder hat versucht, mich umzuhauen«, erzählte er an so manchem Tresen, »keiner hat es je geschafft. Ich bin der Weltmeister auf Kölns Straßen …!« 2021, kurz vor Ostern, soll er in einem Obdachlosenheim in der Kölner Südstadt verstorben sein, was im Kölner Milieu Trauer auslöste, denn »Karate Jacky« war nicht unbeliebt und lange eine nicht wegzudenkende Figur in den Rotlicht-Lokalen.

Trotz aller zuhälterischen und verbrecherischen Umtriebe, trotz wüster Prügeleien und anderer, auch schwerer Milieustraftaten, die es in Köln in den 1960er-, 1970er- und 1980er-Jahren gab: Dass eine junge Frau von einem Zuhälter totgeschlagen wird, weil sie sich weigert, für ihn der Prostitution nachzugehen, hätte gegen die Berufsehre sowohl der »Axt« wie des »Karate Jacky«, des »Dummse Tünn« und »Schäfers Nas« und auch gegen die Spielregeln verstoßen, die über Jahrzehnte hinweg im Kölner Milieu galten und (meistens) auch eingehalten wurden.

Doch auch in Köln und im Kölner Rotlicht waren andere Zeiten angebrochen, als genau dies geschah. Ioana, eine junge Mutter aus Rumänien, wurde von einem ebenfalls aus Rumänien stammenden Zuhälter getötet, weil sie sich weigerte, für ihn »anzuschaffen«. Mitten in Köln, in einer Modelwohnung in der Glockengasse, unweit des Doms.

Sie verabschiedete sich von ihren Eltern, Freunden und Bekannten in dem kleinen, abgelegenen Dorf in Rumänien und drückte ihren einjährigen Sohn David noch einmal fest an sich. Dann machte sie sich voller Hoffnung auf, um die ihr von einem ebenfalls aus Rumänien stammenden, aber schon seit Jahren in Deutschland lebenden Stellenvermittler angebotene und so gut bezahlte Arbeit in einem deutschen Altenheim aufzunehmen. Die 19-jährige Ioana wollte damit der Armut, unter der sie, ihr Kind und ihre Eltern zu leiden hatten, ein Ende bereiten. Dass es sich bei dem am Telefon so freundlichen Vermittler um einen international agierenden und mit Haftbefehl gesuchten Zuhälter und Gewaltverbrecher handelte, der Ioana nach Deutschland locken wollte, um sie als Sexsklavin auszubeuten, das ahnte sie nicht, das konnte sie nicht ahnen. Kaum in Deutschland angekommen, wurde sie von Robert T. überschwänglich begrüßt. »Wie schön, dass du hier bist!« Ioana konnte ihre Enttäuschung kaum verbergen. Dieser Typ war ganz anders als der freundliche junge Mann, mit dem sie in mehreren Telefonaten alles ausführlich besprochen hatte. Er war ganz anders, als sie ihn sich vorgestellt hatte. Er wirkte so schmierig, arrogant, angeberisch. Diese brutalen Gesichtszüge, das hämische Grinsen auf dem Gesicht, die listigen, unruhig umherschweifenden Äuglein!? Auch der zynische, fast bedrohlich klingende Unterton in seinen Worten entging Ioana nicht. Sie tröstete sich damit, dass sie sich mit ihm wenigstens in der Sprache ihrer Heimat verständigen konnte. Sympathisch und vertrauenswürdig aber erschien ihr dieser Mann nicht. Und schon bald sollte sie ihn so sehr fürchten wie hassen, denn Robert T. eröffnete ihr unverblümt, dass es die versprochene Stelle im Altenheim nicht gibt, dass er jedoch eine interessante Alternative habe: Ioana solle für ihn »anschaffen« gehen, so wie andere Mädchen aus Rumänien auch. Das aber lehnte Ioana entschieden ab. Robert T. wurde daraufhin wütend. Er sperrte sie ein, beschimpfte und bedrohte sie. Ioana aber weigerte sich weiterhin, der Prostitution nachzugehen. Eines Tages schlug er so auf sie ein, dass sie schwerste Verletzungen davontrug: Gehirnblutungen, Knochenbrüche, Lähmungserscheinungen … Fünf Jahre lang war Ioana daraufhin ein Pflegefall. Im Jahr 2019 verstarb sie in einer Kölner Klinik an den Folgen dieser schrecklichen Tat.

Dieses Tötungsdelikt löste heftige gesellschaftspolitische Diskussionen aus. Jedenfalls im Heimatland des bedauernswerten Opfers, in Rumänien. Die Tageszeitungen und Zeitschriften, Rundfunk- und Fernsehanstalten des Landes berichteten anhaltend und ausführlich. Dabei wurden so kritische wie berechtigte Fragen gestellt: Wie geht man in Deutschland mit den Frauen und Kindern Rumäniens um? Wie konnte Ioana einem unter anderem des Doppelmordes verdächtigten und seit langem gesuchten Gewalttäter inmitten einer deutschen Großstadt so hilf- und schutzlos ausgeliefert sein? Wie und warum kann ein mit Haftbefehl gesuchter Rumäne in Deutschland ungehindert als Zuhälter tätig sein? Wie sehen sie aus, die internationalen zuhälterischen Strukturen und warum liegen über sie keine oder nur unzureichende Erkenntnisse vor? War der Mord an Ioana nur ein bedauerlicher Einzelfall oder ist diese Tat symptomatisch für die kriminellen Umtriebe im Untergrund, die man in Deutschland nicht wahrnimmt oder nicht wahrnehmen will?

In Deutschland fand die Tat dagegen nur wenig Beachtung. Allein die Zeitschrift *EMMA* berichtete ausführlich über das Geschehen. Weil es letztlich nur ein bedauerlicher Einzelfall war? Weil es »nur ein Prostituiertenmord« war, nur einer von vielen? Prostituierte haben nun einmal ein höheres »Berufsrisiko« als wohlbehütete Pfarrerstöchter! Ioana aber war keine Prostituierte. Sie starb vielmehr, weil sie keine Prostituierte sein wollte. Doch wie viele Frauen werden in Deutschland als Prostituierte bezeichnet und behandelt, obwohl sie keine Prostituierten, sondern Sklavinnen sind, Gefangene im System des Menschenhandels und der Sexsklaverei, kontrolliert und bewacht von Zuhältern? Der Fall Ioana ist kein völlig ungewöhnliches, sondern in mehrerlei Hinsicht geradezu typisches Verbrechen im Schatten bundesdeutschen Rotlichts. Typisch ist die Herkunft von Ioana, eine von Armut geplagte Region in Rumänien, typisch sind die mit der Armut und Perspektivlosigkeit verbundenen, schwierigen familiären Verhältnisse, denen sie entkommen wollte, typisch sind die üblichen, bewährten Anwerbungsmethoden mittels List und Täuschung wie das Erzeugen von Abhängigkeit und Hilflosigkeit, typisch ist das totale Ausgeliefertsein. Typisch ist auch die Herkunft des Zuhälters und Mörders Robert T., er ist einer von Tausenden Balkanzuhältern, die in deutschen Rotlichtmilieus agieren, als Gewalttäter bekannt, mit Haftbefehl gesucht, untergetaucht im Dschungel einer deutschen Großstadt. Und milieutypisch ist die Gewalt, die im Rotlicht seit jeher als Mittel zur Lösung von Konflikten Anwendung findet.

»Schäfers Nas« hat ausgedient im Milieu von Köln. Zuhälter und Gangster aus Rumänien, Bulgarien, Albanien, Russland, Tschetschenien oder der Türkei haben übernommen. In Köln wie in anderen Milieus deutscher (österreichischer oder Schweizer) Städte.

Im Juni 2020 wurde in Köln erneut deutlich, welche Anziehungskraft die lukrativen deutschen Sexmärkte und die Freiheiten, die diesem Geschehen in Deutschland und einigen seiner Nachbarstaaten eingeräumt werden, für Menschenhändler, Zuhälter und Zuhältergangs aus aller Welt haben. Die Bundespolizei führte Razzien in Rotlichtobjekten von Köln, gleichzeitig aber auch in Mönchengladbach, Essen, Dortmund und Bonn durch. Sie bildeten den Abschluss von Ermittlungen gegen einen Ring chinesischer Mädchenhändler, die seit 2019 geführt wurden. Die Bande hatte in mindestens zehn Fällen junge Chinesinnen über Spanien illegal nach Deutschland geschleust und in angemieteten Wohnungen der Prostitution zugeführt. In Rahmen der Razzien wurde zahlreiches Beweismaterial sichergestellt und vier Haftbefehle wurden vollstreckt. Die Schleusung von Chinesinnen in die Sexzentren Mitteleuropas und auch die von Vietnamesinnen (bevorzugt über Tschechien) könnten zu einer weiteren Herausforderung für die Ermittlungs- und Strafverfolgungsbehörden werden. Die aber kratzen, wie wir wissen, nicht zuletzt aufgrund der gesetzlichen Rahmenbedingungen ohnehin seit Jahren nur noch an der Oberfläche der Milieus im Rotlicht. Die grundsätzliche Legalisierung des gesamten Prostitutionswesens lässt die erforderlichen Maßnahmen kaum zu. Und so ist es oft allein Kommissar Zufall, der gewisse Einblicke ins große Dunkel hinter den einladenden Fassaden der Milieus im Rotlicht ermöglicht: Anfang des Jahres 2021 stand der serbische Staatsangehörige Nerim N. wegen gefährlicher Körperverletzung vor einem Kölner Gericht. Er hatte einen Passanten in einem Park zunächst mit Fäusten, dann mit einem Taschenmesser und schließlich mit einer Machete bearbeitet und dabei gedroht, er werde ihn töten. Nerim N., so wurde schnell festgestellt, war kein Unbekannter. Recherchen der Kölner Kriminalpolizei und die Gerichtsakten ergaben, dass er seit dem Jahr 2000 immer wieder in blutige Gebietskämpfe zweier Clans im Kölner Rotlichtmilieu verwickelt und außerdem neben anderem wegen versuchten Mordes und zweifacher Vergewaltigung vorbestraft war. Ein weiterer Hinweis darauf: Was vom deutschen Gesetzgeber als »Prostitutionsgewerbe« bezeichnet und behandelt wird, ist in Wahrheit längst Geschäftsfeld der OK.

3.3 Frankfurt und die Mafia am Main

In Frankfurt wurden Anfang der 1950er-Jahre 200 bis 250 »Berufsdirnen« mit rotem Gesundheitsausweis gezählt. Hinzu kamen etwa 1 000 HwG-Personen, die einen grünen Gesundheitsnachweis bei sich führten. Sogenannte »Heimliche« gab es jedoch in unschätzbarer Zahl. Und die allermeisten von ihnen wurden zuhälterisch betreut – und abkassiert. In der Breite Gasse war eine Dirnenunterkunft für über zwanzig »Fräuleins« eingerichtet, welche vor dem Gebäude auf der »Laufstraße« nach Kundschaft Ausschau hielten. Bei »Volkspreisen« von drei bis fünf D-Mark wurde man sich häufig schnell handelseinig. Erst nach beidseitiger Einwilligung durfte das Dirnenhaus vom Freier betreten werden. Zahlreiche Dirnen lebten und hausten aber auch in den Ruinen in der Nähe des Dirnenhauses und in der Breite Gasse. Diese als »Mostdirnen« bezeichneten Frauen waren für 1,50 D-Mark zu haben. In der Gelbe-Hirsch-Straße gab es jedoch auch ein Haus mit etwa zehn »Edeldirnen«, die in Kneipen in der Umgebung koberten. Sie ließen sich für ihre Dienste mit 50 D-Mark und mehr vergüten.

In den ersten Nachkriegsjahren gab es in Frankfurt erhebliche Probleme mit der ausufernden Straßenprostitution, den zuhälterischen Umtrieben und vielen anderen unerwünschten und kriminellen Begleiterscheinungen – vom Hauptbahnhof bis hin zum Main. Aufdringliche Huren, Zuhälter, Kuppler, Trickbetrüger, Betrunkene, Diebstähle, Raubstraftaten, Pöbeleien, Schlägereien … Der Magistrat sah sich dazu gezwungen, eine »Bannmeile« zu errichten und die Prostitution in den repräsentativen Straßen und Gebäuden der Innenstadt zu verbieten. Das Verbot wurde von einem polizeilichen »Sonderkommando Prostitution« überwacht, das sich bestens bewährte und dafür sorgte, dass im Sperrgebiet bald Ruhe und Ordnung einkehrten. Die Dirnen zogen sich nach dem Errichten des Sperrgebiets einzeln und in Gruppen in die Kneipen der Kaiserstraße zurück. Auch gab es im Bereich der Innenstadt eine Vielzahl von Animierlokalen, in denen vorwiegend

US-Soldaten verkehrten. Neben dem Straßenstrich in der Breite Gasse und zahlreichen anderen Prostitutionsstätten im Stadtgebiet wurden »Veronikas« von ihren Beschützern auch auf der Zubringerstraße zum Rhein-Main-Flughafen platziert. Doch wo immer sie auch tätig wurden: Die Zuhälter, Kuppler und »Spritzer« waren ganz in der Nähe, um mitzuverdienen.

1957 erschütterte ein in Frankfurt begangener Prostituiertenmord die gesamte Republik. Der gewaltsame Tod der »Edelhure« Rosemarie Nitribitt. Das Leben und Sterben des »Mädchens Rosemarie« erregte deshalb so viel Aufsehen, weil es die Doppelmoral in der Zeit des Wirtschaftswunders und der noch jungen Republik ungeschminkt widerspiegelte, tiefe Einblicke in einen bis dahin nicht vermuteten Sumpf gewährte und die aus Sitte und Moral bestehenden Fassaden eines bis dahin als unverdächtig angesehenen Systems zum Einsturz brachte. Durch den Mord an Rosemarie Nitribitt gerieten Großindustrielle und angesehenste Politiker des Landes in üblen Verdacht. Die Tat war aber auch Grundlage wilder Spekulationen und zahlreicher Verschwörungstheorien, die spätestens im Jahr 2013 widerlegt werden konnten, als bis dahin spurlos verschwundene Akten mitsamt dem vermeintlich so brisanten Notizbuch der Ermordeten im Archiv der Frankfurter Polizei aufgefunden und ausgewertet werden konnten.

Wer aber war diese Rosalie Marie Auguste Nitribitt, »das Mädchen Rosemarie« (so der Titel des Kinofilms über ihr Leben und ihren Tod)? Sie wurde 1933 als Kind einer 18-Jährigen geboren, die schon so einige Freiheitsstrafen zu verbüßen hatte. Ihren Vater, einen Arbeiter, hatte sie nie kennengelernt. Schon sehr früh, kurz nach Kriegsende, trieben sie Geldnot und Hunger in die Prostitution. Deshalb galt sie bald als »schwer erziehbar« und wurde in Erziehungsheime eingewiesen, von wo sie immer wieder ausbüchste. Mit 14 Jahren wurde sie schwanger und trieb ab. 1951 wurde sie wegen Landstreicherei zu drei Wochen Haft verurteilt. Und so nahmen die Dinge ihren Lauf.

Im Jahr 1953 fasste sie sehr plötzlich den Entschluss, nicht mehr als »gewöhnliche« Hure zu arbeiten, sondern sich der »besseren Gesellschaft« zuzuwenden. Sie besuchte einen »Benimmunterricht«, lernte etwas Englisch und Französisch und veränderte ihr Äußeres. Sie trug von nun an so raffinierte wie teure Kleidungsstücke, edle Pelze und nicht weniger edlen Schmuck und dazu ganz gern einen gepflegten Pudel auf dem Arm ... Auch ging sie von nun an nicht mehr nur rund um den Hauptbahnhof, sondern auch vor dem Nobelhotel »Frankfurter Hof« zum »Fischen«. Und schon bald fuhr sie einen schicken Ford 12M, wenig später einen Opel Kapitän (den ihr ein Freier vermacht haben soll) und dann lenkte sie den später geradezu legendär gewordenen rot-gepolsterten Mercedes 190 SL Cabrio durch die Straßen der Main-Metropole. Nicht nur im »Frankfurter Hof«, auch in anderen Nobelhotels überreichte sie – mit großzügigem Trinkgeld – den Herren Portiers augenzwinkernd ihre Visitenkarten. Und zwischendurch erholte sie sich immer wieder einmal von ihrer hingebungsvollen Tätigkeit in den Schweizer Bergen oder an der Côte d'Azur ...

Die Vermutung liegt nahe, dass Rosalie Marie Auguste Nitribitt am 29. Oktober 1957 ermordet wurde. Sicher ist der Zeitpunkt des Todeseintritt nicht, weil die Ermittler es verabsäumten, die Körpertemperatur der Toten zu messen, nachdem die Leiche am 1. November 1957 im Appartement 41 der Stiftstraße Nr. 36 in Frankfurt aufgefunden wurde. Fest steht, das rechte Bein der Getöteten lag über dem linken auf einer Cordcouch, der Oberkörper auf dem teuren Orientteppich auf dem Fußboden. Am Hinterkopf klaffte eine große Platzwunde und die Würgemale am Hals waren nicht zu übersehen. So wie die herumliegenden Beaujolais-Flaschen aus dem Weinkeller eines Großindustriellen.

Die Auffindesituation nährte einen ungeheuren Verdacht. Nur schwer erklärbare Ermittlungspannen und Versäumnisse galten zudem bald als Beleg für ein planmäßiges Vertuschen. Die Öffentlichkeit drängte auf Klärung der Hintergründe, der mediale Druck auf die zuständigen Ermittler wurde groß und immer größer. Und bald zauberten diese einen Täter aus dem Hut: Den mit geradezu idealen Tätereigenschaften ausgestatteten Handelsvertreter Heinz Pohlmann. Ein bisexueller, vorbestrafter Kleinkrimineller mit nachweisbaren Kontakten zum »Mädchen Rosemarie«. Stolz wurde er der Justiz und der Öffentlichkeit präsentiert – musste jedoch wegen Mangels an Beweisen kurz darauf wieder auf freien Fuß gesetzt werden. Und so blieben viele Fragen offen. Vor allem die Frage nach dem Tatmotiv und nach dem Täter. Bei der Suche nach ihm spielten mögliche Zuhälter offenbar keine große Rolle. Die in Frankfurt unter dem Arbeitsnamen »Rebecca«

anschaffende »Edeldirne« galt als selbständig tätiges »Mannequin« und als Geschäftsfrau, die keinen Zuhälter an ihrer Seite hatte. Also kam ein solcher auch nicht als ihr Mörder oder als Tatbeteiligter in Betracht.

War diese nicht oder kaum in Betracht gezogene Möglichkeit der Tatbegehung oder Tatbeteiligung eines Zuhälters ein weiterer Ermittlungsfehler? War man sich zu sicher, dass Rosemarie Nitribitt nie einen Zuhälter hatte? Hat man sich bei der Suche nach dem Täter zu sehr auf den letzten Freier konzentriert? Dass eine milieu- oder gar stadtbekannte »Edeldirne« mit großer Ausstrahlung und nicht weniger großen Einnahmen über einen längeren Zeitraum im Rotlichtmilieu tätig werden konnte, ohne von dem oder den »Revierfürsten« oder einem ihrer zuhälterisch tätigen Handlanger bedrängt und vereinnahmt zu werden, wäre jedenfalls höchst ungewöhnlich. Es gehört zu den ungeschriebenen Gesetzen des Milieus, dass die Kiezgrößen und Mächtigen im Milieu an den Einnahmen aller dort Tätigen beteiligt werden. Und davon, dass im Frankfurter Milieu auch damals schon entsprechende zuhälterische Strukturen und Machtverhältnisse existierten, ist auszugehen. Dass es im Hintergrund und im Zusammenhang mit Rosemarie Nitribitt doch einen oder mehrere Zuhälter gab, die Einfluss nahmen, könnte auch ihren im Jahr 1953 so plötzlich gefassten und konsequent umgesetzten Entschluss erklären, ihr Leben völlig umzukrempeln. Dass sie von einem Tag zum anderen – sorgfältig vorbereitet – vor Nobelhotels zum »Angeln« ging und sich »besseren Kreisen« zuwendete, ist nur schwer als selbständige Entschlussfassung vorstellbar. Die Indizien deuten vielmehr auf einen von »übergeordneter Stelle« beschlossenen und geforderten Strategiewechsel hin. So viel im Mordfall Nitribitt auch für die Täterschaft eines Freiers oder für einen Raubmord sprechen mag: Dass dies geschickt vorgetäuscht war, scheint bis heute nicht ganz ausgeschlossen – ebenso wie die Täterschaft eines Zuhälters und ein im Milieu geplanter Auftragsmord.

Es vergehen Jahre, bis die Stadtverwaltung wie die Bürger(innen) der Stadt Frankfurt wiederum in Aufruhr versetzt und von einer machthungrigen Zuhältergang in Angst und Schrecken versetzt wurden. Dieser Schrecken kam in Gestalt eines um Asyl nachsuchenden Bauarbeiters und Habenichtses aus Serbien in die Mainmetropole. Dem unscheinbaren Bittsteller Rade »Ćenta« Ćaldović und seiner »Jugo-Mafia« gelang es in kürzester Zeit, die Macht im gesamten Frankfurter Bahnhofsviertel mit brachialer Gewalt an sich zu reißen. War ihm und seiner Tätergruppierung jemand im Weg, räumte er ihn gnadenlos weg. Stieß er auf Widerstand, brach er diesen mit allen ihm zur Verfügung stehenden Mitteln. Wohnungen, die er für sich und seine Zwecke in Anspruch nehmen wollte, wurden ohne Skrupel geräumt. Eigentümer und Mieter wurden mitten in der Nacht mitsamt ihrem Mobiliar auf die Straße geworfen. »Ćenta«, so wurde er genannt, weil er an allen möglichen illegalen und schmutzigen Geschäften prozentual beteiligt war, stieg in kürzester Zeit zum Kiezkönig auf. Rücksichtslosigkeit, Brutalität und ein geschickt gestricktes Beziehungsgeflecht, das bis ins Frankfurter Rathaus hineingereicht haben dürfte, waren seine Waffen. Prostitution, Menschenhandel, Zuhälterei, Drogen und Waffen, Erpressen und Bestechen waren sein Geschäft. Wurde er dabei gestört, kam das Töten hinzu.

Allein zwischen 1984 und 1989 wurden ihm und seinem Zuhältergeflecht über zwanzig versuchte und vollendete Morde in Frankfurt, im Rhein-Main-Gebiet, in Nordrhein-Westfalen und in Bayern zugeschrieben. Als dieser um Asyl nachsuchende Rade »Ćenta« Ćaldović eines Tages von den Ermittlern in seiner Wohnung in der Offenbacher Kaiserstraße festgenommen wurde, staunten die Beamt(inn)en nicht schlecht: Vor dem Haus des Asylanten parkte das Prunkstück des jüngsten Automobilsalons, ein Mercedes 500 SL. In seiner Wohnung standen sündhaft teure Möbel auf kostbaren Orientteppichen … Noch aber ahnten die Fahnder nicht, noch konnten sie nicht ahnen, dass Ćaldović und seine »Jugo-Mafia«, das Machtstreben und die Methoden dieser Gang, nur der Beginn einer Epoche sein sollten, in der es zu »feindlichen Übernahmen« in den Rotlichtmilieus aller deutschen Städte durch ausländische Täter, Tätergruppierungen, Banden, kriminelle Clans und Verbrechersyndikate kommen würde. Noch ahnten sie nicht, dass das Unvorstellbare geschehen und die Frankfurter Luden wie ihre Kollegen in anderen deutschen Großstädten in kürzester Zeit entmachtet und ausgebootet werden könnten. Doch auch die Vormacht von Ćaldović und seiner »Jugo-Mafia« im Frankfurter Bahnhofsviertel fand ihr Ende. In der Bankenstadt bildeten sich in den 1990er-Jahren gleich zwei Charter der »Hells Angels« und die Rocker hatten die Bordellbetriebe bald fest in ihrer Hand. Doch auch andere ausländische Gruppierungen drangen ein und versuchten, Anteile an den lukrativen Frankfurter Rotlichtbezirken zu erobern. Als sich ein illegaler Straßenstrich verfestigte und zur ernsthaften Konkurrenz für die von den »Höllenengeln« kontrollierten Bordellbetriebe wurde, entschlossen sich die Rocker, gleich ordentlich aufzuräumen.

Sie gingen Nacht für Nacht in Dreierstreifen durch das Viertel. Und obwohl alles, so wie üblich, intern und ohne Außenwirkung erledigt werden sollte, kam es zu Übergriffen gegenüber rumänischen und bulgarischen Zuhältergangs, die Aufsehen erregten. Die »Hells Angels« aber scheinen in Frankfurt nicht nur die Macht im Rotlicht, sondern auch eine gut funktionierende Abteilung für Öffentlichkeitsarbeit zu haben, die immer wieder verlauten ließ und glaubhaft zu machen versuchte, man wäre nur ein harmloser Motorradclub. Die Frankfurter Polizei sah das freilich ganz anders. Sie unternahm alles in ihrer Macht Stehende, um die Rocker und das Milieu zu kontrollieren und Auswüchse zu verhindern. Dennoch musste sie spätestens im Jahre 2010 feststellen, dass ihr das nur zum Teil gelungen war. Als sie in den Geschäftsräumen der »Höllenengel« eine Razzia durchführen wollte, fanden die Beamtinnen und Beamten in den leergefegten Räumen nichts außer einem Zettel mit der Aufschrift: »Willkommen, Polizei!« Die Geheimaktion war nicht geheim geblieben! Alle Beweismittel waren vernichtet oder beiseitegeschafft, und es war klar, dass sich die »Hells Angels« und Herrscher im Milieu Informationswege in die Polizei hinein gebahnt hatten. Wieder einmal wurde deutlich, dass Milieufürsten, Kiezkönige und ihre Zuhältercliquen permanent versuchen, für sie und ihre Zwecke nützliche Personen zu umgarnen und zu vereinnahmen, staatliche Institutionen zu unterwandern und so an nützliche Informationen zu kommen. Mit dem unscheinbaren Zettel und der Aufschrift »Willkommen Polizei!« wurde jedoch auch deutlich, wie respektlos die Bosse der Milieus im Rotlicht dem Rechtstaat und seinen Organen inzwischen begegneten. Hohn und Spott waren und sind bis heute die Folgen von nur allzu vielen (politischen) Zugeständnissen, Versäumnissen und Fehleinschätzungen.

Bald aber musste zur Kenntnis genommen werden, dass sich die beiden Frankfurter Chapter der »Höllenengel« konkurrierend, ja feindschaftlich gegenüberstehen. Während für die »Old Schooler«, also jene, die schon lange dabei waren, unter Leitung des »Schnitzel-Walter« der Ehrenkodex über allem stand, waren die »Jungen Wilden« mit Migrationshintergrund allein an schnellem Geld, Luxus und Prestige interessiert, und so kam es zwangsläufig zu handfesten Auseinandersetzungen um die Macht. Gegen ein vom hessischen Innenministerium verhängtes Verbot beider Ortsgruppen reichten die Clubs Klage ein. Das Verbot wurde jedoch vom Verwaltungsgerichtshof bestätigt. Das hielt die Migranten um Aygün M. freilich nicht davon ab, am 2. Juli 2014 mit etwa vierzig Mann den »Katana-Club« im Bankenviertel, einen Laden, den der »Schnitzel-Walter« kontrollieren wollte, zu stürmen. Eine Kugel durchbohrte den Oberkörper von Aygün M. und er überlebte nur knapp. Vier weitere Mitglieder seiner Gang wurden schwer verletzt.

Weil es ein absolutes No-Go ist, dass sich zwei Gruppierungen der »Hells Angels« bekämpfen, soll sich dann selbst das US-Headquarter in die Frankfurter Fehden eingeschaltet und beschlossen haben, die Feindseligkeiten zu beenden, indem den Migranten ein eigenes Chapter in Gießen zugeteilt wurde. Dessen ungeachtet kam es im März 2016 im Steigenberger Airport Hotel bei einer anberaumten Aussprache wieder zu einer tätlichen Auseinandersetzung zwischen Mitgliedern der beiden Frankfurter Chapter. Und am Vatertag 2016 trafen Angehörige beider Hells-Angels-Clubs vor der »Helium-Bar« am Friedrich-Stoltze-Platz aufeinander, an einem der belebtesten Orte der Frankfurter Innenstadt, und es fielen auch gleich Schüsse. Es gab mehrere Verletzte, die Täter flüchteten. Schließlich wurde dem Leben des Aygün M., Präsident des Chapters Gießen, am 7. Oktober 2016 mit 17 Kugeln ein Ende gesetzt. Er wurde regelrecht hingerichtet. Bei seiner Beerdigung fanden sich über 1200 unschwer als »Hells Angels« erkennbare Trauergäste ein. Ruhe aber kehrte mit dem Tod des Frankfurter Kuttenträgers nicht ein. Vielmehr trat bei den Auseinandersetzungen die ethnische Orientierung der Rocker immer mehr in den Vordergrund. Die türkisch-nationalistischen »Osmanen« drängten an die Macht. Diese wiederum riefen die Kurden auf den Plan und bald versuchte auch die kurdische Vereinigung »Bahoz« im Kampf um die Macht im Frankfurter Milieu mitzumischen.

Im Juni 2017 sah sich die Polizei veranlasst, Razzien bei der rockerähnlichen Gruppierung der »Osmanen Germania« in Hessen, Baden-Württemberg und Nordrhein-Westfalen durchzuführen, in deren Folge es zu Anklagen wegen versuchten Mordes, versuchten Totschlags, räuberischer Erpressung, Zwangsprostitution und Zuhälterei kam. Auch der Schütze vom Friedrich-Stoltze-Platz, Athanasios A., konnte ermittelt und im März 2018 zu zehn Jahren und drei Monaten Haft verurteilt werden. Das Urteil soll er, so wie viele seiner Schicksalsgenossen, sehr gelassen, geradezu gelangweilt zur Kenntnis genommen haben. Ein paar Jahre Knast – es werden ja bei Weitem keine zehn Jahre und drei Monate werden – gehören zu einem Luden und Gewaltverbrecher von international anerkanntem Format. Und so ein »Betriebsunfall« und vorübergehender Knastaufenthalt in Deutschland, so weiß man, kann die Fortführung der so schmutzigen wie lukrativen Geschäfte weder empfindlich stören noch stoppen. Man scheint sie im Milieu und in den der OK oder Mafia zuzuordnenden Kreisen nicht mehr sehr ernst zu nehmen, diese Vergeltungsmaßnahmen des Rechtsstaats, dessen Rotlichtmilieus zu den beliebtesten »Spielwiesen« krimineller Gangs aus aller Welt geworden sind.

Die Stadtväter Frankfurts versuchten dennoch, mit durchaus wirksamen Maßnahmen dem in weiten Teilen kriminellen Treiben im Rotlicht Grenzen zu setzen.

Im Gallus- und Bahnhofsviertel entstanden in den letzten Jahren zahlreiche Szene-Bars, coole Clubs, teure Restaurants, kleine Geschäfte und Kulturstätten. Gut siebzig Prozent der hier wohnhaften, zumeist jungen Menschen sind Ausländer oder haben einen Migrationshintergrund. Man hört nicht nur osteuropäische und südosteuropäische Sprachen, sondern auch Koreanisch, Chinesisch, Arabisch, Indisch und Ostafrikanisch … Und man begegnet dort Bankern und Geschäftsleuten, Angestellten und Beamten, Punks und Prostituierten, Zuhältern und Studenten, Obdachlosen und Drogenabhängigen … Der Bereich wird nicht mehr ausschließlich von der Subkultur im Rotlicht, von den Milieubossen und Milieupersonen beherrscht. Andere prägen das Stadtviertel mit, sind immer und überall zugegen und nehmen damit, ob sie es wissen und wollen oder nicht, auch gewisse Kontrollfunktionen wahr. Es war fraglos ein weiser Beschluss der Stadtverwaltung, die Strukturen so zu verändern, dass diese befriedend wirkende Mischung entstehen konnte. Doch man täusche sich nicht: Die Bankenstadt bleibt weiterhin ein interessanter Standort für Menschenhändler, Zuhälter und das Organisierte Verbrechen. Das aber weiß man bei der Polizei und Stadtverwaltung in Frankfurt – nicht zuletzt aus langjähriger Erfahrung.

3.4 Hamburg – Zuhälter und Killer, die Geschichte(n) schrieben

Der auf Dauer angelegte Kampf um Macht im Milieu wurde und wird auch im Hamburger Stadtteil St. Pauli immer wieder deutlich, wo Matrosen seit jeher das verprassten, was sie bei ihrer mühsamen und oft gefährlichen Seereise verdient hatten. Auf dem »Hamburger Berge« entstanden bereits im 19. Jahrhundert so berühmt-berüchtigte Tanzsalons und Animierlokale wie der »Grüne Jäger«, der »Goldene Löwe«, die »Goldene Sonne«, die »Stadt London«, der »Silberstern« oder »Die vier Löwen«. Neben den Prostituierten und Zuhältern in diesen und vielen anderen Tanz- und Animierschuppen gab es bald auch einen Straßenstrich, der die Reeperbahn, aber auch die Börse und den Jungfernstieg vereinnahmte und sich in den Abendstunden immer weiter ausdehnte. Im Jahr 1956 sah sich die Hamburger Polizei veranlasst, dem ausufernden Treiben auf dem Kiez Grenzen zu setzen, und sie beschloss, 300 »anstößige« Bilder aus den Schaukästen der Vergnügungsstätten zu beschlagnahmen. Zwölf Milieugrößen und Wirte wurden wegen ihrer unsittlichen Werbemethoden angeklagt und es kam zum »Prozess der nackten Tatsachen«. Solche wurden jedoch weiterhin präsentiert. Nicht nur auf Bildern, sondern auch in den Koberfenstern der Bordellstraßen, wo es immer mehr tief dekolletierte und raffiniert aufgemachte Schönheiten zu bewundern gab. Sehr erfolgreich war die Aktion also nicht.

Hamburg St. Pauli schrieb nach wie vor unzählige für das Milieu typische, amüsante, skurrile, höchst kriminelle und traurige Geschichten. Geschichten, die den Kiez prägten und in die ganze Welt hinausgetragen wurden. Das Auftreten der Beatles zum Beispiel, die grauenvollen Prostituiertenmorde eines Fritz Honka, die Morde des Zuhälters und Serienkillers Werner »Mucki« Pinzner, das Leben und Sterben des boxenden Luden Stefan Hentschel, die Lebensgeschichte von Domenica Niehoff … Der Kiez auf

St. Pauli brachte immer wieder Typen hervor, die weit über Hamburg hinaus Berühmtheit erlangten, eine zumeist traurige Berühmtheit freilich, die häufig auf eine zuhälterische oder kriminelle Karriere zurückzuführen war. Typen wie der »Wiener-Peter«, der »Bayern-Peter«, der »Lackschuh«, der »Neger-Waldi«, der »Hunde-Helmut«, der »Lamborghini-Klaus«, der »Schöne Mischa«, Werner »Mucki« Pinzner, Typen wie die von der GMBH (die Zuhältergrößen Gerd, Mischa, Beatle und Harry) und die von der »Nutella-Fraktion«, von den »Hamburger Jungs« oder von den »Hells Angels« kontrollierten und prägten über Jahre und Jahrzehnte hinweg das Leben – und auch das Sterben – auf dem Kiez.

Die GMBH war bis Mitte der 1980er-Jahre die mächtige Organisation. Das »G« stand für Gerd, einen Karatekämpfer und ehemaligen Postboten, der im Wesentlichen für die Finanzen des Unternehmens zuständig war. Der Buchstabe »M« stand für den »schönen Micha«, Bankkaufmann und Sohn aus gutem Hause, der für die Betreuung der Frauen zu sorgen hatte und 1982 durch Selbstmord aus dem Leben schied. »B« stand für Beatle, den Boss des Unternehmens. Er war für »Zucht und Ordnung« zuständig, fuhr gern teuerste Autos und war am Lebensende hoch verschuldet. Der letzte im Bunde war Harry, dessen Leben aus Zuhälterei, Fremdenlegion und Knastaufenthalten bestand. Er verstarb 2016 verarmt in einem Pflegeheim.

Die vier Kiezkönige befehligten in guten Zeiten gut 200 weitere Luden auf St. Pauli, unter ihnen so namhafte Größen wie den Berliner Andreas Marquardt, der als berüchtigter Schläger für die GMBH als Inkasso-Eintreiber tätig war, später aber seine Gewalttaten bereute und als Buchautor in eindrucksvoller Weise aufzeigte, wie man sich von Gewalt, von Kriminalität und von einem Ludenleben lossagen kann.

Doch schon Anfang der 1980er-Jahre zogen dunkle Wolken auf über St. Pauli. Die Geschäfte liefen mehr schlecht als recht. Die Immunschwächekrankheit AIDS hielt die Freier vom Besuch der Puffbetriebe ab. Zu allem Unglück versuchten auch noch türkische und jugoslawische Zuhältergruppierungen einzudringen und auf dem Kiez Fuß zu fassen. Es roch wieder einmal nach »Krieg« auf St. Pauli. Und tatsächlich schienen die sorglosen Zeiten für die St.-Pauli-Zuhälter dann auch vorbei zu sein. Die Mitglieder der »Nutella-Bande«, die von den Etablierten (der GMBH) lange als Milchbuben abgetan wurden, welche sich jeden Morgen Nuss-Nugat-Creme auf die Brötchen schmierten, wurden plötzlich neben immer mehr ausländischen Eindringlingen zur ernsthaften Konkurrenz. Die von den Jungluden kontrollierten blutjungen, »flippigen« Mädchen entsprachen dem Zeitgeist und dem Geschmack der Freier. Es kam vermehrt zu Auseinandersetzungen. Im Jahr 1982 lagen zwei Zuhälter tot in einem Bordell. Und in der Folgezeit starben nicht wenige weitere St.-Pauli-Luden an Bleivergiftung.

Trotzdem gab es weiterhin Zuhältertypen auf dem Kiez, die immer wieder für ungläubiges Erstaunen und für Schlagzeilen sorgten. Eine ungewöhnliche, aber nicht ganz untypische (Zuhälter-)Karriere dieser Zeit ist die des boxenden Luden Stefan Hentschel. Der im Jahr 1948 in der Oberlausitz geborene Boxer und Zuhälter trieb sich schon in jungen Jahren auf dem Hamburger Kiez herum. Dort verliebte er sich bald in eine Hure namens Reni. Und das so sehr, dass er sie ganz alleine und für sich haben wollte. Eine Hure aber gibt es nicht umsonst. Eine so attraktive und sprudelnde Einnahmequelle wie die Reni schon gar nicht.

Also verlangte der »Luden-Schorsch«, für den die Reni bis dahin anzuschaffen hatte, eine Ablöse von 60 000 D-Mark. Die aber hatte Stefan Hentschel nicht. Also beschloss er, die ihm präsentierte Rechnung auf seine Art und Weise zu begleichen. Er verwandelte den »Luden-Schorsch« mit Faustschlägen in ein Häufchen Elend und schon gehörte Reni ihm. Zwei Monate später, so eine der zahllosen Legenden auf dem Kiez, soll Hentschel bereits 27 Huren beschützt und von jeder monatlich ein Minimum von 1 000 D-Mark einbehalten haben. Er stieg zum Kiezkönig auf und galt in den 1970er- und 1980er-Jahren neben dem »Neger-Waldi« als stinkreicher »Pate von St. Pauli«.

Hentschel war aber nicht nur ein gefürchteter Schläger, sondern auch ein hervorragender Boxer. Er brachte es bis zum Profi. Die Profikarriere dauerte allerdings keine fünf Minuten, weil ihm »Big Ali« in der zweiten Runde die Nase so blutig schlug, dass er beschloss, die Profilaufbahn auch gleich wieder zu beenden – noch bevor sie so richtig begonnen hatte. Das aber hielt ihn nicht davon ab, seine Fäuste weiterhin einzusetzen. Vorwiegend geschah das im miefigen Kellerraum der Kneipe »Ritze«, in dem die Box- und Zuhälterlegende ihr halbes Leben verbrachte, wo aber auch

Boxgrößen wie Henry Maske, Graciano Rocchigiani, Rene Weller und Dariusz Michalczewski auf die Sandsäcke eingeschlagen haben sollen. Nach solchen Auseinandersetzungen mit Sandsäcken oder Sparringspartnern im Keller des »Ritze« stand Hentschel regelmäßig eine Etage höher am Tresen beim Bier. Im Keller wurde zugeschlagen, in der Kneipe wurde gesoffen, umgeben von mindestens dreißig, manchmal auch fünfzig Jahren Knast.

Der hundert Kilogramm schwere, stiernackige, kahl geschorene und immer braun gebrannte Boxer und Bordellchef war bekannt wie ein bunter Hund und hatte Kultstatus auf dem Kiez. Legendär ist sein von einem Fernsehteam begleiteter Bummel über die Große Freiheit, bei welchem sich plötzlich ein aufdringlicher Passant in Jogginghose ins Bild drängte. »Hast du ein Problem?«, fragte ihn Hentschel, zog die betont lässig in der Hosentasche seines feinen Anzugs vergrabene Linke und schlug dem Aufdringlichen mitten ins Gesicht. Dieser taumelte daraufhin noch einmal durchs Bild, weshalb der schwergewichtige Lude ungläubig nachfragte: »Noch immer ein Problem?« »Komm, gehen wir weiter«, forderte er dann die Fernsehleute auf. »Ich hab keinen Bock, mit dem Arschloch hier rumzureden!« Die Kameras fingen die Szene ein – Stefan Hentschel, wie er lebte, wie er war.

Die Zeiten, in denen der boxende Lude, der sich selbst für einen unwiderstehlichen Zuhälter hielt, im Porsche Carrera durch die Straßen Hamburgs donnerte, in denen er sich sündhaft teure Luxus-Urlaube gönnte, in denen er in »Saus und Braus« lebte, waren jedoch nicht von Dauer.

Ein Killer verbreitete auf dem Kiez Angst und Schrecken. Er tötete in Serie und, was keiner wusste: Er tötete im Auftrag und auch Stefan Hentschel stand auf seiner Liste. Der boxende Lude aber schien vom Glück verfolgt. Er wurde bei verschiedenen Auseinandersetzungen im Milieu zweimal angeschossen und in vier Fällen durch Messerstiche verletzt. Ein Widersacher schlug und stach ihm mit einem angebrochenen Weißbierglas ein Auge aus. Er überstand all diese Angriffe und Attacken und er erzählte oft und gern davon, wie er all die Mordanschläge überlebte. Dabei zeigte er nicht ohne Stolz auf sein Glasauge.

Dann aber ging es mit dem Einäugigen rasant und unaufhaltsam bergab. Im Jahr 1994 wurde in Hentschels Club »Base« eine Bombe gezündet und der Anschlag hatte für die Kiezgröße in ohnehin schlechter Konjunkturlage erhebliche Einkommensverluste zur Folge. Zur Sicherung eines Grundeinkommens beschloss er deshalb, eine Reinigungsfirma zu gründen – und ging damit prompt pleite. Er machte Schulden bei Banken und Bekannten und er kiffte sich das Leben schön. Bald konnte er die Miete für sein Appartement nicht mehr bezahlen. Was blieb, waren Geldnöte, Drogen, Depressionen … Gegenüber Freunden äußerte er immer öfter »Abwanderungsgedanken«. Und als die Putzfrau am 18. Dezember 2006 zufällig einen Blick durchs Fenster in den Boxkeller des »Ritze« warf, erschrak sie. Stefan Hentschel hing an dem Haken, an welchem üblicherweise der Sandsack hing, auf den er einschlug. Er hatte seinem Leben da ein Ende gesetzt, wo er zuhause war.

Am 28. Dezember des Jahres 2006 fand sich dann eine ungewöhnlich große und seltsam anmutende Trauergemeinde auf dem Ohlsdorfer Friedhof ein. Tausend und mehr Menschen nahmen Abschied von dem boxenden Luden: Alternde, dick gepuderte Schönheiten mit kostbaren Ketten um den Hals und teuren Ringen an den Fingern. Männer, glatzköpfig oder mit langem, zu Zöpfen gebundenem Haar, dicke Goldketten auf der haarigen Brust, protzige Rolex-Uhren am Handgelenk, Designer-Sonnenbrillen auf der Nase – ans Tageslicht nicht mehr gewöhnt. Die von der GMBH waren gekommen, friedlich daneben gingen die von der Nutella-Fraktion. Männer mit tief ins Gesicht gegrabenen Furchen – den langen Nächten an den Tresen von St. Pauli sei's geklagt. Aber auch seriöse Geschäftsleute, Kommunalpolitiker, Behördenvertreter und unauffällige Beobachter im Hintergrund erwiesen dem boxenden Luden ihre letzte Ehre. Daneben Heruntergekommene, Alkoholiker, Drogensüchtige, menschliche Wracks … Diejenigen, denen Stefan Hentschel am Tresen immer wieder einmal ein Bierchen spendierte, wenn sie sich ein solches nicht mehr leisten konnten. Sie alle nahmen Abschied von einem, der zu ihnen und zu ihrem Leben auf dem Kiez gehörte. Und es war, als würden sie ahnen, dass sie nicht nur von dem boxenden Luden und Kiezkönig, sondern von einer ganzen Epoche Abschied nehmen würden. Von einer Epoche ohne ausländische Konkurrenz, von einer Epoche, in der die Bentleys, Porsche und Ferraris ihr Spielzeug waren, in denen es noch ganz bestimmte Regeln gab, die (meistens) eingehalten wurden, und eine gewisse »Berufsehre« – und das Bierchen für

Bedürftige. Wer aber war dieser Mann, der so skrupellos tötete, der auch Stefan Hentschel töten wollte? Sie nannten ihn liebevoll »Mucki«. Er war gefürchtet, polizeibekannt und vorbestraft. 1975 beteiligte er sich an einem Überfall auf einen Supermarkt, bei dem der Marktleiter erschossen wurde. Während der Haft, die er daraufhin zu verbüßen hatte, lernte er Rotlichtgrößen kennen, machte Bekanntschaft mit Drogen und beschaffte sich einen Revolver 38er Special. Als er für sein »untadeliges Verhalten« wieder einmal mit einem Freigang belohnt wurde, erfuhr er in einer Kiezkneipe, in die ihn seine Freigänge regelmäßig führten, dass zwei Geldboten immer wieder große Summen Bargeld bei der ADAC-Hauptverwaltung abholen würden. Das war Grund genug für Werner »Mucki« Pinzner, Pläne zu schmieden.

Zusammen mit einem Knastbruder, der sich ebenfalls des Freigangs erfreute, täuschte er an einem schönen Frühsommertag im Juni 1984 am Eingang des ADAC-Gebäudes eine Motorradpanne vor. Als die Geldboten an ihm und seinem Kumpel vorbeigehen wollten, was sie zwangsläufig mussten, sprühte ihnen »Mucki« Pinzner Reizgas ins Gesicht und nahm ihnen den schweren, mit rund 100 000 D-Mark gefüllten Koffer ab. Am Abend nach dieser Tat kehrten die beiden Freigänger zufrieden und im Bewusstsein, die ihnen gewährte Freiheit optimal genutzt zu haben, pünktlich in die Justizvollzugsanstalt zurück, was wohlgefällig zur Kenntnis genommen und vermerkt wurde. Der »Wiener Peter«, zur Zeit des Überfalls ein Zuhälter von Rang und Namen und dazu mit Ambitionen, war begeistert von Pinzners Arbeit und zeigte sich aus verschiedenen Gründen an einer engen und vertrauensvollen Zusammenarbeit mit ihm interessiert. »Hunde-Helmut« hatte in dieser Zeit von der Exfrau des ehemaligen Bordellbesitzers Arzi Jehuda den Auftrag erhalten, diesem eine Abreibung zu verpassen und ihm gegen eine Entlohnung von 2000 D-Mark einen Finger abzuhacken. »Hunde-Helmut« wollte sich aber seine Finger mit dem Abhacken eines solchen nicht schmutzig machen und auch »Mucki« Pinzner zeigte sich nicht interessiert an dem wenig lukrativen Geschäft. Er bot jedoch, ganz nach seinen Vorstellungen von der Erledigung solcher Angelegenheiten, an, den aus dem süddeutschen Konstanz stammenden ehemaligen Puffbetreiber Jehuda für 40 000 D-Mark zu erschießen. Dieser schien die Rachsucht seiner Exfrau und die von den Luden ausgehende Gefahr zu ahnen und er versteckte sich mit seiner zweiten Frau im vermeintlich sicheren Kiel. An einem Samstagvormittag aber bekam er unerwünschten Besuch. »Mucki« Pinzner und sein Mithäftling hatten wieder einmal Hafturlaub bekommen, also nutzten sie ihn. Sie fuhren nach Kiel, stürmten durch die Tür ins Haus des Jehuda und schlugen auf diesen ein. Der aber wehrte sich heftig, und so sah sich »Mucki« veranlasst, die Gegenwehr und das Leben des ungeliebten Jehuda kurzerhand mit einem am Hinterkopf aufgesetzten Kopfschuss zu beenden. Er und sein treuer Gefährte mischten sich dann unter die zahlreichen Neugierigen und Schaulustigen, die aufgrund der Hilfeschreie von Jehudas zweiter großen Liebe angerannt kamen. Nachdem sie den Tumult eine ganze Weile mitmachten, brachen sie auf, um dann auch wieder pünktlich in die Haftanstalt zurückzukehren.

So sehr in dieser Zeit die Geschäfte mit der Prostitution aufgrund von AIDS und unliebsamer Konkurrenz nachließen, so stark nahmen die Geschäfte mit Drogen zu. Im Sommer 1984 bot »Gabriel« dem »Wiener Peter« eine Beteiligung an seinen Häusern, dem Bordell »Hammer Deich« und dem »MB-Club«, an. Beide galten auch als Höllen des Glücksspiels sowie des Kokainhandels und -konsums. Der »Wiener Peter« wusste das Angebot richtig zu deuten. »Gabriels« Teilhaber, der »Bayern Peter«, litt sehr unter seiner Kokainsucht, hatte immer mehr Ausfälle und drohte zur Gefahr zu werden. Er wollte ihn deshalb loswerden. Da auch der »Wiener Peter« daran interessiert war, den Bayern auszuschalten, weil dieser die Hintergründe des Überfalls auf die ADAC-Boten als einer der wenigen genau kannte und wusste, dass diese Tat von ihm geplant und von »Mucki« Pinzner und seinem Knastbruder ausgeführt worden war, zeigte er sofort Interesse an dem Angebot. Also unterbreitete man dem »Bayern Peter« einen interessanten Kokain-Deal und lockte ihn an ein abgelegenes und ruhiges Plätzchen. »Mucki« nahm auf dem Rücksitz der Nobelkarosse des Bayern Platz, der das Fahrzeug lenkte. Kaum am Ziel angekommen, machte der Killer kurzen Prozess. Ein wiederum am Hinterkopf aufgesetzter Schuss beendete das zuhälterische Treiben des Bayern in Hamburg und all seine Kokain-Freuden und -Leiden.

Werner »Mucki« Pinzner fühlte sich offensichtlich wohl in seiner Rolle als gefürchtete Größe auf dem Kiez. Weil ihm jedoch für die Tat am Bayern nicht nur 15 000 D-Mark von jedem der neuen Partner, sondern auch eine Beteiligung am Puff »Hammer Deich« versprochen wurden, er dann aber nur das Geld und dazu die Stelle eines Wirtschafters erhalten sollte, fühlte er sich ungerecht behandelt. Noch mehr als dieses nicht eingehaltene Versprechen ärgerte ihn, dass ihm der Österreicher und die anderen Größen des Milieus nicht die Achtung und den Respekt entgegenbrachten, die er sich seiner Meinung nach verdiente. Sie alle fürchteten zwar seine 38er Special, sein Ansehen aber war nicht das eines wirklich großen Luden, wie er sich das wünschte. »Mucki« galt als brandgefährlicher Spinner – nicht mehr und nicht weniger. Das und den Frust darüber, dass er nicht wie versprochen Teilhaber eines Bordells wurde, schnupfte er mit immer größeren Dosen Kokain weg. Im Herbst 1984 wurde Pinzner vom »Wiener Peter« beauftragt, den »Lackschuh« aus der Welt zu schaffen. Der war Mitinhaber und Mitbetreiber des Bordells »Palais d'Amour« und wurde durch seinen Kokain-Konsum ebenfalls zunehmend zur Belastung und Gefahr. Zudem tätigte der »Lackschuh« vermehrt größere Rauschgiftgeschäfte, ohne seinen Partner daran zu beteiligen. Diese waren offensichtlich so lukrativ, dass er dem »Wiener Peter« eines Tages sogar den Vorschlag machen konnte, gegen eine Abstandszahlung von 100 000 D-Mark auszusteigen und dem »Wiener« das »Palais d'Amour« überlassen. Dieser aber wusste, welches Wissen der »Lackschuh« mitnehmen würde. Grund genug, um Pinzner zu beauftragen, ihn zu töten. Im November 1984 machte sich der »Lackschuh« auf, um eine Hure in München zu kontrollieren. »Mucki« folgte ihm zusammen mit einem soeben aus der Haft entlassenen Komplizen. Beide legten in Heilbronn einen kurzen Zwischenstopp ein, um sich ein Alibi zu beschaffen. In München angekommen, boten sie dem »Lackschuh« in bewährter Weise einen hochinteressanten Kokain-Deal an. Auf dem Weg mit einem Mietwagen zum Riemerlinger Forst, wo das Geschäft abgewickelt werden sollte, täuschten Pinzner, der wieder hinten im Fahrzeug saß, und sein Begleiter, der es lenkte, eine Autopanne vor. Und noch bevor der »Lackschuh« diesen auf den weichen Waldboden setzen konnte, war er tot und Pinzner meldete den Vollzug nach Hamburg.

Der »Wiener Peter« war weiterhin sehr zufrieden mit der Arbeit Pinzners. Er lud ihn zur Belohnung für sein Tun nach Ibiza ein, überließ ihm die Schlüssel seiner Yacht und machte ihm andere üppige Geschenke, um ihn bei Laune zu halten.

Auf dem Kiez aber wurde es immer unruhiger. Die Nutella-Fraktion und die ausländischen Eindringlinge wurden zunehmend dreister, die Geschäfte gingen schlechter. Also wurde ein Krisengipfel einberufen, bei welchem beschlossen wurde, dass »Mucki« Pinzner jede unliebsame Konkurrenz »ausradieren« solle. Beginnen sollte er mit dem aus Nürnberg stammenden »Neger Waldi« und dem gefürchteten Schläger und Boxer Stefan Hentschel, die er beide im Paket für 60 000 D-Mark beseitigen sollte. In der Villa des boxenden Luden trafen Pinzner und sein Komplize, der ihn zuvor schon nach München begleitet hatte, den Hausbesitzer nicht an. Anwesend waren der »Neger Waldi« und der Wirtschafter Ralf Kühne. Mit ihnen kam es auch gleich zu einer verbalen wie tätlichen Auseinandersetzung, die von den beiden Auftragskillern mit der Abgabe von »5 aus 38« beendet wurde. Pinzners Knastbruder beendete das Ludenleben des »Neger-Waldi« mit drei Schüssen, er selbst gab zwei tödliche Schüsse auf den Wirtschafter Kühne ab.

Bereits Ende der 1970er-Jahre wurde in Hamburg eine Ermittlungsgruppe für Organisierte Kriminalität gegründet. Unter ihrem Dach wurde 1984 eine Sonderkommission eingerichtet, die sich mit den Tötungsdelikten befasste. Experten aus den Bereichen Rauschgiftbekämpfung, Tötungsdelikte und Zuhälterei trugen systematisch alle Erkenntnisse zusammen und vernahmen zahlreiche (potenzielle) Zeuginnen und Zeugen, sodass sich bereits Anfang des Jahres 1985 ein gewisser Verdacht ergab, der in Richtung der Clique um Pinzner ging. Was fehlte, waren gerichtsverwertbare Beweise. Die Ermittlungen wurden intensiv weitergeführt. Es wurden Bewegungsbilder erstellt und die Schlinge um den Hals von Werner »Mucki« Pinzner und seinen Komplizen zog sich mehr und mehr zu.

Nachdem zwei als Zeuginnen vernommene Prostituierte sehr konkrete Aussagen gemacht hatten, klingelte am frühen Morgen des 15. April 1986 ein als Streifenpolizist getarnter Angehöriger eines Spezialeinsatzkommandos unter einem Vorwand an Pinzners Haustür. Und noch bevor dieser die Situation richtig beurteilen konnte, klickten die Handschellen. Gleichzeitig wurden der »Wiener Peter« und ein weiterer Komplize festgenommen.

Pinzner wurde dann an ständig wechselnden Orten – man befürchtete nicht unbegründet eine Befreiungsaktion und einen Racheakt vonseiten des Kiezes – zu den einzelnen Sachverhalten vernommen. Bei einer der Vernehmungen gestand er, insgesamt acht Personen getötet zu haben. Gegenüber Wolfgang Bisky, dem ermittelnden Staatsanwalt, deutete er später an, insgesamt elf Menschen ermordet zu haben.

An dem heißen Sommertag des 29. Juli 1986 sollte er dann im Zimmer 418 des Hamburger Polizeipräsidiums noch einmal zu seinen Mordtaten gehört werden. In der Erwartung, dass er nun »reinen Tisch« machen würde, versammelten sich dort neben Pinzner und dessen Ehefrau auch seine Anwältin sowie Staatsanwalt Bistry, eine Schreibkraft und zwei Polizeibeamte. »Nun schießen sie mal los!«, soll der ermittelnde Staatsanwalt »Mucki« Pinzner in der Hoffnung aufgefordert haben, dass dieser nun all seine Schandtaten detailliert schildern würde. Der St.-Pauli-Killer aber nahm die Aufforderung nur allzu wörtlich. Er zog seinen Revolver 38er Special aus dem Hosenbund und rief drohend: »Das ist eine Geiselnahme!« Bistry stand auf, machte einen Schritt auf ihn zu und wollte ihn beruhigen. Pinzner feuerte daraufhin, ohne weiter zu zögern, mehrere Schüsse ab. Eine Kugel traf den Ringfinger der zur Abwehr erhobenen Hand des Anklägers, drang dann in das rechte Auge ein und am Hinterkopf wieder aus. Die anderen Kugeln verfehlten ihr Ziel. Staatsanwalt Wolgang Bistry verstarb wenig später an der Schussverletzung. »Mucki« Pinzner schoss auch auf die anwesenden Polizisten, traf sie aber nicht. Sie konnten den Raum fluchtartig und unverletzt verlassen. Dann forderte Pinzner seine Anwältin und seine Ehefrau auf, den Schreibtisch als Barriere vor die Tür zu schieben. Gleichzeitig griff er zum Telefon, rief seine Tochter an und verabschiedete sich von ihr. Schließlich sprach er kurz und im Flüsterton mit seiner Frau. Diese kniete, wie befohlen, vor ihn hin und öffnete den Mund. Die Protokollführerin erstarrte. Sie ahnte, was kommen sollte, und sah entsetzt zur Seite. »Du schaust zu!«, forderte Pinzner sie auf. Und die Bedauernswerte sah sich gezwungen, zu gehorchen. Dann hob er die Waffe und schoss seiner Frau durch den geöffneten Mund, um danach mit einem aufgesetzten Kopfschuss sein eigenes Leben zu beenden.

Wie aber war Pinzner an die Pistole gekommen? Seine Anwältin konnte der Polizei zunächst glaubhaft machen, nichts mit dem Abgang des Killers zu tun zu haben. Später wurde Gegenteiliges bewiesen. Die 38er Special wurde unter Mithilfe der Anwältin von der Ehefrau des Serienmörders in deren Handtasche ins Polizeipräsidium geschmuggelt. Diese Handtasche wurde neben Pinzner abgestellt, sodass er die Waffe unbemerkt an sich nehmen konnte. Wegen Beihilfe an den Verbrechen im Präsidium der Hamburger Polizei wurde die Anwältin zu sechs Jahren und sechs Monaten Haft verurteilt. Die manchen Zuhältern eigene und manchmal unfassbare Fähigkeit, Frauen mühelos für die eigenen Vorhaben zu gewinnen und zu vereinnahmen, löste wieder einmal ungläubiges Staunen aus. Nicht genug, dass Pinzners Ehefrau dem Killer aufs Wort gehorchte und ihm bedingungslos bis in den Tod folgte. »Mucki« Pinzner verstand es auch noch, seine Anwältin zu vereinnahmen und zu seiner Gehilfin zu machen.

Pinzners Komplizen wurden zu langen, teilweise zu lebenslangen Haftstrafen verurteilt. Manche von ihnen sind jedoch inzwischen längst wieder auf freiem Fuß und dahin zurückgekehrt, wo sie zuhause waren. Den Kiez, so wie sie ihn kannten, gab es da aber nicht mehr. Die übermächtige GMBH und auch die Nutella-Bande waren nicht mehr zugegen.

Um das Jahr 1990 starteten Mitglieder der Albaner-Clans einen Frontalangriff auf das Rotlichtmilieu von Hamburg St. Pauli. Die Deutschen wurden aufgefordert, ihre Besitztümer abzutreten. Weigerten sie sich, drohte Gewalt. Es kam zu zahlreichen bewaffneten Auseinandersetzungen. Die aufstrebende Kiezgröße »Albaner-Toni« erlitt einen Bauchschuss, den ihr der »Kölner Klaus« mit seinem Revolver im Puff »Sabrina« verpasste.

Im Jahr 2000 machten sich dann auch noch die Hannoveraner »Hells Angels« auf, um den Hamburger Kiez zu erobern. Die Beamten der Davidwache wussten, was das zu bedeuten hatte und die Hamburger Polizei ging auch gleich massiv gegen die »Höllenengel« vor. Im Gegensatz zur Justiz. Von ihr wurden die Rocker sehr gnädig behandelt und so konnten sie sich auf dem Kiez etablieren. Und nicht nur das: Sie wurden zumindest vorübergehend zu einer unantastbaren Instanz. Doch die Albaner waren nicht verschwunden, und dann gab es auch noch den »Türken-Musa« mit seiner – in Anlehnung an die früheren Machthaber auf dem Kiez – »Gangster GmbH« genannten Bande.

Und so kam es geradezu zwangsläufig zu Machtkämpfen zwischen den »Höllenengeln«, den Clanmitgliedern aus Albanien und den türkischen

Zuhältern. Der »Türken-Musa« wurde aber schon bald verhaftet und im Jahr 2003 in die Türkei abgeschoben. Dort aber gefiel es ihm nicht. Er kam wieder und wollte für die ihm entgangenen Einnahmen entschädigt werden. »Ich bekomme 1,5 Millionen Euro von diesen Ziegenhirten«, soll er gefordert haben. Die »Ziegenhirten« waren aber inzwischen sehr mächtig. Sie hatten sich mit den »Hells Angels« arrangiert, und »Albaner-Toni« heiratete 2005 in den berühmt-berüchtigten und mächtigen Osmani-Clan ein. Standesgemäß fand diese Hochzeit im großen Ballsaal des renommierten Hamburger Hotels »Atlantic« statt.

Es kam zu weiteren Auseinandersetzungen, die zum Teil mit Maschinenpistolen ausgetragen wurden. 2009 wurde »Türken-Musa« dann wieder in den Knast gesteckt: Menschenhandel, Waffenhandel und anderes ... Doch auch »Albaner Toni« kam nicht zur Ruhe. Inzwischen 50 Jahre alt und davon 25 Jahre auf dem Kiez, wurde er 2009 bei einer Schlägerei mit Fäusten, Messerstichen und Fußtritten bearbeitet und erlitt dabei schwerste Kopfverletzungen und Gehirnblutungen. 25 Jahre zahlreicher bewaffneter Auseinandersetzungen, in denen er so manche Widersacher aus dem Weg räumte, es schaffte, vom Habenichts zu Kiezkönig aufzusteigen, hatte er überlebt. Nun wäre er beinahe bei einer nichtigen Schlägerei ums Leben gekommen. In der Folgezeit zogen sich die Albaner mehr und mehr zurück. Gehörten ihnen inzwischen doch Hunderte Wohnungen auf dem Kiez, von denen es sich prächtig leben ließ. Von den zurückliegenden blutigen Machtübernahmen wollten und wollen sie bis heute nichts mehr wissen.

Eine der letzten deutschen Kiezgrößen – wenn nicht die letzte –, die sich der ausländischen Konkurrenz in den Weg stellten, war der ehemalige Kickbox-Weltmeister Carsten Marek. Er behauptete mit seinen etwa achtzig »Hamburger Jungs« über lange Zeit Machträume im Hamburger Rotlicht. Das war freilich schwierig angesichts der vorwiegend albanisch-, türkisch- und russischstämmigen Rivalen. Weitere Auseinandersetzungen und Schießereien (wie zum Beispiel im Jahr 2015) waren geradezu vorprogrammiert. Es kam dann aber zu einer Aufteilung der Reviere. Die Deutschen regierten von nun an auf der Seite des Hans-Albers-Platzes, die Albaner, Russen, Türken und andere auf der nördlichen Seite der Reeperbahn. Marek, im Jahr 2007 wegen Menschenhandels und anderem zu einer Freiheitsstrafe verurteilt, die zur Bewährung ausgesetzt wurde, heiratete im Jahr 2010. An den Feierlichkeiten sollen sowohl der einstige Hells-Angels-Boss wie der »Albaner-Toni« und andere Prominente teilgenommen haben. Ein untrügliches Zeichen für einen (zumindest vorübergehenden) Frieden auf dem Hamburger Kiez. Marek übernahm später die Boxkneipe »Ritze« und ließ 2014 das Großbordell »Babylon« im Stadtteil Hammerbrook erbauen. Corona-bedingt musste das Haus, so wie alle Bordellbetriebe in Hamburg und anderswo, im Jahr 2020 geschlossen werden. 2021 wurde das Großbordell von Marek – mit inzwischen neu entwickelten Geschäftsideen – wieder eröffnet.

Sie haben Geschichte(n) geschrieben, die von der GMBH und die Nutellas, Stefan Hentschel, der »Wiener Peter« und der Serienkiller »Mucki« Pinzner, die »Hells Angels«, die Russen, die Türken und die Albaner … Carsten Marek mit den »Hamburger Jungs« und viele andere prägten den Kiez. Permanente Machtkämpfe gipfelten in zahllosen Schlägereien, Messerattacken, Schießereien, versuchten und vollendenten Tötungsdelikten, in Auftrags- und in Serienmorden; und sie führten immer wieder zu anderen Machtverhältnissen. Oben schwammen, wie in den Subkulturen im Rotlicht üblich, immer diejenigen mit dem größten Einschüchterungspotenzial, mit der größten Gewaltbereitschaft. So lange, bis andere kamen, die mehr davon aufzuweisen hatten.

Derzeit scheint Ruhe vorzuherrschen auf dem Hamburger Kiez. Ruhe im Milieu ist heute aber nicht mehr unbedingt ein Grund für Zufriedenheit und Genugtuung. Sie kann auch ein Indiz dafür sein, dass das Milieu von der OK zuzuordnenden Zuhältern und Zuhälterbanden beherrscht wird, von Rotlichtgrößen, die wissen, ihre schmutzigen Geschäfte funktionieren da am besten, wo Ruhe vorherrscht. Das aber weiß man bei der Hamburger Polizei auch.

3.5 Berlin – arm ja, aber sexy?

Sympathisch will sie sich präsentieren, die deutsche Bundeshauptstadt, oder wie manche sagen: die »Hauptstadt des (Organisierten) Verbrechens«,

Berlin. Und arm, ja bettelarm und immer wieder auf Gelder aus den Töpfen anderer angewiesen, ist Berlin allemal. Arm, beklagenswert arm, sind auch die jungen Frauen, die von Osteuropa, Südosteuropa, Nigeria, Vietnam und anderen Regionen dieser Welt nach Berlin geschleust werden und sich gezwungen sehen, auf einem Berliner Straßenstrich, in schmuddeligen »Verrichtungsboxen« oder in einem Puff der deutschen Hauptstadt tätig zu werden. Und es ist nicht »sexy«, sondern kriminell, wenn sie dort von skrupellosen Zuhältern und Angehörigen rücksichtsloser Banden und Clans als Sexsklavinnen ausgebeutet werden. Es ist auch nicht »sexy«, wenn »sexuelle Dienstleistungen« der Not gehorchend für fünf oder zehn Euro angeboten werden (müssen) oder wenn Kinder jeden Morgen auf ihrem Schulweg über Spritzen und Kondome stolpern … So manches, was sich im Schatten des Berliner Rotlichts der deutschen Hauptstadt abspielt, mutet weniger »sexy« als abstoßend an.

Im Nachkriegsdeutschland wurde Sex auch in Berlin zur Ware. Manche Trümmerfrauen betätigten sich, um satt zu werden, auch als Teilzeithuren, boten sexuelle Dienste gegen Lebens- oder Genussmittel wie Butter, Kaffee, Obst oder Zigaretten an. Bereits in den 1950er-Jahren etablierte sich in der Kurfürstenstraße ein Kinderstrich. 12- und 13-Jährige, im Krieg und in den Nachkriegsjahren fern aller kindlichen Erfordernisse aufgewachsen, verkauften dort ihre jungen Körper, um ihr Leben und das ihrer Angehörigen zu sichern. Das geschah sicher nicht, ohne dass sie dabei von den jeweils Erziehungsberechtigten allein und im Stich gelassen oder gar zuhälterisch angeleitet und betreut wurden. Die Armutsprostitution verwandelte sich dann im Verlauf der Jahre immer mehr in ein »Anschaffen«, das der Erfüllung besonderer Wünsche und dem Erwerb von »Luxusgütern« diente. Auch verlagerte sich die Prostitution mehr und mehr von der Straße in Kneipen und Tanzbars, in denen nicht wenige (Schank-)Kellner als Kuppler und Zuhälter tätig wurden. Weiters gab es bestimmte Straßen und Gassen, in denen sich die Frauen (auch ältere, denn es gab keine Rente) aus den Fenstern lehnten oder betont unauffällig vor dem Haus hin und her gingen. Kam ein potenzieller Freier, schlossen sie mit einem einladenden Lächeln das Fenster oder zogen sich in den Hausflur zurück und erwarteten dann den so geköderten Gast. Dabei gab es auch eine Art Zeichensprache. War die Gardine auf, bedeutete dies »frei«, war sie zu, hieß das »besetzt«. Zuhälterisch betätigten sich dabei zumeist die Ehemänner dieser »Fensterfrauen«. Sie hielten sich in einem Nebenraum der Wohnung auf, lauschten, was so vor sich ging, und nahmen ihren Anvertrauten nach dem »Geschäft« den Dirnenlohn ab.

Die Prostitution war zunächst in ganz Berlin mit gewissen Einschränkungen erlaubt oder geduldet. Spätestens in den 1960er-Jahren wurde dann aber im Ostteil der Stadt wie in der gesamten Sowjetischen Besatzungszone (SBZ) und der späteren Deutschen Demokratischen Republik (DDR) festgestellt, dass die Hurerei nicht mit dem sozialistischen Gedankengut vereinbar war. Prostituierte wie Zuhälter galten von nun an als Parasiten der sozialistischen Gesellschaft und sie wurden mit anderen »Volksschädlingen« wie Arbeitsscheuen und Alkoholikern gleichgestellt. Zu Beginn des Jahres 1968 wurde die Prostitution schließlich im Ostteil der Stadt Berlin wie in der gesamten DDR gänzlich verboten. Nach Paragraf 249(1) des DDR-Strafgesetzbuches wurde, wer sich prostituierte, mit Gefängnis von bis zu zwei Jahren und im Wiederholungsfall bis zu fünf Jahren bestraft.

Bald verschwand die Prostitution dann auch aus der öffentlichen Wahrnehmung der Menschen im Osten Berlins, und nicht wenige glaubten, es gäbe sie tatsächlich nicht mehr. Sie wurde jedoch an bestimmten Örtlichkeiten weiterhin geduldet und betrieben – in den Berliner Devisenhotels zum Beispiel, im »Palasthotel«, im »Hotel Stadt Berlin«, im »Metropol«, aber auch in der »Yucca-« oder der »Alibi-Bar«. Es galt als offenes Geheimnis, dass die Staatssicherheit, ganz entgegen dem sozialistischen Streben, »Horizontalagentinnen« einsetzte, um Kontakte zu Geheimnisträgern und anderen interessanten Persönlichkeiten aus Ost und West zu knüpfen und Informationen zu beschaffen. Diese Methode der Informationsbeschaffung bewährte sich bestens und nahm deshalb in den 1970er-Jahren sprunghaft zu. Das von den »Schlapphüten« und Zuhältern in staatlichen Diensten entworfene Anforderungsprofil für die »anschaffenden« Agentinnen: zwanzig bis dreißig Jahre alt, ledig, kinderlos, Fremdsprachenkenntnisse, gutes Aussehen, gebildet, analytische Fähigkeiten, vaterländische Gesinnung.

Interessant dabei: Dieses Anforderungsprofil ist nahezu identisch mit dem, das die Nationalsozialisten entworfen hatten, die schon vor und während des Zweiten Weltkriegs (zum Beispiel im Berliner »Salon Kitty«) versuchten, auf diese Weise an nützliche Informationen zu kommen. Allein das von den NS-Oberen geforderte Kriterium »mannstoll« war nun nicht mehr Bedingung für das Tätigwerden als Hure in staatlichen Diensten. Eine gewisse Bereitwilligkeit, sich hinzugeben, dürfte freilich auch von den zuhälterisch tätigen Führungsoffizieren der Staatssicherheit durchaus erwünscht gewesen sein.

Im Westteil Berlins war und blieb die Prostitution mit gewissen Einschränkungen erlaubt und man räumte ihr weiterhin große Freiheiten ein. So gab es für die Prostitution und die Prostituierten West-Berlins nie Sperrbezirke oder irgendwelche zeitlichen Beschränkungen. Diese Freiheiten trugen dann auch mit dazu bei, dass sich sehr früh eine ausgedehnte Prostitutions- und Zuhälterszene entwickeln konnte, die – wie immer und überall – sehr eng mit typischer Milieukriminalität (Menschenhandel, Zuhälterei, Drogenhandel, Waffen- und Gewaltdelikte …) verbunden war. Man denke nur an die West-Berliner Drogenszene der 1970er- und 1980er-Jahre und an die drogenabhängigen »Kinder vom Bahnhof Zoo«.

Auch die Berliner Zuhälter schrieben in diesen Jahren und Jahrzehnten so manche skurrile, traurige und manchmal tödliche Geschichte. Über lange Zeiträume hinweg galt ein gewisser Hans Heinrich Helmcke als Rotlichtkönig von (West-)Berlin. Der Sohn eines Lebensmittelkaufmanns aus Cuxhaven wanderte im Jahr 1953 in die USA aus. 1959 kehrte er mit 250 000 US-Dollar in der Hosentasche, die damals einer Million D-Mark entsprachen, wieder zurück. Er gab an, das Geld (auf wundersame Weise) geerbt zu haben. Jedenfalls investierte er die fragwürdige Erbschaft im Berliner Rotlichtmilieu. Er erwarb den Prominentenpuff »Pension Clausewitz« und knüpfte nach bewährter Zuhältermanier Kontakte zur Berliner Geschäftswelt und zu einflussreichen politischen Größen. Er investierte in Drogengeschäfte, in illegales Glücksspiel und in Immobilien. Am Bau des Steglitzer Kreisels soll er sich mit drei Millionen D-Mark beteiligt haben. Als 1970 davon gesprochen wurde, dass dieses Projekt scheitern könnte, gab Helmcke ohne zu zögern die Ermordung der verantwortlichen Architektin in Auftrag. Der Anschlag wurde jedoch nicht ausgeführt. Im gleichen Jahr kam es dann auch zum ersten bedeutsamen Angriff einer ausländischen Gruppierung auf die Monopolstellung deutscher Zuhälter in der Berliner Unterwelt. Iranische

Eindringlinge versuchten, Anteile des Milieus zu erobern. Helmcke entschloss sich, dieser lästigen Konkurrenz gleich eine ordentliche Abreibung zu verpassen und sie zu vertreiben. Er beauftragte damit die Bande um den damals im Berliner Milieu nach Einfluss und Macht strebenden Klaus Speer. Und so lagen am 27. Juni 1970 plötzlich ein toter Iraner und drei Schwerverletzte auf dem Asphalt der Bleibtreustraße – die von den findigen Berlinern daraufhin auch gleich in Blei-Streu-Straße umbenannt wurde. Der von Helmcke beauftragte Bandenchef wurde wegen seiner Beteiligung an dieser Schießerei vom Kriminalgericht Moabit wegen Bildung eines bewaffneten Haufens, Raufhandels und unbefugten Waffenbesitzes zu einer Freiheitsstraße von 27 Monaten Haft verurteilt. Nach seiner Entlassung eröffnete er eine Boxschule und betätigte sich mit Erfolg als Boxpromoter. Doch die Vergangenheit sollte ihn bald einholen und so klickten am 16. Juni 1992 wieder die Handschellen.

Klaus Speer wurde nun verdächtigt, eine Schlüsselfigur der sich ausbreitenden Organisierten Kriminalität in Berlin zu sein. Er konnte jedoch nur wegen der Vergehen der Nötigung, Erpressung, Bestechung von Beamten und illegalen Glücksspiels angeklagt und am 27. Februar 1995 zu fünf Jahren und sechs Monaten Freiheitsstrafe verurteilt werden. Der Nachweis, dass er im Rahmen der OK eine wesentliche Rolle spielte oder gar der »Pate von Berlin« war, wurde nie erbracht.

Eine andere Rotlichtgröße machte in dieser Zeit immer öfter von sich reden: der mit ganz besonderen, im Milieu sehr geschätzten Fähigkeiten ausgestattete Puffbetreiber Wolfgang Otto Albert Waldemar Schwanz. Helmcke erkannte die Fähigkeiten dieses Otto Schwanz und ernannte ihn deshalb nach verschiedenen Machtkämpfen im Milieu zu seinem Leibwächter. Schwanz konnte jedoch nicht verhindern, dass Helmcke am 16. August 1973 von einem verfeindeten Puffbetreiber aus Hamburg erdrosselt wurde. Man fand seine Leiche zwei Tage nach dem Mord am Rand der Autobahn A1, zwischen Hamburg und Lübeck. Otto Schwanz, ein Bordellbetreiber aus Wilmersdorf, entwickelte sich in der Folgezeit zu einer sehr mächtigen Figur im Berliner Rotlicht. Mächtig wurde er vor allem deshalb, weil er es wie kein zweiter verstand, Beziehungen und Freundschaften zu den Einflussreichen in Ost- wie West-Berlin zu knüpfen, zu pflegen und zu nutzen.

Berlin war immer eine skurrile Stadt und ihre Bewohner und im Weiteren alle Bundesbürger waren schon so einiges gewohnt. Was jedoch um 1985 über das CDU-Mitglied Otto Schwanz zu hören und zu lesen war, sprengte alles Bisherige und klang fast zu abenteuerlich, um wahr zu sein. Der Puffbetreiber brüstete sich zum Beispiel unverblümt und allen Ernstes damit, jederzeit Zugang zum Zentralcomputer der Berliner Polizei zu haben, da er mit einem Polizeidirektor gut befreundet sei. Auch wenn diese Freundschaft nie nachgewiesen wurde, so ganz aus der Luft gegriffen schien sie nicht zu sein. In Schwanz' Sexbars »Troika« und »Me and You« haben jedenfalls über ungewöhnlich lange Zeiträume hinweg illegal eingeschleuste »Karibikmädchen« getanzt, und es dauerte unendlich lange, bis es schließlich doch noch zu einer Razzia kam. Der auch als »Zuhälter der Entspannungspolitik« bezeichnete Otto Schwanz setzte die klassischen zuhälterischen Mittel und Waffen, »Sex, Geld und Skrupellosigkeit«, jedenfalls so massiv und unverblümt ein, dass es irgendwann zu einem öffentlichen Skandal führen musste. 1987 wurde der Puffbetreiber, CDU-Mann und Ganove Schwanz dann aber trotz seiner so zahlreichen und innigen freundschaftlichen Beziehungen zu Mächtigen und Reichen – wieder einmal – festgenommen und wegen Bestechung und anderem zu einer Freiheitsstrafe von sechs Jahren und sechs Monaten verurteilt. Dass 1988 die CDU-Regierung unter Eberhard Diepgen abgewählt und erstmals durch einen rot-grünen Senat ersetzt wurde, war nicht zuletzt ihm und seinen Machenschaften zuzuschreiben. Otto Schwanz bewies jedenfalls sehr eindrucksvoll, wie eng die Milieus der Zuhälter und der Huren (oder Sexsklavinnen) gelegentlich mit denen verbunden sind, die als seriöse und einflussreiche Repräsentanten der Allgemeinheit angesehen werden. Und er machte deutlich, wie tief und zerstörend Zuhälter auf Staat und Gesellschaft einwirken können.

Der Stuttgarter Platz war in den Nachkriegsjahren der größte und bekannteste Rotlichtkiez Berlins. Dort trafen sich, spätestens wenn es Nacht wurde, die Berliner Nachtschwärmer, die Besucher der Stadt, die englischen Besatzungssoldaten … Und ein gewisser Bernd Termer schwang sich zum »König« dieses Kiezes auf. Dass dieser alt werden könnte und eines Tages Bücher über sein Ludenleben schreiben würde, war eher nicht zu erwarten. Wer sich in so einem Milieu nach oben boxt und dabei zwangsläufig so manchen Widersacher mit Fäusten oder Waffen ins Krankenhaus befördert, hat nicht nur Freunde. »Holzi« Termer aber gelang es. Vielleicht deshalb, weil er gewissen Prinzipien immer treu blieb, weil er die Spielregeln und ungeschriebenen Gesetze des Milieus, dem er angehörte, geflissentlich befolgte, weil er berechenbar war, weil man sich auf ihn verlassen konnte und weil er einer der letzten, vielleicht der letzte, Berliner Zuhälter »alter Schule« war. Erpressungen, Bedrohungen, das im Zuhältermilieu übliche Ausdrücken von Zigaretten auf der nackten Haut – es waren Methoden, die »Holzi« Termer ablehnte, ja zutiefst verurteilte und verachtete, was ihn freilich nicht daran hinderte, seine Fäuste einzusetzen, wenn er es für erforderlich hielt. Niemals habe er eine Frau gezwungen, sich für ihn zu prostituieren, so beteuerte er. Und er interpretierte den seiner Meinung nach durchaus ehrenhaften Begriff eines Zuhälters anders als viele seiner »Berufskollegen«: Zuhälter zu sein heiße »zu jemand halten!«, erzählte er und richtete sich auch danach. »Ich hatte den Ruf, dass ich für die Frauen sorge, dass ich fair zu ihnen bin, dass sie sich auf mich verlassen können – ich hatte einen Ruf, der Gold wert war und Gold wert ist im Milieu!«

Durchaus realistisch und aus Sicht des Kiezkönigs keineswegs unehrenhaft erscheint auch, was er über seine Begegnungen mit der Berliner Polizei zu berichten wusste, über welche die *Berliner Zeitung* noch um das Jahr 2000 mit der Schlagzeile »Letzter Zuhälter verhaftet – 4,3 Millionen beschlagnahmt!« berichtete, was Termer damals kurz und trocken mit »Zum Glück haben sie nicht alles gefunden!« kommentierte. »Innerhalb von zwei Jahren führte die Polizei 35 Razzien bei mir durch, manchmal kamen sie zweimal pro Nacht«, so berichtete er. »Sie klingelten Sturm, ballerten gegen die Tür. Aufmachen, Polizei! Zum Glück war die Tür immer verschlossen, sie war auch sehr stabil. Das ist so üblich im Gewerbe, andernfalls wäre man ja völlig hilflos! Außerdem brauchten wir mindestens eine Minute, um den Laden besenrein zu machen, das heißt, die Mädchen verschwanden durch die Hintertür nach oben. Und jene Gäste, die etwas zu verbergen hatten, ebenfalls …«

Und der »König vom Stuttgarter Platz« erinnerte sich sehr genau an jeden einzelnen dieser unerwünschten Polizeibesuche. Einen davon beschrieb er so: »Als ich nach Haus kam, wartete bereits die Polizei auf mich. Es waren nicht die harmlosen Streifenbullen, die mit einem oder zwei ›Hunnis‹ stets zufrieden sind. Nein, es handelte sich um ausgebuffte, gut ausgebildete Jungs in schwerer Kampfmontur, ausgerüstet mit Helmen, deren dunkles Visier ihre Gesichter unkenntlich macht, mit durchschlagsstarken Pistolen und schusssicherer Weste. Das SEK (Spezialeinsatzkommando) des LKA (Landeskriminalamt), jene Truppe, die nur bei den ganz schweren Fällen ausrückt, so wie ich einer war …«

Eine weitere Berliner Rotlichtgröße, der goldbehangene Steffen Jacob, galt zwar nicht als der »König«, so doch als »Prinz vom Stuttgarter Platz«. Und auch er, der im Milieu reich wurde, dessen Champagner-Partys berühmt und dessen Spielzeuge Rolls-Royce, Bentleys und Ferraris waren, bekam zu der Zeit, als sich die Herrschaft der deutschen Luden ihrem Ende zuneigte, immer mehr Ärger. Die vertriebenen Iraner hatten vorwiegend in libanesischen Clanmitgliedern und kurdischen Banden ihre Nachfolger gefunden. Auch osteuropäische Tätergruppierungen machten sich breit, die »Russen-Mafia« versuchte, sich Einfluss zu verschaffen, und die Albaner stürmten das Berliner Milieu. Weil sich mit den ab 1975 zumeist illegal über Ost-Berlin eingereisten arabischen Kriegsflüchtlingen keiner anlegen wollte, nahm der Rotlichtprinz zu dem Clanchef Mahmoud Al Zein Verbindung auf, dessen Großfamilie in den 1980er-Jahren die Drogengeschäfte im Berliner Untergrund an sich riss, die Bordelle mit Kokain belieferte und in so manch andere, der OK zuzuordnende Geschäfte verwickelt war. Steffen Jacob kooperierte mit ihm, machte ihn zu seinem Personenschützer. Es gab allerdings auch Hinweise darauf, dass die Zusammenarbeit vorwiegend darin bestand, in den Bars und Puffs des Prinzen die Drogengelder der Araber zu waschen. Doch wie immer es auch war: Den Personen- und Objektschutz eines Clan-Bosses gab es nicht umsonst. Mehrere Tausend Euro soll Jacob wöchentlich an den Araber für dessen Dienste bezahlt haben.

Wer aber war dieser Mahmoud Al Zein? Bei den Behörden soll er auch als Habib Haik Al Zein, Mohaiddine Al Zein, Moheidinne Al Zein, als Al Zein, El Zein und Al Sein registriert gewesen sein. Wie er auch hieß oder heißen mag: Er war der Boss eines in weiten Teilen kriminellen und in Berlin ansässigen Clans. Vermutlich kam er im Jahr 1982 mit seiner Familie über den Ost-Berliner Flughafen nach West-Berlin, um dann auch gleich Asyl zu beantragen. Dieser Antrag wurde – zwei Jahre später – abgelehnt. Der Aufforderung, Deutschland zu verlassen, kam »Al Zein« jedoch nicht nach. Daraufhin sollte er abgeschoben werden. Das aber war nicht möglich, weil die erforderlichen Unterlagen zur Ausstellung eines gültigen Passes fehlten. Wusste man doch nicht einmal, wie der mutmaßliche Libanese wirklich hieß.

Sicher war nur eines: Dieser Al Zein trat mehrfach als Straftäter, unter anderem mit Eigentums- und Körperverletzungsdelikten, in Erscheinung. Im Sommer des Jahres 1988 sollte er deshalb wieder einmal abgeschoben werden. Die Behörden stellten ihm einen gültigen Reisepass aus und er wurde in die Jugendhaftanstalt eingeliefert. Al Zein stellte daraufhin einen Asylfolgeantrag. Als die Ablehnung dieses Antrags eintraf, war er bereits entlassen. Und so konnte er sich weiterhin im Berliner Rotlichtmilieu umsehen und sich immer mehr Einfluss und Macht verschaffen. Nebenbei heiratete er und bald war er Vater von mehreren Kindern. In den 1990er-Jahren ließ er sich in Nobelkarossen durch Berlin chauffieren und er sprach von »seiner Stadt«. Dass dieser Al Zein und Mitglieder seiner Großfamilie in zahlreiche kriminelle und zum Teil spektakuläre Verbrechen verwickelt waren, dass sie sich große Machtbereiche in der deutschen Hauptstadt erobert hatten und ganze Stadtteile kontrollierten und terrorisierten, war nicht mehr zu übersehen. Wie gefürchtet der Clanchef und seine Untertanen waren, ließ sich unter anderem daran erkennen, dass die mehrheitlich weniger ängstlichen Berliner Taxifahrer den Dachaufsetzer mit der Aufschrift »Taxi« abnahmen, bevor sie Straßen befuhren, die von diesem Clan des Al Zein beherrscht wurden. Es könnte ja einer zusteigen wollen. Al Zein galt jedenfalls als ungekrönter König der Berliner Unterwelt, und im Milieu sprach man allen Ernstes davon, dass er und nicht der gewählte Bürgermeister die Stadt regiere. Auf die Frage, ob er der »König« dieser Unterwelt sei, soll er unverblümt mit Ja geantwortet und hinzugefügt haben: »Ich weiß eben, wie es geht!« Und auf die Frage, ob er in dieser Funktion keine Angst habe, soll er klargestellt haben: »Angst habe ich nur vor Gott!« Die Behörden aber rätselten in dieser Zeit noch immer über die Identität des Rotlichtkönigs. 1998 wurden dem Clanchef dann wieder einmal Straftaten wie Drogendelikte, Körperverletzungsdelikte, räuberische Erpressung … nachgewiesen. Als ihm vom Bezirksamt die Sozialhilfe gestrichen wurde, weil er nachweisbar in

Saus und Braus lebte, beauftragte er unverzüglich einen Anwalt, um gegen diese Ungerechtigkeit vorzugehen. Schließlich, so argumentierte er, stehe ihm als Asylbewerber und seiner Familie in einem Duldungsstatus diese Hilfe zu. Und wie er lebe, das gehe niemand etwas an. Das zuständige Berliner Verwaltungsgericht – man mag es kaum glauben und so manchem braven deutschen Steuerzahler dürfte bei dieser Nachricht speiübel geworden sein – soll ihm recht gegeben haben: Die etwa 4000 Euro monatlich mussten weiterhin ausbezahlt werden. Im September 2000 war schließlich vom libanesischen Innenministerium zu erfahren, dass bei den dortigen Behörden kein im Jahr 1966 geborener libanesischer Staatsangehöriger mit dem Namen Mahmoud Al Zein bekannt sei. Dessen ungeachtet wurde der Clanchef im Jahr 2005 wiederum wegen Drogenhandels zu vier Jahren und drei Monaten Haft verurteilt. Im Verlauf dieses Verfahrens wurde bekannt, dass es sich beim Angeklagten mit größter Wahrscheinlichkeit nicht um den Mhallani-Araber Mahmoud Al Zein, sondern um einen türkischen Staatsangehörigen aus dem Süden Anatoliens mit Namen Mahmut Uca handeln könnte. Die Folge dieser Erkenntnisse: Der Clan- und Rotlichtboss sollte wieder einmal abgeschoben werden. Die türkischen Behörden stellten ihm jedoch keinen Reisepass aus, da er in seinem Heimatland keinen Wehrdienst abgeleistet hatte und somit als ausgebürgert galt. Es gab also wieder oder noch immer kein Land, in das man die beherrschende Figur des Berliner Rotlichts hätte abschieben können. Annähernd zwanzig Jahre lang wurden Berlin, Deutschland, die zuständigen Behörden und der Rechtsstaat vom Asylbewerber, Clanchef und »Paten von Berlin« vorgeführt, verhöhnt, der Lächerlichkeit preisgegeben. Als er dann Anfang des Jahres 2021 erneut abgeschoben werden sollte, kam er den zuständigen Behörden wieder zuvor. Er soll sich in ein Flugzeug nach Istanbul gesetzt haben und von selbst ausgereist sein. Vielleicht trat er aber auch nur eine Erholungs- oder Vergnügungsreise in die alte Heimat an. Vielleicht ist er längst wieder zurück in Berlin und regelt, wie gehabt, die Drogen-, Prostitutions- und anderen schmutzigen Geschäfte in der deutschen Hauptstadt. Vielleicht wird ihm die Sozialhilfe längst wieder gewährt. Dem Asylbewerber, dem Araber mit unbekanntem Namen, dem Drogenhändler und Zuhälter mit neu erstelltem Pass …

Steffen Jacob gilt als der letzte namhafte Spitzenzuhälter im Berliner Milieu mit deutschem Pass und als der letzte Vertreter einer Zeit, in der ein Wort noch ein Wort und eine Faust noch eine Faust war. Er starb, 67 Jahre alt, im Jahr 2014 arm und einsam in einem Charlottenburger Pflegeheim.

»Rocker, Rotlicht und kaum Beweise …!«, so titelte die *Berliner Zeitung* bereits am 20. August 2003 über einen Prozess beim Landgericht Berlin, wo sich drei »Höllenengel« wegen Verdachts des Mordes an einem Zuhälter im Saunaclub »Palace« zu verantworten hatten. Alle beteiligten Engelchen sangen nicht, sondern schwiegen, und alle Zeugen sahen nichts, hörten nichts und wussten von nichts … Schweigen war im Berliner Milieu das höchste Gebot, Verrat war die schlimmste Verfehlung. Was der deutsche Gesetzgeber als »Prostitutionsgewerbe« bezeichnet und behandelt, war schon damals in weiten Teilen ein boomendes Geschäftsfeld der Mafia und OK. An keinem anderen Ort war das so deutlich zu erkennen wie in Berlin. Auch als 2009 mehrere Mitglieder des Berliner Chapters der »Hells Angels« mit Macheten angegriffen wurden und einer von ihnen, das Messer noch im Rücken, in die Klinik gebracht werden musste, kooperierten die Angegriffenen nicht mit der Polizei. Der mit dem Messer im Rücken und all seine Freunde schwiegen über Täter und Tat, und so konnte nur vermutet werden, dass rivalisierende Bandidos die Täter waren. Um das Jahr 2010 kam es dann in der Oranienburgerstraße vermehrt zu Auseinandersetzungen zwischen Mitgliedern der »Bandidos«, der »Hells Angels« und einer russischen Gang. Die Straßen- und Billigprostitution in der Stadt wurde vorwiegend von osteuropäischen Zuhältergangs kontrolliert, im Übrigen, so schien es, hatten Angehörige arabischer Großfamilien oder Clans, russisch-eurasische Tätergruppierungen (vorwiegend kriegserfahrene und mit Schusswaffen vertraute Tschetschenen) sowie Rocker- und rockerähnliche Gruppierungen die Macht im Milieu vollkommen an sich gerissen und untereinander aufgeteilt. Dabei zeigte sich, dass Machtfragen und Auseinandersetzungen jeglicher Art nur noch intern und möglichst ohne öffentliche Wahrnehmung geregelt wurden. Ganz so, wie das bei Tätergruppierungen und Organisationen üblich ist, die der Mafia oder OK zuzuordnen sind.

Im Jahr 2011, so wurde vermutet, sagte das neu gegründete Chapter der »Mongols« der lokalen Dependance der »Hells Angels« den Kampf an und versuchte, ihnen den Rotlichtbereich Oranienburger Straße streitig zu machen, wo diese bis dahin den zahlungsunwilligen Freiern das Geld aus der Tasche zogen. 2015 drohte erneut »Krieg« zwischen dem »Mongols« MC, einer Gang, die sich vorwiegend aus Angehörigen von zwei arabischen Großfamilien zusammensetzte, und den »Hells Angels«. Bald daraufhin tauchte eine weitere, rockerähnliche Gruppierung im Berliner Rotlicht auf, die »Guerilla Nation«. Zeitweise, so die Vermutungen, soll diese Gang, die sich ebenfalls aus dem Umfeld arabischer Clans rekrutierte, mit der türkischen Fraktion der »Hells Angels« kooperiert haben. Nachdem ein Anwärter des Clubs erschossen wurde, löste sich dieser jedoch Ende 2016 überraschend auf. Doch schon im nächsten Jahr wurde die »Guerilla Nation Vaynakh« gegründet, die im Mai 2017 an einer Schießerei in Berlin-Wedding beteiligt war …

Was sich immer wieder zeigte: Die im Berliner Rotlicht zuhälterisch agierenden Rocker- und rockerähnlichen Gruppierungen waren häufig nicht nur unterschiedlicher Nationalität, sondern auch unterschiedlicher Meinung. Einmal kooperierten sie und unterstützten sich gegenseitig im Kampf um Machteerhalt oder Machtzugewinn, ein anderes Mal schlugen sie einander die Köpfe ein. Es wurde immer schwieriger oder gar unmöglich, die Machenschaften und Machtverhältnisse im Berliner Rotlicht richtig einzuordnen oder gar zu kontrollieren.

Die verschiedenen Gruppierungen, die unterschiedlichen, unter den Motorradhelmen verborgenen Ethnien und die mit diesen Gruppierungen eng verbundene Clankriminalität, die lange Zeit nicht die Beachtung fand, die sie hätte finden müssen, gibt den Verantwortlichen bis heute viele Rätsel auf. Im November 2020 kam es jedenfalls schon wieder zu gewalttätigen Revierkämpfen. Diesmal zwischen Angehörigen der arabischen Großfamilie um Al Zein (oder wie immer er sich auch nennen mag) und einem aus Tschetschenien stammenden Clan. Während man über die kriminellen Aktivitäten von Angehörigen der arabischen Clans, osteuropäischer Banden und Organisationen und Rockern wie rockerähnlichen Gruppierungen in Berlin immerhin weiß, dass sie um Macht und Einfluss im Rotlichtmilieu kämpfen und Anteile unter sich aufteilen, liegen über andere kriminelle Organisationen, die möglicherweise auch in der Hauptstadt agieren, nur wenig oder gar keine Erkenntnisse vor. Fest steht, auch vietnamesische Banden schleusen über Tschechien vermehrt blutjunge Vietnamesinnen ein und führen sie in und über Berlin dem »Prostitutionsgewerbe« zu. Und auch chinesische Frauen und Mädchen vermehren sich plötzlich nicht nur in Berlin, sondern auch in Wien, in Zürich und anderswo. Die chinesischen Triaden sind jedoch in Berlin wie in der gesamten Republik (noch) kein Thema, auch die japanische Yakuza nicht und die italienische ’Ndrangheta (fast) nicht mehr. Diese und andere der Mafia und OK zuzuordnende Organisationen werden in Berlin und in Gesamtdeutschland öffentlich kaum wahrgenommen. Das aber schließt nicht aus, dass auch sie sich um Marktanteile am so schmutzigen wie lukrativen Markt mit der »Ware Frau« bemühen. Die Freiheiten, die man dem »Prostitutionsgewerbe« in Deutschland einräumt, scheinen das Interesse von der Mafia oder OK zuzuordnenden Menschenhändler- und Zuhälterorganisationen jedenfalls weltweit zu wecken. Und die Plattformen, die ihnen Berlin und andere deutsche Städte für ihre Umtriebe zur Verfügung stellen, gibt es in kaum einem anderen Land auf dieser Welt. Und so ist zu befürchten, dass die Bundeshauptstadt, solange keine einschneidenden gesetzlichen Änderungen vorgenommen werden, Einfallstor und Tummelplatz solcher Banden und Clans aus aller Welt bleiben wird. »Weltoffen, tolerant, bunt und frei« – wenn das so aussieht, dass eine Stadt oder auch nur Stadtteile anhaltend von kriminellen Banden und Organisationen beherrscht und terrorisiert werden, so ist das weniger bunt als bedrückend und mit rechtsstaatlichen Grundsätzen nicht mehr vereinbar.

Deshalb wurde, um der verhängnisvollen Entwicklung entgegenzuwirken, im Jahr 2018 vom Berliner Senat ein Fünf-Punkte-Plan zur Bekämpfung der Clankriminalität verabschiedet, der im Wesentlichen eine konsequentere Verfolgung von Regelverstößen, die Einziehung von kriminell erwirtschaftetem Vermögen, eine verstärkte Kontrolle der Finanzen und des Gewerbes, die Erarbeitung eines phänomenbezogenen Präventionskonzepts sowie eine Ausstiegskonzeption vorsieht. Dieser Plan scheint überfällig, er wirft freilich auch Fragen auf. So die, ob und warum Regelverstöße bisher nicht konsequent genug verfolgt wurden, warum kriminell erwirtschaftetes Vermögen bisher nicht immer eingezogen wurde, warum Finanzen und Gewerbe bislang nicht ausreichend kontrolliert und warum nicht schon längst wirksame Präventions- und Ausstiegskonzepte entworfen und umgesetzt wurden!? Zudem, so scheint es nicht nur angesichts der zum Teil desaströsen Verhältnisse in Berlin, sind neben allen einschlägigen das »Prostitutionsgewerbe« betreffenden gesetzlichen Vorgaben auch die Zuwanderungspolitik und (gescheiterte) Integration wie die gängigen Abschieberegelungen auf den Prüfstand zu stellen. In der Schweiz wird zum Beispiel längst öffentlich über Flüchtlingsunterkünfte diskutiert, die erkennbar zu Zentren des Menschenhandels und der Sexsklaverei wurden. Und es werden Maßnahmen getroffen, um die zuhälterischen Umtriebe in den Unterkünften und Heimen zu stoppen. In Berlin wie im gesamten Deutschland, wo diese Entwicklung nicht weniger im Gange ist, wird das bis heute kaum thematisiert.

Die Opfer der Zuhälter und Angehörigen krimineller Clans in Berlin (und anderswo), die Opfer des Menschenhandels und der Sexsklaverei und die Opfer einer falsch verstandenen Weltoffenheit haben nicht das Gefühl, in einer weltoffenen, toleranten, bunten und freien Stadt zu leben. Sie standen in Corona-Zeiten, sofern sie nicht von ihren Zuhältern und Ausbeutern zur (illegalen) Fortsetzung der Prostitution über das Internet und in Hotels gezwungen wurden, in Schlangen an den Orten Berlins, an denen die Caritas warme Suppen verteilte. Dabei wurde auch und gerade in Berlin und von Berlin aus immer wieder lautstark verkündet, die Prostitution sei ein Beruf wie jeder andere – nur würden Prostituierte hundertmal mehr verdienen als Verkäuferinnen … Wo also, so ist zu fragen, ist das viele Geld der »freiwillig und selbstbestimmt« anschaffenden und so gut verdienenden Berliner »Sexarbeiterinnen« geblieben? Es wird doch nicht etwa von den im Milieu herrschenden, kriminellen Clanmitgliedern, Zuhältern und Ausbeutern vereinnahmt worden sein!?

3.6 In Ulm und um Ulm

Wie in den deutschen Großstädten wurde Sex in den Nachkriegsjahren auch in kleineren Städten wie dem vom Bombenhagel zerstörten Ulm zum Tauschobjekt. An den zumindest den Interessierten bekannten Örtlichkeiten, ob in den Trümmern der Stadt oder in den Lokalen, gab es entsprechende Angebote. Die Geschäfte gingen gut und eines Tages beschloss ein aus dem ehemaligen Jugoslawien stammender Geschäftsmann ein Wohnhaus in der Ulmer Schülinstraße in ein Bordell zu verwandeln. Schon bald waren dort bis zu fünfzig Frauen tätig. Sowohl zum Vergnügen zahlreicher Freier wie mehrerer Kinder und Heranwachsender, die dem lustigen Treiben im Puff von einer auf der gegenüberliegenden Straßenseite liegenden Wohnung aus zusahen.

Bald entwickelte sich auch eine Kuppler- und Zuhälterszene in der Donaustadt. Die einen brachten ihre »Schäfchen« im Haus des Jugoslawen unter, die anderen ließen die ihnen Anvertrauten auf dem Straßenstrich in Bahnhofsnähe flanieren. Daraus entwickelte sich ein Konkurrenzkampf, ein Kampf um die Macht im Ulmer Milieu. Und schon bald flogen die Fäuste und die Fetzen. Als sich herumsprach, dass die Betreiberin eines Friseursalons im Bereich des Bahnhofs neben dem Schneiden und Föhnen der Haare in einem Hinterzimmerchen für die männliche Kundschaft auch andere, für sie einträgliche Dienste anbot, verwandelten Zuhälter den schmucken Salon über Nacht in einen Trümmerhaufen. Und als im Puff des Jugoslawen in der Schülinstraße ein von Zuhältern gelegter Brand ausbrach, sah sich die Stadtverwaltung endgültig zum Handeln gezwungen. Das Bordell wurde geschlossen.

Der Ulmer »Zuhälter- und Dirnenkrieg« aber war damit nicht zu Ende. Zahlreiche Ulmer Huren zogen im Auftrag ihrer Aufpasser und Ausbeuter in einem Demonstrationszug zum Haus des Oberbürgermeisters und protestierten, weil ihr Puff geschlossen und der Ulmer Straßenstrich von gegnerischen Zuhältern kontrolliert wurde. Schließlich drohten damit einigen Ulmer Luden nicht unerhebliche Einkommensverluste oder gar existenzielle Not. Die um ihre Existenz Bangenden trafen sich allabendlich an ihrem Stammtisch im »Goldenen Becher« und sie schmiedeten Pläne. Am Nebentisch hörten ein paar Fremde scheinbar gelangweilt zu – Kriminalisten aus Stuttgart im Dienst der Ulmer Polizei … Und so teilte der »Eichler«, als Zuhälter wie als rücksichtsloser Schläger polizeibekannt, nicht nur seinen Leidensgenossen am Tisch, sondern auch den ungebetenen Gästen nebenan mit, dass er einem seiner »Engelchen« eine Tracht Prügel verabreichen musste, weil es seinen Arsch nicht genug bewege …

Des »Eichlers« Wutausbrüche waren gefürchtet und seine Beteiligungen an tätlichen Auseinandersetzungen brachten ihn zwischendurch immer wieder ein paar Monate oder gar Jahre in den Knast. So ein Gefängnisaufenthalt hielt ihn freilich nicht davon ab, weiterhin seiner zuhälterischen Tätigkeit nachzugehen. In den späten Abendstunden warteten seine Getreuen in steter Regelmäßigkeit brav vor der Haftanstalt, um seine Anweisungen entgegenzunehmen. Diese ließ er vom vergitterten Zellenfenster aus auf einem Papierfliegerchen zu ihnen tragen. Und seine per Flugpost übersandten Anweisungen wurden befolgt – wusste man doch nur zu gut, was sonst drohte, kam »Eichler« wieder auf freien Fuß.

»Knauz«, ein bulliger, behäbiger Typ, saß »Eichler« damals am Tisch im »Goldenen Becher« gegenüber. Er galt als hinterlistig und nur schwer berechenbarer. Vor allem aber galt er als arbeitsscheu. In jungen Jahren ging er ganze 24 Tage einer geregelten Arbeit nach. Die Tage in den Werkshallen des Ulmer Autobauers Magirus waren die schlimmsten seines Lebens. Also beschloss er schon sehr früh, sein Geld auf andere Weise zu verdienen. Er setzte sich in einen Ulmer Biergarten, wandte sich mit Kennerblick einer damals 17-jährigen Aushilfsbedienung zu und baggerte diese mit viel Geschick an. Dem Naivchen redete er ein, dass es viel zu schön sei, um hier die mehr oder weniger besoffenen Gäste zu bedienen. Er habe eine viel angenehmere Arbeit für sie. Eine Arbeit, an der sie viel Freude haben werde und zudem mindestens das Zehnfache verdienen würde. Die unbedarfte Jugendliche war begeistert, verliebte sich auch gleich unsterblich in ihren so wundersamen Gönner und ging schon wenige Tage später für ihn auf den Strich. Dreißig Jahre später tat sie es immer noch. Und das obwohl sie von »Knauz« längst nicht mehr so liebevoll umgarnt und als sein »junges Vögelchen« bewundert und verwöhnt wurde, sondern gelegentlich Prügel bezog und als »alte Krähe« bezeichnet und behandelt wurde. »Knauz« ließ seine Stammtischbrüder im »Goldenen Becher« und damit auch die Mithörer nebenan wissen, dass er seine »Krähe« aufgrund der miserablen Bedingungen in Ulm nun in einem Club im Bayerischen untergebracht habe. Zwischen den beiden hatte »Thommy« Platz genommen, ein wenig hoffnungsvoller Spross und Nachwuchslude aus gutem Hause. Er schlug vor, die lästige Konkurrenz in Ulm mit brachialer Gewalt aus dem Weg zu räumen. Mit Interesse wurde am Nebentisch zur Kenntnis genommen, dass er gegebenenfalls auch bereit sei, dabei seine in der rot lackierten »Corvette« eingearbeitete und versteckte Pumpgun einzusetzen. »Eichler« und »Knauz« rieten ihm davon ab. Die »Bullen«, allen voran die für das Milieu zuständigen »Zivilbullen«, würden ihm das sehr übel nehmen …

Es war eben alles noch überschaubar in dieser »guten, alten Zeit«. »Eichler«, »Knauz« und der Junglude »Thommy« waren typische Vertreter der zuhälterischen Zunft der 1960er- und 1970er-Jahre. Ihre Charaktere und ihr Ludenleben lagen vor den zuständigen Ulmer Kriminalisten wie ein offenes Buch. Und an so manchem Tatort war den Ulmer Ermittlern schon beim ersten Hinsehen klar, wessen Handschrift das jeweils Hinterlassene trug. Jeder kannte jeden im Ulmer Milieu, gewisse Spielregeln wurden (fast immer) eingehalten. Und trotz aller Tumulte hatte die Ulmer Polizei (ziemlich) alles unter Kontrolle, was in den Rotlichtbezirken der Münsterstadt so vor sich ging.

Mitte der 1980er-Jahre kam es dann zu Veränderungen. Es war die Zeit, in der die »Sexbomber« wie an einer Schnur gezogen nach Bangkok flogen, besetzt mit zahleichen Prostitutionstouristen – und Luden. Die Anmutigen und Schönen aus dem Land des Lächelns belebten die (Prostitutions-)Geschäfte weltweit. Davon inspiriert, stiegen auch der Ulmer Barbetreiber Fritz und sein Gehilfe Thomas in eine Lufthansa-Maschine, um sich im Land des Lächelns nach hübschen Mädchen umzusehen. Sie wurden von einem befreundeten deutschen Zuhälter erwartet, der an den Golf von Siam ausgewandert war und dort mit mehreren Barbetrieben und jungen Mädchen Geschäfte machte. Er vermittelte den Ulmern dann auch drei blutjunge Thaifrauen, die bald darauf in der Ulmer Bar des Fritz an silberfarbenen Stangen zu tanzen und den Gästen all ihre Wünsche zu erfüllen hatten. Diese Gäste waren vorwiegend wild aussehende Gesellen, Mitglieder einer Rockerbande. Und was zu befürchten war, trat ein. Die bedauernswerten Mädchen aus Fernost wurden fortgesetzt gedemütigt, misshandelt, vergewaltigt, gequält. Eines Abends wurden sie von den Rockern in eine tief im Wald versteckte Hütte entführt, wo es zu wilden Orgien kam. Spät in der Nacht glaubte eine der jungen Thais Schaufelgeräusche zu hören und sie befürchtete: Sie schaufeln unser Grab! Das Mädchen floh, von Todesangst getrieben, durch ein Hüttenfenster, irrte halbnackt durch die nächtlichen Wälder und endlich, am frühen Morgen entdeckte es einen Aussiedlerhof. Die junge Thai trommelte an die Stalltür, bat um Einlass und um Hilfe. Bauer Müller glaubte seinen Augen nicht zu trauen, als er das blutjunge und halbnackte Mädchen aus dem fernen Thailand vor sich stehen sah. Er ging zum Telefon, wählte die 1-1-0 und löste damit ein kriminalpolizeiliches Ermittlungsverfahren aus. Die »Arbeitgeber« der jungen Thailänderinnen, Barbetreiber, Rocker und Zuhälter aber versetzte die Flucht des Mädchens in Panik. Zu Recht, denn die Geflüchtete berichtete von Verbrechen perfidester Art, die an ihr und an ihren beiden Freundinnen begangen wurden.

Sie beschlossen, dass Thomas die beiden verbliebenen Thais, zwei lästige Zeuginnen, in einer Nacht- und Nebelaktion zum Flughafen nach Frankfurt bringen und mit der nächsten Maschine nach Bangkok ausfliegen lassen solle. Die bei der Polizei gelandete junge Frau würden sie als hysterisch und verrückt erklären, um einem Strafverfahren zu entgehen – so der Plan. Womit sie nicht rechneten: Die Ulmer Ermittler flogen später hinterher, um in Thailand nach den beiden nach »unbekannt« verschwundenen Mädchen zu suchen und sie als Zeuginnen zu vernehmen. Sokdy, eine der jungen Frauen, war jedoch nicht mehr am Leben. Man war mit ihr, so erfuhren die schwäbischen und thailändischen Ermittler von der Eliteeinheit KongPrabPram, »auf Haie« gefahren. Eine im thailändischen Zuhälter- und Drogenmilieu nicht unübliche Art, lästige Zeug(inn)en loszuwerden. Sokdy wurde demnach zu einer wenig lustigen Bootsfahrt eingeladen, die weit hinaus aufs Meer führte, dort an mehreren Hautstellen mit einem Messer angeritzt, so dass Blut austrat und dann den Haien übergeben. Das zweite Opfer der verbrecherischen Geschehnisse von Ulm konnte jedoch in der Bordellstadt Pattaya ausfindig gemacht werden, obwohl es in Thailand keine Einwohnermeldeämter, in Pattaya aber über 50 000 und vielleicht noch viel mehr junge Frauen im Milieu gibt. Ein Hinweis aus dem Milieu führte die thailändischen und deutschen Fahnder dann auch auf die richtige Spur. Die Sonne ging über dem Golf von Siam auf, als sie die junge Frau mit Zeitungspapier bedeckt, schlafend und frierend unter einem Laubbaum am Rand der Bordellstadt Pattaya antrafen. Die zierliche »Wan« glaubte an eine Fata Morgana, als sie erwachte und die ihr von Ulm her bekannten Ermittler leibhaftig vor sich stehen sah. Das Mädchen wurde dann ausführlich zu den

Umtrieben in der Ulmer Bar und zu den schrecklichen Vorkommnissen in der Waldhütte nahe der Donaustadt vernommen – was mehrjährige Haftstrafen für die Täter und Tatbeteiligten zur Folge hatte.

Noch bevor das 20. Jahrhundert zu Ende ging, meldeten sich bei der Ulmer Kriminalpolizei interessante Besucher an: Die langjährige Betreiberin des Ulmer »Eros-Center« stellte den staunenden Kriminalisten einen blutjungen und offensichtlich sehr wohlhabenden Metzgergesellen namens Marcus Eberhardt als ihren Nachfolger vor. Bald darauf staunte man nicht nur bei der Polizeidirektion in Ulm über die wundersame Wandlung des Metzgergesellen Marcus Eberhardt. War er doch plötzlich nicht nur stolzer Bordellbesitzer, sondern auch noch ein Prinz: Prinz Marcus Eberhardt Edward von Anhalt, Herzog zu Sachsen und Westfalen und Graf von Askanien! Der clevere junge Schlachter hatte sich mit dem Adeligen Frederic von Anhalt angefreundet und die beiden verstanden sich so gut, dass ihn dieser auch gleich adoptierte – gegen eine angemessene Vergütung von ein paar Millionen, so wurde vermutet. Da Frederic von Anhalt zuvor die weltbekannte Schauspielerin und Diva Zsa Zsa Gabor ehelichte, war der Weltstar plötzlich die Mutter des ehemaligen Metzgergesellen und jetzigen Puffbetreibers – und ganz nebenbei durfte er das Model Paris Hilton nun als seine Nichte bezeichnen. Der Geadelte war dann auch bald im Besitz mehrerer Etablissements und Bordellbetriebe, vorwiegend im süddeutschen Raum. In Ulm nannte und nennt er bis heute das »Eros-Center« und das angrenzende »Pure Platinum« sein eigen, auf Neu-Ulmer Seite ist der »FKK-Safari-Club« in seinem Besitz. Und plötzlich, so wusste man im Ulmer und Neu-Ulmer Milieu, ging in der Donaustadt ohne die Zustimmung des Geadelten nichts mehr. Er selbst sowie seine Etablissements und Puffs galten als unantastbar und durch eine Gruppierung der »Hells Angels« bestens kontrolliert und geschützt. Diese, so glaubte man zu wissen, wurden von ihm dafür pauschal und, wie es sich in adeligen Kreisen gehört, fürstlich bezahlt. Prinz Marcus von Anhalt war bald nur noch selten in der Donaustadt zu sehen. Den Redakteuren eines Ulmer Stadtmagazins vertraute er an, dass er nur noch gelegentlich »zum Geld abzuholen« an die Donau komme. Gerüchten zufolge vergnügte er sich auf verschiedenen Mittelmeerinseln, in Kalifornien und in Dubai. Er war in Fahrzeugen der

Marken Porsche, Ferrari, Mercedes und anderer Nobelmarken zu sehen und sein Vermögen wurde bald auf einen stolzen, mehrstelligen Millionenbetrag geschätzt. Vorübergehende Anklagen und Knastaufenthalte, unter anderem wegen Steuerhinterziehung, versuchter räuberischer Erpressung, gefährlicher Körperverletzung, Menschenhandels und Zuhälterei, konnten den »Rotlichtprinzen« in seinem Tatendrang nicht stoppen. Mittlerweile soll er zurückgezogen in Dubai leben. Fernab seines Besitzes von geschätzten zwanzig oder mehr deutschen Bordellbetrieben, fernab aller ausbeuterischen und schmutzigen Geschäfte.

Der Kampf um die Macht über die restlichen Bereiche des lukrativen Ulmer und Neu-Ulmer Milieus aber ging, die beherrschende Stellung des Prinzen ungeachtet, weiter. Und das mit einer bislang nicht bekannten Brutalität. Neben den im Hintergrund unauffällig agierenden »Hells Angels« wurden plötzlich Mitglieder verschiedener anderer Rockergangs und rockerähnlicher Gruppierungen im Rotlicht und in der Türsteherszene von Ulm und Neu-Ulm aktiv, Mitglieder der »Bandidos«, der »Black Jackets«, der »Red Legion« und der »Rock Machine«.

In einer Maiennacht des Jahres 2011 war der aus Bosnien stammende 33-jährige Bandido Mahir H. damit beauftragt, eine durchreisende siebenköpfige Bandido-Delegation aus Dänemark zu betreuen. Und so traf man sich ausgerechnet im »Pure Platinum«, dem Striplokal in Händen des Prinzen von Anhalt. Zufällig, oder auch nicht, kamen gegen drei Uhr auch noch mehrere Rock-Machine-Rocker ins Lokal, unter ihnen die Albaner Bestrim B. und Suat E., und schon flogen die Barhocker und es gab blutige Köpfe. Keine halbe Stunde später tauchten wütende Bandidos vor dem Stammlokal der Rock-Machine-Rocker, dem »Big Ball«, auf. Doch niemand war da. Also begab man sich zum Wohnhaus des Albaners Suat E., wo Pistolenschüsse fielen und Fensterscheiben zerbrachen. Suat E., beim Landgericht Ulm zum Sachverhalt befragt, konnte sich, ganz dem »Code der Gesetzlosen« entsprechend, beim besten Willen an nichts, aber auch an gar nichts mehr erinnern. Im März 2012 ging dann die als Treff der Bandidos bekannte Kneipe »Nachtschicht« in Neu-Ulm in Flammen auf. Tatverdächtig waren Mitglieder der Organisation »Rock Machine«. Zwei Wochen später brannte das Gasthaus »Big Ball«.

Am 6. Juni, 7. Juli, 8. August und am 1. November des Jahres 2012 kam es zu Buttersäure-Anschlägen im Ulmer Szenelokal »Club Myer's«, welches von Murat C. betrieben wurde. Diesen Anschlägen folgte eine Bombendrohung, und so sah sich Murat C., sowohl Betreiber des »Erotic-Parks« in Neu-Ulm wie der Diskothek »Myer's« in Ulm, zu einer Aussprache mit seinen Widersachern veranlasst. Murat C., dem die Nähe zu den Bandidos nachgesagt wurde, traf sich mit seinen Begleitern Eduard W. und Alexander S. am 16. Dezember 2012, gegen 21:00 Uhr, in der Neu-Ulmer Industriestraße mit den Kosovo-Albanern und Rock-Machine-Rockern Asmon G. sowie den Gebrüdern Blerim und Bestrim B., um die Machtverhältnisse im Ulmer und Neu-Ulmer Rotlichtmilieu und in der Türsteherszene endgültig zu klären und abzustecken. Schnell aber flogen Fäuste und Pistolenkugeln. Asmon G. zog seine FN Browning, Modell 122, und schoss aus nächster Nähe auf die lästige Konkurrenz. Eduard B., ein Sicherheitsunternehmer, erlitt einen Bauchschuss. Für ihn kam jede Hilfe zu spät. Alexander S., der zweite Begleiter von Murat C., erlitt einen Lungendurchschuss, wurde notoperiert und konnte mit Mühe gerettet werden. Den folgenden Prozess beim Landgericht Memmingen schienen die Angeklagten als Show zu verstehen. Sie scherzten, lachten, grinsten und zwinkerten den zahlreichen Freundinnen und Freunden im Publikum zu oder unterhielten sich gelangweilt über Fußballspiele. Der Todesschütze wurde vom Landgericht Memmingen zu zwölf Jahren Freiheitsstrafe verurteilt, Blerim B. musste wegen Strafvereitelung für ein Jahr hinter Gitter, sein Bruder wurde freigesprochen.

Ulm und Neu-Ulm aber sollten nicht zur Ruhe kommen. Am 23. Februar 2013 kam es zu einer wilden Schießerei auf offener (Blaubeurer) Straße in Ulm, direkt vor dem Bordell »Lustpark«, welches vom Schwäbisch Gmünder Black-Jacket-Chef Mehmet A. betrieben wurde. Insgesamt standen sich etwa dreißig Personen, Mitglieder der »Black Jackets« und der »Red Legion« gegenüber. Auf die von der »Roten Legion« wurde geschossen – es wurde jedoch keiner getroffen. Einer der Schießwütigen wurde 2014 vom Landgericht Ulm wegen versuchten Mordes für sechs Jahre hinter Gitter geschickt. Nur zwei Wochen später sollte es Polizeierkenntnissen zufolge zur entscheidenden Schlacht kommen. Hunderte Mitglieder von Rocker- und rockerähnlichen Gruppierungen aus dem gesamten süddeutschen Raum machten sich auf, um die Dinge in Ulm und um Ulm herum endgültig zu klären. Die Polizei aber zog die Lederkutten auf ihren schweren Maschinen schon bei der Anfahrt aus dem Verkehr, führte Kontrollen durch, beschlagnahmte zahlreiche Messer, Beile, Äxte und Schlagwerkzeuge und verhinderte damit eine Massenkeilerei oder gar Schlimmeres.

Dann endlich schien Ruhe einzukehren links und rechts der Donau. Die Reviere, so glaubte man, waren aufgeteilt. Doch bald bildeten sich weitere rockerähnliche Gruppierungen in der Doppelstadt und auch sie drängten nach Einfluss und Macht im Rotlicht. 2016 wurde die Gruppe »Bahoz« (»Sturm«) gegründet, eine aus der kurdischen Jugendbewegung hervorgegangene Gruppierung. Es kam zu einem Überfall auf einen Imbissstand in der Ulmer Innenstadt. Das konnten »die Türken« nicht einfach so hinnehmen, also gründeten sie eine Ortsgruppe der »Osmanen Germania«. Und schon bald – im März 2017 – mussten größere Auseinandersetzungen zwischen den türkisch-kurdischen Banden von der Ulmer und Neu-Ulmer Polizei verhindert werden. Sie beschlagnahmte dabei zahlreiche Messer, Schlagwerkzeuge, Elektroschocker und andere Waffen. Im Juli 2018 wurde die Organisation »Osmanen Germania« dann verboten, nachdem sich zuvor acht Mitglieder der Bande wegen versuchten Mordes, versuchten Totschlags und Menschenhandels vor Gericht zu verantworten hatten. Es war nicht zu verkennen, dass diese Emporkömmlinge ein enormes Konfliktpotenzial mit sich brachten. Ein Konfliktpotenzial, das sich zum einen aus ihrer kriminellen Energie und ihrem Drängen nach Einfluss und Macht im Ulmer und Neu-Ulmer Rotlicht und in der Türsteherszene, zum anderen aber auch aus der ethnischen Zugehörigkeit und den politischen Gegensätzen und Anfeindungen zusammensetzt, welche jederzeit in Gewalt und Terror umzuschlagen drohen. An der Ulmer und Neu-Ulmer Szenerie lässt sich deutlich ablesen, welcher politische und damit gesellschaftliche Sprengstoff mit diesen in den Rotlichtmilieus aktiven und aus Migranten verschiedener Nationalitäten bestehenden Rocker- und rockerähnlichen Gruppierungen verbunden ist. Es sind Akteure, die sich nicht nur im Kampf um Macht im Milieu, sondern auch in ihrer politischen Grundüberzeugung in inniger Feindschaft gegenüberstehen. Ihre Verbindungen und Vernetzungen umfassen den gesamten süddeutschen Raum und gehen zum Teil auch noch weit darüber hinaus.

Wer aber hat heute neben dem Prinzen und seinen Untertanen die Macht im Ulmer und Neu-Ulmer Rotlicht- und Türstehermilieu? Sind es türkisch-, kurdisch-, bosnisch-, albanisch- oder kosovoalbanischstämmige, der OK zuzuordnende Rocker- und Zuhältergruppierungen?

Es scheint jedenfalls so, als wären die Machtbereiche abgesteckt. Solche Abkommen sind jedoch erfahrungsgemäß nicht von Dauer und der Kampf um Macht im Rotlicht ist auch in Ulm und Neu-Ulm ein auf Dauer angelegter Prozess. Die Kämpfe um Erhalt oder Zugewinn von Anteilen am Milieu diesseits und jenseits der Donau könnten im Untergrund weiterschwelen und jederzeit wieder aufflammen. Zudem ist Ruhe im Milieu, so wissen auch die Ulmer Ermittler, heute kein untrügliches Zeichen mehr für Einigkeit und Frieden. Es ist vielmehr ein Hinweis darauf, dass der OK zuzuordnende Gruppierungen Macht und Einfluss ausüben. Tätergruppierungen, die wissen, dass ihre Geschäfte dort am besten funktionieren, wo Ruhe vorherrscht. Die Polizei, ob links oder rechts der Donau, ist jedenfalls gut beraten, weiterhin wachsam zu sein.

3.7 Wiener G'schichten

Es gab Zeiten, da gab es Prostitution und Zuhälterei in Österreich nicht. Als die Markgrafen und Herzöge der Babenberger in der Alpenrepublik herrschten (976–1246), wäre sehr wahrscheinlich jede Hure gesteinigt worden, hätte man sie als solche erkannt. Prostitution wie Zuhälterei mussten nicht einmal verboten werden – es gab sie schlichtweg nicht. Als die Dirnen später doch auftauchten, wurden sie mit einer Verordnung außerhalb der Gesetze gestellt: Sie durften von jedermann beleidigt, geschlagen, vergewaltigt und getötet werden, ohne dass es geahndet werden konnte. Nach einer herrscherlosen Zeit, in der König Ottokar von Böhmen nach der freien Stadt Wien griff, war es Rudolf von Habsburg, der mit starker Hand wieder für etwas Ordnung und Humanität im Land sorgte. Das Dirnenunwesen aber hatte sich in der Stadt Wien während der Gesetzlosigkeit so sehr festgesetzt und ausgebreitet, dass es auch vom »frommen Rudolf« schweren Herzens hingenommen werden musste. Die »wohlfeilen Dirnen« waren jedoch den Henkern und Scharfrichtern untergeordnet, welche die Huren und das Hurenwesen zu beaufsichtigen und zu kontrollieren hatten und sich bald auch als Zuhälter betätigen sollten.

Hielt ein solcher Henkersknecht Hochzeit, so wurde diese nicht zuletzt dank der ihm anvertrauten Huren häufig zu einem rauschenden Fest mit ungezügelter Ausgelassenheit. Dieser Funke sprang schnell auf die Gesellschaft über, und bald waren die Dirnen nicht mehr nur geduldet, sondern geradezu der Stolz der Stadt Wien. Sie spielten nicht nur bei Hochzeiten, sondern auch wenn Herzöge und Könige angereist kamen, eine wichtige Rolle. Dem Willkommenszug der Wiener gingen die halbnackten Mädchen als »Augenweide« voraus, dann erst kamen die Ratsherren und dann das gewöhnliche Volk. Bei solchen festlichen Empfängen wurden keine Ausgaben gescheut. Die Huren wurden in wunderschöne Seidenkleider gehüllt, es gab Würstchen und reichlich Wein, um die Dirnen und Gäste in Stimmung zu bringen. Und weil die Hofburg noch klein war, wurden die hochrangigen Gäste auch privat untergebracht – bei den »halbnackten Mädchen«.

Lange war der Prater ein Zentrum der Wiener Prostitution. Hier kam es dann am Rand der Hurerei auch bald zu zahllosen Taschendiebstählen, Erpressungen, Raubstraftaten und Morden. Am Prater begann und endete so manches Leben. Die sittenstrenge Maria Theresia (1717–1780) ließ deshalb das Sichtschutz bietende Unterholz in den Praterauen entfernen und setzte »Praterkommissäre« ein, um die Umtriebe einzudämmen und die Sittlichkeit zu wahren oder wiederherzustellen. Die Prostitution aber gehörte längst zu Wien und war auch durch die strenge Kaiserin und ihre noch strengeren Sittenkommissäre nicht auszurotten. Und so kam es auch noch um das Jahr 1900 auf dem Prater zu wilden »Stoßpartien«. Die »Peitscherlbuam« und »Burenhäuslstrizzis« und ihre »Madln« beherrschten die Szenerie. Bis in die 1930er-Jahre hinein waren Gewalt und Waffen im Wiener Milieu allerdings eher verpönt, sodass es kaum zu nennenswerten Ausschreitungen und Gewaltakten kam. Das aber sollte sich nach dem Zweiten Weltkrieg ändern.

Die Prostitution nahm nach Kriegsende im Stadtzentrum erheblich zu. Elegante Frauen schlenderten in »Kriegsbemalung« durch die Straßen, warfen jedem, der nach einer vollen Brieftasche aussah, vielversprechende Blicke zu, entführten einen nach dem anderen in eine Bar oder in ein Restaurant. Weniger elegant, dafür umso aufdringlicher ging es in anderen Stadtteilen Wiens zu, so zum Beispiel auf dem Getreidemarkt, wo vom frühen Morgen bis spät in der Nacht weit über hundert Dirnen auf Männerfang gingen. Die Szenerie in einem der Cafés dieses Wiener Vergnügungsviertels während der frühen Morgenstunden wurde so beschrieben:

Vom Alkohol umnebelte Männer, die zerknüllte Geldscheine in ihre Jackentasche stecken … Mädchen mit wachen Gesichtern, die sie zum Tanz auffordern und dann in die Jackentasche greifen. Zwanzig und mehr »Kontrollierte« und deren Begleiter sind im Lokal. Und die »Strizzis« warten schon, um den Erlös der Nacht in Empfang zu nehmen. Es kommt häufig zu Schlägereien, gelegentlich wird auch zum Messer gegriffen. Eine bedrückende, lärmende, rauchgeschwängerte Atmosphäre …

Verroht durch die Kriegsereignisse und gut aus- und fortgebildet in Straf- und Arbeitslagern, verwandelten die Wiener Gangster, Zuhälter, (Schutzgeld-)Erpresser, Falschspieler, Räuber und Schläger das Wiener Milieu und die Prostitutionsszene bald in eine wahre Blutwiese. Typen wie der »Notwehr-Krista« und der »G'schwinde« eröffneten einen tödlichen Reigen, der sich über Jahre hinweg fortsetzen sollte. Noch in der Silvesternacht des Jahres 1967 kam es in Wien-Meidling zu einer Auseinandersetzung um die Macht im Milieu zwischen einer Gangsterbande und ihren Widersachern. Der Bandenboss lag dann auch gleich, mitten ins Herz getroffen, tot auf der Straße. Andere wurden schwer verletzt. Der Tat verdächtigt wurden damals die »Schmutzer Buam«, die aber machten dazu keine Angaben, sondern schwiegen wie ein Grab. Norbert Schmutzer wurde 1968 im siebten Bezirk exekutiert. Sein Bruder Alois wanderte noch im gleichen Jahr nach einem Überfall auf einen Geldboten für zehn Jahre ins Gefängnis. Der Wiener Hofrat und Leiter der Mordkommission stellte damals fest, dass sich das Milieu sehr verändert habe. Vom Bandenunwesen weg, hin zu mehr

Einzelgängern mit wechselnden Partnerschaften. Bald machten mehr oder weniger im Hintergrund agierende Typen, so zum Beispiel »der Oide«, von sich reden. Dann tauchte eine wegen seiner Haarfarbe »Roter Heinzi« genannte Kiezgröße auf, die über Jahre hinweg die Wiener Prostitutionsszene zu beherrschen schien. Dieser »Rote Heinzi« präsentierte sich gern als seriöser Geschäftsmann und dazu als Kunstinteressierter, doch er hatte auch ganz andere Interessen und Betätigungsfelder. 1978 wurde er verhaftet, als er gerade seinen goldenen Revolver aus einem Bankschließfach holen wollte. Unter anderem wegen Erpressung steckte man ihn für zwei Jahre und sechs Monate hinter Gitter. Und als er Jahre später im »Lusthaus« mit Adeligen, Ministersöhnen, Journalisten, Anwälten und Milieugrößen in glanzvollem Ambiente seinen 50. Geburtstag feierte, bildete nicht, wie geplant, der Sänger Falco den Höhepunkt, sondern die Wiener Polizei, die zu einer Razzia anrückte. Der »Rote Heinzi« verstarb 76-jährig im Jahr 2015. Auch ein ehemaliger Fremdenlegionär, mit längeren Knastaufenthalten in Brasilien wie in Österreich, machte sich einen Namen im Wiener Rotlichtmilieu. Vor seiner Zeit habe es im Wiener Milieu mindestens sechzig Tote gegeben, seit seiner Regentschaft nicht einen, soll er immer wieder stolz erzählt haben. Ein anderer »Rotlichtexperte«, der »Schöne Ederl«, galt über rund 15 Jahre hinweg als »Gürtelkönig« unter den »Gürtelkapos«. Und er regierte mit harter Hand. Das war auch notwendig, weil bereits in den 1970er- und 1980er-Jahren immer mehr Balkan-Banden ins Wiener Milieu eindrangen und den Etablierten, aber auch der Stadtverwaltung und der Polizei, durch immer brutalere Methoden erheblich zu schaffen machten. Der »Ederl« bat jeden Dienstag zum Rapport und zur Befehlsausgabe in eine Kiezkneipe, und wer nicht kam, brauchte gute Entschuldigungsgründe oder aber einen guten Arzt. Eine Faustregel des »Ederl« lautetet: Je mehr Blut und je mehr Drogen, umso mehr Uniformen (Polizei) haben wir hier – und umso weniger Kundschaft! Blut und Drogen aber gab es weiterhin reichlich im Wiener Milieu, so wie Uniformen auch. Die werte Kundschaft blieb deswegen freilich nicht aus.

Einer der letzten Kiezkönige mit österreichischem Pass war schon als 31-Jähriger in die wohl auch letzte größere Gürtelschießerei verwickelt. Harald Hauke wurde in seiner Bar »Okay« in Wien-Neubau von zwei Kugeln niedergestreckt. Schwerverletzt und mit bluttriefenden Wunden setzte er sich ins Auto und fuhr zu seiner Wohnung, wo er sich selbst verarztete. Darüber, wer ihn niedergeschossen hatte, sprach er nie. So etwas prägt Ruf, Ethos, Haltung und Ehre im Rotlicht. So etwas ist eine harte Währung im Milieu. Hauke, so wurde im Wiener Milieu gemunkelt, habe sich zu sehr in Macht- und Grabenkämpfe mit den eindringenden »Jugoslawen« eingelassen. 2004 war er beim Landgericht Wien wegen einiger Vergewaltigungsdelikte und anderer schwerer Straftaten angeklagt. Er bestritt die Vorwürfe, sah sie als Intrige und die Anklage als Racheakt seiner Widersacher an. Der ehemalige Gürtelkönig konnte schließlich auch nur wegen gewisser Falschaussagen und anderer, eher belangloser Delikte zu drei Jahren Haft verurteilt werden.

Es wäre noch so manch anderer Wiener »Strizzi« und »Gramltreiber« und mancher »Kiezkönig« oder »Revierfürst« zu nennen, der im Wiener Milieu Geschichte(n) schrieb oder über kurze oder längere Zeiträume bestimmte Rotlichtbereiche kontrollierte und beherrschte und dadurch zu zweifelhaftem Ruhm kam. Einer von ihnen, ein ehemaliger Wiener Zuhälter und Drogendealer mit sechzehn Vorstrafen und sechs Jahren Knastaufenthalt, inzwischen über siebzig Jahre alt, präsentierte sich noch vor wenigen Jahren standesgemäß tätowiert, mit reichlich Gold um den Hals und spitzen Lederstiefeln mit Schlangenoptik einem staunenden Publikum in der Late-Night-Fernsehshow *Willkommen Österreich.* Doch auch in Wien versuchten immer mehr »Ostluden« und Balkangangster an die Fleischtöpfe zu kommen. Damit gingen die Zeiten zu Ende, in denen der »Wessely« die rechte und der »Ederl« die linke Gürtelseite und der »Rote Heinzi« alle beide beherrschte.

Vorbei waren die Zeiten, in denen es klare Regeln gab. Eine handfeste Rüge zum Beispiel, stand ein Mädchen eine halbe Stunde zu früh auf ihrem angestammten Platz. Vorbei waren die Zeiten, in denen einer unweigerlich mit einem Baseballschläger Bekanntschaft machte, drang er ohne Genehmigung mit einer Hure ins Milieu ein. Auch war kaum mehr denkbar, dass sich ein Wiener Streifenpolizist erlaubte, seine Frau und Cousine auf dem Strich zu platzieren, um sich auf diese Weise ein Nebeneinkommen zu verschaffen, was freilich damit endete, dass der Ordnungshüter auf Abwegen kurzerhand mit einer Pumpgun erschossen wurde. Mit den Eindringlingen von Ostluden und Balkangangstern und den dadurch bedingten Machtverschiebungen kehrten neue Spielregeln und Gesetze ein im Wiener Milieu. Es waren keine humaneren Spielregeln und Gesetze. Im Gegenteil: Gewalt, Brutalität und allerlei Grausamkeiten nahmen zu.

Zunächst aber gelang es selbst »den Russen« oder der »Russenmafia« nicht, das Wiener Milieu zu erobern. Als russische Staatsangehörige versuchten, ihr Geschäftsfeld des Handels mit osteuropäischen Frauen zu erweitern und eigene Etablissement zu betreiben, wurden sie mit Schüssen aus einer Maschinenpistole durchsiebt. Und sehr wahrscheinlich deshalb, weil bei ihnen und ihrem Prestigedenken Rotlicht-Aktivitäten ohnehin weit unten stehen, ließen sie daraufhin von weiteren nennenswerten Investitionen auch gleich wieder ab. Erfolgreicher waren Angehörige krimineller albanischer Clans, die vor allem albanische und slowakische Mädchen und Frauen ins Wiener Milieu einschleusten sowie rumänische und bulgarisch Banden, die sich und ihre Machträume mehr und mehr ausbreiteten.

Ein Beispiel für die menschenverachtenden Vorgehensweisen dieser Balkanzuhälter, mit denen die Wiener Polizei nun vermehrt konfrontiert wurde, war »Cretu« (der Lockenkopf), ein Lude aus Rumänien. Auf *OE24* vom 22. August 2013 wird dazu publiziert:

Nach zahlreichen vorausgegangenen Beweisen seiner Unmenschlichkeit übergoss Cretu eine ihm ausgelieferte 35-jährige, von ihm zur Prostitution gezwungene Frau wegen Ungehorsams mit Benzin und zündete sie an. Das Opfer hatte Höllenqualen durchzustehen und erlitt schwerste Verbrennungen, war zudem ein Leben lang entstellt. Der Rumäne wurde zu 20 Jahren Freiheitsstrafe verurteilt. Doch seine kriminelle Energie war damit nicht zu bändigen. Im Knast, sowohl im Hochsicherheitsgefängnis von Krems-Stein wie in der Justizanstalt Graz-Karlau, baute er ein wahres Terrorregime auf. Er zwang Mitgefangene zu Schutzgeldzahlungen, betrieb einen schwunghaften Handel mit Handys und mit Drogen. Mitgefangene lebten in Todesangst und mussten zum Teil in andere Haftanstalten verlegt werden …

Erstaunlich ist, dass sich in diesem hart umkämpften Wiener Milieu auch eine Zuhälterin über lange Zeiträume hinweg behaupten konnte.

Wanda Kuchwalek verbrachte ihr halbes Leben im Wiener Rotlicht und sie beherrschte ihr Revier im 2. Wiener Bezirk rund um den Prater. Bereits in den 1960er- und 1970er-Jahren gewann die herbe Schönheit immer mehr Einfluss im Wiener Milieu. Die »wilde Wanda« war kaum 14 Jahre alt, als sie zum ersten Mal verhaftet wurde. Bei ihren Knastaufenthalten fiel sie nicht zuletzt dadurch auf, dass sie Justizbeamtinnen zum Liebesspiel verführte. Sie löste dadurch im Jahr 1972 einen Justizskandal aus. Obwohl die Zuhälterkarriere der Kuchwalek immer wieder durch Haftstrafen bis hin zum Schweren Kerker unterbrochen wurde, baute sie einen Zirkel von Mädchen um sich auf, den sie für sich anschaffen ließ und von dem sie einzelne immer wieder als Gespielinnen benutzte. Wie gnadenlos sie aber auch agieren konnte, zeigt eine Verurteilung wegen schwerer Körperverletzung zu drei Jahren Haft, weil sie einem Mädchen das Gesicht mit einer Rasierklinge zerschnitten hatte. Auch begingen zwei von ihr betreute Mädchen Selbstmord. Dass sie daran beteiligt war, konnte nicht nachgewiesen werden. Dennoch wurde sie eines Tages wegen eines Tötungsdelikts angeklagt. Nach einer Rekonstruktion der Tat wurde sie jedoch auch davon freigesprochen. Konkurrierenden »Strizzis« wie zahlungsunwilligen Freiern begegnete sie mit einer ausziehbaren Stahlroute und 1991 steckte sie in einem Floridsdorfer Beisl einem Gast ein Messer in den Hals, was noch einmal einen längeren Knastaufenthalt zur Folge hatte. Am Ende ihrer fragwürdigen Karriere schrieb die legendäre Wiener Zuhälterin ihre Memoiren in den St.-Pauli-Nachrichten. Damit wurde sie auch auf dem Hamburger Kiez bekannt und bewundert. In Wien trägt die Pop-Band »Wanda« ihren Namen. Wanda Kuchwalek verstarb im Jahr 2004, ihrem Lebenswandel entsprechend sehr früh mit 57 Jahren.

Sie aber, die ihren Kampfhunden mehr vertraute als den Menschen, war allerdings nicht die einzige Frau, die sich im Wiener Milieu über Jahrzehnte hinweg einen festen Platz sichern konnte. Auch »Madam Nina« gelang dies. Sie betrieb über dreißig Jahre lang den Wiener Nobelpuff »Ninas Bar«, in welchem zahlreiche Prominente aus Österreich und aller Welt verkehrt haben sollen. Darunter »Weltstars«, wie Nina gerne kokettierte. Sie verstarb siebzigjährig im Jahr 2019. Auch die »Madams«, die nigerianische Mädchen beaufsichtigten und kontrollierten, waren auf Wiens Straßen tätige Vertreterinnen des weiblichen Geschlechts. Sie wurden jedoch in weiten Teilen schnell wieder von der Konkurrenz aus Südosteuropa und aus anderen Ländern und Regionen dieser Welt verdrängt. Taktisch klug geplante und geschickt umgesetzte Maßnahmen der Wiener Stadtverwaltung und Polizei brachten dann eine einschneidende Wende, was die Brutalität der zuhälterischen Umtriebe in der österreichischen Hauptstadt betraf.

Am 22. September 2011 wurde, unbeschadet aller bundesgesetzlichen Regelungen, ein Prostitutionsgesetz für die Stadt Wien in Kraft gesetzt. Dieses enthält zum einen strenge Vorgaben für ein Tätigwerden im Milieu und den Betrieb von Prostitutionsgeschäften, zum anderen gibt es nur schwer erfüllbare Auflagen vor. Der Zeitpunkt dieser Gesetzgebung war geschickt gewählt. Ihm gingen intensive polizeiliche Maßnahmen voraus, Durchsuchungen, Razzien, aufwändige Fahndungsmaßnahmen und Festnahmen. Zahlreiche hochkarätige Zuhälter und Rotlichtgangster saßen also in Haft. Und viele der in Freiheit verbliebenen Milieugrößen und Puffbetreiber ausländischer Herkunft konnten die strengen Vorgaben und Auflagen des neu erlassenen Prostitutionsgesetzes nicht erfüllen. Die Folge davon: Über hundert Bordellbetriebe Wiens mussten schließen. Und so gab es im Jahr 2015 nur noch 320 Rotlichtetablissements mit etwa 1 200 Zimmern in der Stadt. Das durch diese restriktiven und gut abgestimmten Maßnahmen zwangsläufig entstandene Vakuum wurde genutzt, um mehr oder weniger seriösen Investoren die Märkte mit der Ware Sex schmackhaft zu machen. Bauunternehmer und andere Geschäftsleute, welche die hohen Anforderungen der neuen Prostitutionsgesetzgebung erfüllen konnten, nutzten die Chance und engagierten sich. Und plötzlich war das Wiener Milieu nicht nur kleiner und überschaubarer geworden, sondern auch friedlicher und mit weniger Kriminalität belastet als zuvor.

In Wien und im gesamten Österreich sind heute, ähnlich wie in Deutschland, die allermeisten Frauen, die der Prostitution nachgehen (müssen), Ausländerinnen oder ausländischer Herkunft. Der Anteil der Österreicherinnen beträgt nicht mehr als drei bis vier Prozent. Die allermeisten kommen aus Ost- und Südosteuropa. So wie die in Wien agierenden Zuhälter und Zuhälterbanden auch. Die Landeshauptstadt Wien bildet allein durch ihre geografische Lage als Bahnknotenpunkt und durch den Flughafen Schwechat eine Nahtstelle zwischen Ost und West und ist dadurch beim Frauen- und Kinderhandel zum Zweck der sexuellen Ausbeutung von großer Bedeutung. Einzeltäter und Tätergruppierungen, Mitglieder krimineller Banden und Clans, vorwiegend aus Ost- und Südosteuropa, werden weiterhin versuchen, sich Machträume (zurück) zu erobern und zu erhalten. Die zunehmend auch im Rotlicht Wiens zu beobachtenden aus China und Vietnam eingeschleusten Frauen kündigen bereits neue Mitbewerber und mögliche Konkurrenzkämpfe an. Polizei und Politik werden deshalb an der Nahtstelle zwischen Ost und West weiterhin in besonderem Maße gefordert sein und so kluge Entscheidungen und wirksame Maßnahmen zu treffen haben, wie sie sie im Jahre 2011 trafen.

Neben vielen anderen Hilfsorganisationen in Österreich setzt sich für die zahlreichen Opfer des Menschenhandels und der Sexsklaverei in Wien seit dem Jahr 2010 eine Gruppe engagierter Ordensfrauen ein. Diese Gruppierung ging schließlich, angelehnt an die deutsche Organisation, in »SOLWODI Österreich« mit Sitz in Wien (und Linz) über. Der gemeinnützige Verein betreibt Krisenintervention, Beratungsprozesse und Hilfe bei der psychischen Stabilisierung von Opfern. Er betreibt außerdem Schutzhäuser an geheim gehaltenen Orten. Das ist, wie in Deutschland und anderen Staaten auch, unverzichtbar, weil nach Aussteigerinnen oder Geflüchteten von ihren Zuhältern und Ausbeutern immer wieder gesucht wird. Um Rache zu üben und sie zur Wiederaufnahme der Prostitution zu zwingen.

3.8 Zürich und die Roma

Die Schweiz gehört zu den liberalsten Ländern der Welt. Auch der Prostitution werden traditionell große Freiheiten eingeräumt. Nach Kriegsende war in Artikel 206 des Schweizerischen Strafgesetzbuches lediglich mit Buße oder Haft bedroht, »wer gewerbsmäßig und öffentlich jemand durch Zumutungen oder Anträge zur Unzucht anlockt«.

Doch gab es nach dem Zweiten Weltkrieg überhaupt Prostitution in dem kleinen Musterland der Demokratie? Es gab sie! Anfang der 1950er-Jahre wurden von der Polizei in Zürich etwa 1200 Dirnen gezählt, etwa

250 Berufsdirnen und annähernd tausend Gelegenheits- oder Nebenerwerbsprostituierte. Sie waren allerdings öffentlich kaum wahrnehmbar, weil die Polizei die Freiheiten der Prostituierten erheblich einschränkte und mit aller Härte gegen das »widerliche Treiben von Dirnen und Zuhältern« auf Zürichs Straßen vorging. Alle Dirnen, die sich öffentlich in unmissverständlicher Weise feilboten, wurden wegen »Anlockung zur Unzucht« zur Anzeige gebracht. Ausländer, die der Zuhälterei verdächtig waren, und Ausländerinnen, die im Verdacht standen, der Prostitution nachzugehen, wurden unverzüglich des Landes verwiesen. Die Prostitution aber war selbst durch das konsequente und strenge Vorgehen der »Sittenpolizei« nicht auszurotten. Sie zog sich vielmehr infolge dieser restriktiven Maßnahmen mehr und mehr in Appartementhäuser und in rauch- und alkoholgeschwängerte Altstadtlokale zurück. Diese Kneipen in der Innenstadt waren allabendlich gut besucht, an den Eingängen herrschte großer Andrang, in den Lokalen war alles bis auf den letzten Platz besetzt – mit Männern aus allen gesellschaftlichen Schichten und verschiedenen Nationen. Zwischen ihnen geschäftstüchtige Dirnen, die immer wieder mit einem Gast durch den Hinterausgang verschwanden – nicht ohne dass dies von den Zuhältern im Lokal registriert wurde. Draußen zogen Straßenmusikanten von Lokal zu Lokal, ernteten grölenden Beifall ... Weil die Polizei weiterhin sehr energisch gegen die Straßenprostitution vorging, wurde der Züricher »Sittencommissär« von der Unterwelt, also von Zuhältern, telefonisch mehrfach bedroht. Und bald zeigte sich dann auch, das Verbot war nicht zu halten. Es wurde gelockert und schließlich wieder aufgehoben. Vor allem am Ufer des Zürichsees und in der nahegelegenen Altstadt breitete sich die Straßenprostitution auf den Gehwegen und unter den Bäumen wieder aus. Die Stadtverwaltung musste dem hilflos zusehen, da es nun keine gesetzlichen Grundlagen mehr gab, die ein Einschreiten erlaubt hätten. Die Empörung in der Bevölkerung und Beschwerden aber nahmen zu. Entsprechende Klagen mussten jedoch von den zuständigen Gerichten zurückgewiesen werden, was die Straßenprostitution weiter anwachsen ließ. Diese gehörte dann in den Folgejahren zum Straßenbild (von Zürich) und sie gipfelte schließlich in den Auswüchsen, die Anfang des 21. Jahrhunderts vom Züricher Hauptbahnhof über etwa zwei Kilometer entlang der Sihl zu beklagen waren.

Dieser Straßenstrich am Sihlquai schrieb Geschichte. Er wurde im In- und Ausland bekannt, bot den Stoff für Spielfilme und für eine jahrelange Berichterstattung in den Medien.

Die in Zürich (und in anderen Schweizer Städten) anschaffenden Frauen kommen bis heute größtenteils aus dem Ausland – so wie ihre Beschützer und Ausbeuter auch – insbesondere aus den verschiedenen Balkanstaaten. Vor allem in den Roma-Ghettos und -siedlungen Ungarns, aber auch in denen aller anderen Balkanländer, hatte sich die Nachricht verbreitet, dass in der Schweiz viel, sehr viel Geld zu verdienen sei. Das veranlasste Roma-, aber auch andere Balkanzuhälter, Mädchen und Frauen anzulocken oder aber gewaltsam zu entführen und sie in die Schweiz zu karren, um sie dort in zum Teil brutaler Weise auszubeuten. So auch auf dem Straßenstrich entlang der Sihl. Die dort anschaffenden Romamädchen und -frauen sind fraglos in hohem Maße Opfer des Menschenhandels und der Sexsklaverei, empfinden das aber häufig nicht so, weil sie schon in den Ghettos der Herkunftsländer an den Rand gedrängt waren und weitgehend rechtlos in einem von Männern beherrschten System leben mussten. Sie sahen die Herrscher der Ghettos und Romasiedlungen und auch ihre Väter, großen Brüder, Cousins oder Onkels (oft waren es Verwandte, die über sie verfügten und die sie der Sexsklaverei zuführten) nicht als Zuhälter an. Dabei wurden sie von diesen der eigenen Ethnie angehörigen Machthabern streng überwacht und zum Teil rücksichtslos ausgebeutet. Schläge und andere Formen von Gewalt waren in diesem Milieu, wie die Züricher Stadtpolizei bald feststellen musste, geradezu an der Tagesordnung. Dennoch vernahmen die Ermittler bei der Anhörung dieser Frauen immer wieder die gleiche Story: »Ich bin allein angereist, ich arbeite völlig selbständig, es gibt keinen Zuhälter …« Was den Züricher Kriminalisten aufgetischt wurde, klang viel zu stereotyp, um glaubhaft zu sein. Zudem bot das allabendliche Geschehen ein ganz anderes Bild. Und weil die Stadtpolizei Zürich an das Märchen von der Freiwilligkeit nicht glaubte und mit intensiven Ermittlungen immer wieder erfolgreich war, fanden sich trotz aller Dementis bald einige Roma-Luden in den Schweizer Haftanstalten wieder. Anfang des 21. Jahrhunderts wimmelte es auf dem rund zwei Kilometer langen Züricher Strich geradezu von solchen Romafrauen und -mädchen, von Roma-Zuhältern und von ganzen

Familien, die sich am Rand des Geschehens niederließen und an der Prostitution mitverdienen wollten. Stadtverwaltung und Polizei sahen sich dazu gezwungen, gegen die ausufernden Umtriebe vorzugehen.

Im Jahr 2008 kam es im Rahmen der Aktion »Goldfinger« zu zahlreichen polizeilichen Kontrollen, Razzien und Festnahmen von Zuhältern. Es folgten Strafverfahren, bei denen zum Teil langjährige Haftstrafen gegen Roma-Luden verhängt wurden. 2010 folgte die Polizeiaktion »Pluto«, bei der wiederum zahlreiche Roma-Zuhälter festgenommen wurden. Im Rahmen der Strafverfahren wurden ungewöhnlich brutale, menschenverachtende und zum Teil sadistische Zuhältermethoden offengelegt, die zu Urteilen bis hin zu lebenslänglichen Freiheitsstrafen mit anschließender Verwahrung führten. Die Züricher Gerichte waren bei diesen Prozessen jedoch nahezu ausnahmslos mit Angeklagten konfrontiert, die niemals etwas Böses im Sinn hatten. Sie versicherten, dass sie nie etwas anderes getan hätten, als die von ihnen heißgeliebten Mädchen und Frauen zu beschützen, für beste Kost und Logis zu sorgen, Fahrer- und Dolmetscherdienste zu verrichteten und dafür zu sorgen, dass es den ihnen Anvertrauten gut ging. All die bösen Dinge, die in der Anklageschrift stünden, seien Lügengeschichten einzelner raffinierter und durchtriebener Weiber. Ein böswilliger Komplott, den diese zusammen mit fragwürdigen Schweizer Beratungsstellen geschmiedet hätten … Die Beweisführung brachte freilich zumeist Gegenteiliges ans Tageslicht: Die Romafrauen und -mädchen wurden mittels (Todes-)Drohungen, Schlägen und Folterungen zur Prostitution gezwungen. Schwangere wurden in den Bauch getreten, bis das Kind abging und sie wieder einsetzbar waren, das eingenommene Geld wurde ihnen vollständig abgenommen, sie waren die Sklavinnen ihrer Herren …

Es ist anerkennenswert, dass die Schweizer Polizei und die Schweizer Gerichte viele Sachverhalte dieser Art aufgeklärt und aufgearbeitet haben und nicht wenige Roma-Zuhälter für Jahre hinter Gitter gesteckt haben. Man täusche sich jedoch nicht: Das Dunkelfeld war und ist auch in der Schweiz gigantisch groß. Und die grundsätzlichen Probleme der Roma, die in allen Balkanländern in kleineren oder größeren Stadtrandsiedlungen, in Ghettos und verfallenen Plattenbauten, in heruntergekommenen Siedlungen oder irgendwo tief in den Wäldern hausen, sind bis heute nicht ansatzweise gelöst. Deshalb sollten die Mehrheitsgesellschaften in den Herkunftsländern der Roma (endlich) ernsthaft darüber nachdenken, welchen Anteil sie daran haben, dass sich Roma-Angehörige dazu gezwungen sehen, in den einzig ihnen verbliebenen Nischen als Zuhälter tätig zu werden, Frauen und Kinder der Sexsklaverei zuzuführen oder Kinder als Klaukids, Trickbetrüger(innen) oder Bettelkinder auszubilden und einzusetzen. In den Herkunftsländern der Roma wie in der Schweiz und bei der Europäischen Kommission sollte mehr als bislang getan werden, um den Teufelskreis, in dem die Roma gefangen sind, endlich zu durchbrechen: Hausgeburten – weil das Geld für einen Klinikaufenthalt fehlt –, bei Hausgeburten keine Geburtsurkunde, ohne Geburtsurkunde – und ohne Geld für Schulbücher – keine Schule, ohne Schule keine Ausbildung, ohne Ausbildung keine Arbeit, ohne Arbeit kein Einkommen, ohne Einkommen nur Hausgeburten, bei Hausgeburten keine Geburtsurkunde, ohne Geburtsurkunde keine Schule und so weiter.

Nur wenn hier ein Ausstieg gelingt, können sich die Minderheiten aus den ihnen verbliebenen, oft zwangsläufig mit kriminellem Tun wie der Zuhälterei und Sexsklaverei verbundenen Nischen befreien. Modellprojekte, bei denen Roma-Kinder in Balkanländern mit denen der Mehrheitsgesellschaften die Schule besuchen dürfen, zeigen deutlich, wie begabt und willig, ja geradezu begeistert, lernen zu dürfen, Roma-Kinder häufig sind. Nicht wenige schaffen es bis zum Abitur und bis zum erfolgreichen Abschluss eines Studiums. Das aber nützt nur wenig, wenn sie dann trotzdem keine Arbeit finden – nur weil sie Roma sind. Die Roma-Problematik zu lösen, ist ungeachtet des Beitrags, den die Roma dabei selbst zu leisten haben, eine der drängendsten und wichtigsten Zukunftsaufgaben der Europäischen Union, denn nicht wenige Länder, in denen anhaltend gravierende Missstände vorherrschen, gehören der europäischen Gemeinschaft an. Solange die Minderheiten in erbärmlichsten Verhältnissen hausen und um ihr tägliches Brot bangen müssen, wird es nicht nur heroinsüchtige Bettelkinder und Klaukids, sondern auch Roma-Zuhälter geben und Kinder, die von ihnen gezwungen werden, ihre zarten Körper zu verkaufen. In Belgrad und in Budapest, in Deutschland, Österreich und in der Schweiz. Die Züricher Stadtväter hatten jedenfalls gute Gründe, den Strich entlang der Sihl am 26. August 2013 zu verbieten und zu schließen. Alternativ wurde am Stadtrand in Altstetten ein Autostrich mit einer Rundstrecke für die (potenziellen) Freier, mit Autoboxen sowie einer Baracke mit Beratungsangeboten, errichtet. Ein Schweizer Novum, das nicht unumstritten ist.

Vom Menschenhandel und der Sexsklaverei in der Schweiz ist jedoch nicht nur die Stadt Zürich betroffen, und es sind auch nicht nur die Roma, die in der Schweiz als Täter oder als Opfer in Erscheinung treten. Auch Schweizer Städte wie Basel, Bern, Genf und andere sowie bestimmte Grenzgebiete sind mit diesem Problem erheblich belastet, und die Täter und Opfer kommen aus den verschiedensten Regionen dieser Welt. Bei der »Fachstelle für Frauenhandel und Frauenmigration« werden Fälle des Menschenhandels zum Zweck der sexuellen Ausbeutung in Zusammenarbeit mit der jeweiligen Kantonspolizei und dem Schweizer Bundesamt für Polizei (fedpol) bearbeitet und registriert. Zwei Beispiele solcher in jüngster Zeit bei dieser Fachstelle registrierten und von der Schweizer Polizei bearbeiteten Verbrechen:

Die 19-jährige Rumänin Clara lebte in ärmlichsten Verhältnissen. Sie verliebte sich in einen jungen Mann. Der sprach von besten Beziehungen in die Schweiz. Dort könne sie auf dem Strich täglich 1000 Franken verdienen. Damit, so stellte er in Aussicht, könnten sie gemeinsam ein Haus bauen und eine Familie gründen. Clara willigte ein. Als sie in Lugano ankam, wurde sie von Nora empfangen. Nora setzte sie physisch und psychisch unter Druck. Sie beschaffte ihr die Klienten, bestimmte den Rhythmus und die Regeln ihres Tuns. Nora brachte auch regelmäßig das eingenommene Geld zur Bank. So sagte sie jedenfalls und Clara glaubte daran. In Wirklichkeit behielt Nora das Geld für sich. Nora war die Komplizin von Claras rumänischem Freund, der sie nach Lugano vermittelte.

Die Vorgehensweise des Zuhälters ist geradezu typisch für die heute üblichen Praktiken und steht für zahllose andere Geschehensabläufe ähnlicher Art. Trotzdem hatte der »Loverboy« in diesem Fall kein Glück, denn Clara wusste sich zu helfen. Betreut von Nichtregierungsorganisationen erstattete sie Anzeige in der Schweiz und in Rumänien. Fedpol koordinierte die Ermittlungen mit den rumänischen Behörden und in enger Zusammenarbeit führten diese zum Erfolg. Die Verantwortlichen konnten zur Rechenschaft gezogen werden.

Sumalee wuchs im Norden Thailands auf. Dann wurde sie nach Bangkok vermittelt, wo sie der Prostitution nachzugehen hatte. Eines Tages traf sie auf eine Frau, die ihr erzählte, dass sie in der Schweiz eine viel bessere und leichtere Arbeit für sie habe. Sumalee ahnte nicht, dass es eine Zuhälterin war. Sie vertraute ihr und willigte ein. In der Schweiz angekommen wurde das Mädchen eingesperrt und rund um die Uhr bewacht. Sie wurde versklavt und verpflichtet, 30 000 Franken abzuarbeiten. Zudem kassierte der Bordellbetreiber des Puffs, in dem sie arbeitete, 50 % ihrer Einnahmen. Doch fedpol und die Kantonspolizei ermittelten bereits gegen ein Netzwerk, in dem mindestens 80 Mädchen gefangen waren. In enger Zusammenarbeit mit einer auf diesem Feld tätigen NGO führte auch dieses Verfahren zum Erfolg. 20 der betroffenen Mädchen vertrauten sich der Hilfsorganisation an und machten bei der Polizei Aussagen. Als die Zuhälterin (und Haupttäterin) 2018 auf dem Züricher Flughafen landete, wurde sie festgenommen. Sie wurde von einem Berner Regionalgericht zu 10 Jahren und 6 Monaten Haft verurteilt.

Laut Bundesamt für Statistik wurden in der Schweiz im Jahr 2019 insgesamt 99 Straftaten des Menschenhandels im Sinne von Artikel 182 StGB und 108 Straftaten der Förderung der Prostitution im Sinne von Artikel 195 StGB registriert. Das sind im Vergleich zu Deutschland durchaus hohe und beachtliche Fallzahlen. Dennoch wird in der Schweiz bemängelt, dass wegen dieser Delikte vergleichsweise wenige Urteile ergehen. In der *Neuen Zürcher Zeitung* wurde zum Beispiel unlängst festgestellt, dass der Menschenhandel auch in der Schweiz Realität sei und die allermeisten Täter nie gefasst würden. Es sei an der Zeit, dass entschiedener gegen diese Form der Organisierten Kriminalität vorgegangen werde. Die Verurteilungen wegen Menschenhandels hätten in den letzten Jahren immer im einstelligen Bereich gelegen. Interessant erscheinen auch die in der Schweiz festgestellten Zusammenhänge zwischen Flüchtlingsbewegungen und Migration sowie dem Menschenhandel. Allein im Jahr 2018, so wurde festgestellt, endeten 49 Fälle freiwillig in Anspruch genommenen Menschenschmuggels in einem

Abhängigkeitsverhältnis, das im Menschenhandel endete. Im Jahr 2019 waren es bereits 97 solche Fälle, und es wurde davor gewarnt, dass das Asylsystem zu einer Drehscheibe des Menschenhandels werden könnte. Angeregt wurde, in der Bundesasylzentrale geschultes Personal einzusetzen, das in der Lage ist, Hinweise auf Täter und Opfer des Menschenhandels ebenso zu aufzudecken wie die gebräuchlichen Schutzbehauptungen. In der Schweiz wurde also erkannt und thematisiert, welche zunehmende Bedeutung Geflüchteten und Asylsuchenden bei der Bekämpfung des Menschenhandels zukommt, und man ist dabei, geeignete Maßnahmen zu treffen, um Menschenhandel im Rahmen von Asylverfahren und Zuwanderungen aufzudecken und zu verhindern. In Deutschland wird das (noch) nicht diskutiert, obwohl dort weit mehr als in der Schweiz derartige Entwicklungen in Flüchtlingsunterkünften zum Tragen kommen. Im Jahr 2020 hat die Schweizer Fachstelle nach eigenen Angaben insgesamt 303 Opfer des Menschenhandels betreut. Die allermeisten von ihnen kamen aus Nigeria, aus Ungarn und Rumänien.

»Menschenhandel ist grausam, Schweigen auch!« – Unter dieser Überschrift betreibt eine in der Schweiz und von der Schweiz ausgehende, international tätige, sehr engagierte und kompetente Organisation Aufklärungskampagnen, die Aufsehen erregen. Die »Christliche Ostmission« (COM) kämpft seit dem Jahr 2003 gegen Menschenhandel, Sexsklaverei und Zuhälterei, und das nicht nur in der Schweiz, sondern vor allem auch in den Rekrutierungsländern der »Ware Frau und Kind«. Die Organisation bemüht sich, in den Herkunftsländern mit lokalen Partnern Frauen und Kinder zu beschützen oder diese aus den Klauen von Menschenhändlern und Zuhältern zu befreien, Opfer zu begleiten und ihnen bei der Aufarbeitung ihrer oft schlimmen Erfahrungen beiseitezustehen. Es sind jährlich Hunderte, wenn nicht Tausende, die von den Hilfsprogrammen der COM profitieren. Beatrice Käufeler, Projektleiterin Menschenhandel von COM dazu:

Die sexuelle Ausbeutung von Menschen hat in den letzten Jahrzehnten massiv zugenommen. Unzählige Frauen und Kinder werden ihrer Würde und ihrer Rechte beraubt, ausgebeutet und wie Sklaven behandelt. Ihre Peiniger,

Menschenhändler, Zuhälter, Vermittler und andere Akteure verdienen mit ihnen ihr dreckiges und manchmal blutiges Geld – Milliarden von Franken. Oft sind sie verstickt in ein mafiöses System, dem zu entrinnen einen hohen Preis oder gar ihr eigenes Leben fordert. All das geschieht mitten unter uns. Und es gibt keinen Aufschrei der Gesellschaft und keinen der Politik. Unwissen, Schweigen und Ignoranz fördern dieses Verbrechen. Wenn die Politik nicht mehr Ressourcen für polizeiliche Ermittlungen schafft, werden diese kriminellen Netze weiter ausgebaut und es wird immer mehr Opfer geben: Frauen, Männer und Kinder … Es braucht also einen Aufschrei. Es braucht Organisationen, Behörden, Kirchen, Medien und die Politik, um dieser Ausbeutung, diesen Verbrechen ein Ende zu setzen. Es braucht diesen Aufschrei – mehr denn je. COM informiert seit gut 15 Jahren über Menschenhandel – auch in der Schweiz. Im Jahr 2022 startet die COM eine Kampagne »Menschenhandel ist grausam – Schweigen auch!«, mit der die Schweizer Bevölkerung aufgerüttelt und Druck auf die Politik erzeugt werden soll. Zwar sind in der Schweiz einige Maßnahmen im Namen der beiden »Nationalen Aktionspläne gegen Menschenhandel« umgesetzt worden, doch es besteht noch viel Handlungsbedarf. Die Schweiz erfüllt im Kampf gegen diese Verbrechen die minimalsten Anforderungen nicht und wurde im Jahr 2021 im TIP-Bericht von »Tier 1« auf »Tier 2« heruntergestuft.[4]

4 Der TIP-Bericht ist ein Jahresbericht des US-Außenministeriums zur Überwachung und Bekämpfung des Menschenhandels. Er beurteilt die Länder nach ihren Bemühungen, den Menschenhandel anzuerkennen und zu bekämpfen und stuft sie in Tier 1–3 ein.

4. Frei und willig? Menschenhandel und Zuhälterei heute

Über Jahrhunderte hinweg standen nicht die Zuhälter, sondern allein die »liederlichen Weibsbilder« und »wohlfeilen Dirnen« im Zentrum des öffentlichen (männlichen) Interesses, der gesellschaftlichen Ächtung und der Strafverfolgung. Dennoch gab es immer wieder einmal Ereignisse, die aufhorchen ließen und deutlich machten, wie bedrohlich zuhälterische Umtriebe werden konnten. So wurde Ende des 19. Jahrhunderts festgestellt, dass sich das »Zuhältertum« im Deutschen Reich zu einer ernsthaften Bedrohung für Staat und Gesellschaft entwickelt hatte. Selbst der Kaiser sah sich veranlasst, zum ausufernden zuhälterischen Treiben im Land Stellung zu nehmen und die zuständigen Stellen zum Handeln aufzufordern:

Das Zuhältertum hat sich zu einer gemeinen Gefahr für Staat und Gesellschaft entwickelt. Es wird daher der Polizei ein kräftiges und unter Umständen rücksichtsloses Vorgehen gegen Ausschreitung jener verworfenen Menschenklasse zur Pflicht zu machen sein. Was die Anwendung der bestehenden Strafgesetze anbelangt, so wird darauf hinzuweisen sein, dass sich die Gerichte bei ihrem Urteil nicht von einer falschen Humanität leiten lassen …

So Kaiser Wilhelm II. in einem Erlass des Staatsministeriums vom 22. Oktober 1891. Doch allen daraufhin erfolgten Strafandrohungen und Verschärfungen zum Trotz: Es gab sie weiterhin, diese »verworfene Menschenklasse« der Zuhälter und es gab weiterhin zahlreiche von ihnen begangene, Aufsehen erregende (Straf-)Taten. Die elementare Frage nach der Freiwilligkeit der Prostitutionsausübung oder nach den Zwängen, denen die Frauen in der Prostitution (durch Zuhälter) ausgesetzt waren, wurde jedoch weiterhin nicht gestellt. Und daran, so unglaublich es auch erscheinen mag, hat sich bis heute nicht allzu viel geändert. Selbst bei der Definition des Begriffs »Prostitution« in deutschen Lexika wird oft nur lapidar festgestellt: »Prostitution ist das gewebsmäßige Ausüben sexueller Handlungen«. Ob diese gewerbsmäßige Ausübung freiwillig und selbstbestimmt erfolgt oder aber mittels Druck, Drohungen und Gewalt erzwungen wird, scheint noch immer nicht von Bedeutung und findet keine Beachtung. Und obwohl man sehr genau weiß, dass die große Mehrheit der in deutschen, österreichischen und Schweizer Bordellbetrieben oder auf den Straßenstrichen dieser Länder tätigen Frauen und Mädchen (mit typischen Opfereigenschaften ausgestattete) Ausländerinnen sind, die mit falschen Versprechungen angelockt oder gewaltsam entführt und in Abhängigkeit und Hilflosigkeit gebracht wurden, um sexuell ausgebeutet zu werden, obwohl man also weiß, dass sie in hohem Maße Opfer des Menschenhandels und der Sexsklaverei, Opfer von Zuhältern und Zuhälterbanden sind, werden die in den Rotlichtmilieus gefangenen Frauen grundsätzlich und ohne Gewissensbisse als »Prostituierte« bezeichnet und behandelt. Man setzt also trotz gegenteiliger Erkenntnisse freiwilliges Handeln voraus, denn der Begriff »Prostituierte« beinhaltet Freiwilligkeit! Sonst wäre die Prostitution in den Rechtsstaaten Deutschland, Österreich und der Schweiz nicht erlaubt, sondern verboten. Sonst würde der (deutsche) Gesetzgeber nicht zwischen »Prostitution« und »Zwangsprostitution« unterscheiden. Im Übrigen wird der Begriff im deutschsprachigen Raum auch so verstanden.

Dieses heute in weiten Teilen kriminelle, von Einzeltätern, Zuhälterbanden, Rocker- und rockerähnlichen Gruppierungen, Angehörigen krimineller Organisationen und Clans aus aller Welt kontrollierte und beherrschte »Gewerbe« wird aber nicht nur als Prostitution und damit als frei und willig ausgeübte Tätigkeit bezeichnet und behandelt. Es wird von den Akteuren im Rotlicht wie von der Prostitutionslobby und deren »Frontfrauen« auch unermüdlich als freiwilliges und selbständiges Tun dargestellt und vermittelt. Und dazu wird die Freiwilligkeit ihres Tuns von den Betroffenen, den ungeschriebenen aber bedingungslos einzuhaltenden Gesetzen des Milieus entsprechend und genau wissend, was eine wahrheitsgemäße Aussage für Folgen nach sich ziehen würde, auch noch beharrlich bestätigt und beschworen. So nachvollziehbar das alles ist: Dass ergänzend dazu auch noch die deutsche Prostitutionsgesetzgebung – Ausländerinnenanteil, Anwerbungs-, Schleusungs- und Ausbeutungsmethoden wie die Machtverhältnisse im Milieu ungeachtet – von einer freiwilligen und selbstbestimmten Ausübung des »Gewerbes« ausgeht, bleibt unverständlich und hat fatale Folgen. Es begünstigt den Menschenhandel, die Sexsklaverei und die Zuhälterei und damit ein Fortschreiten der OK und führt dazu, dass in der Öffentlichkeit und selbst in Fachkreisen ein völlig verzerrtes, falsches und beschönigendes Bild von der »Prostitution« und dem Milieu, in das sie eingebettet ist, entsteht.

Freiwilligkeit oder Zwang? Diese elementare Frage findet also noch immer nicht viel mehr Beachtung als in den finsteren Zeiten des Mittelalters oder sie wird – bewusst oder unbewusst – falsch beantwortet. Man tat einst und man tut heute so, als gäbe es diese (zuhälterischen) Zwänge nicht oder als wären sie allenfalls ein Phänomen am Rande – für welches ja dann, zur Beruhigung aller Gemüter, die einschlägigen Straftatbestände geschaffen wurden. Dass diese Strafvorschriften, gemessen am Ausmaß des Menschenhandels, der Sexsklaverei und Zuhälterei, nicht zuletzt aufgrund der gegebenen Rahmenbedingungen nur noch selten Anwendung finden und zu einem (angemessenen) Urteil gegen die Täter führen, wird nicht nur hingenommen, sondern gelegentlich auch noch als Zeichen nicht vorhandener oder rückläufiger Kriminalität und damit positiv bewertet.

Diese Ignoranz des tatsächlichen Geschehens, die sich in der deutschen Prostitutionsgesetzgebung widerspiegelt, hat auch zur Folge, dass es schlichtweg nicht (mehr) denkbar erscheint, dass Zuhälter und Zuhälterbanden für eine moderne und rechtsstaatliche Gesellschaft bedrohlich oder gar zur Gefahr werden könnten. Schließlich gehören die zuhälterischen Umtriebe, die wilden Schlägereien, tödlichen Schießereien, Prostituiertenmorde, blutigen Machtkämpfe und »Zuhälterkriege«, von einzelnen, bedauerlichen, aber wohl unvermeidbaren Vorkommnissen dieser Art, der Vergangenheit an. Auch Zuhälterprozesse, bei denen das Milieupublikum in wilde Proteste und Tumulte ausbricht, bei denen in den Gerichtssälen zunächst schwere Eichentüren und dann die Korken der Schampusflaschen knallen, bei denen Richter(innen) und Gerichtsbarkeit vor größte Herausforderungen gestellt werden und die Rechtsstaatlichkeit ins Wanken zu geraten droht, gibt es nicht mehr. Ereignisse und Nachrichten von zuhälterischen Umtrieben im Rotlichtmilieu, die kriminalpolitische und gesellschaftliche Diskussionen auslösen oder gar Einfluss auf das Zeitgeschehen nehmen könnten wie einst, zu Kaiser Wilhelms Zeiten, sind nicht mehr vorstellbar. Dass ein um Asyl nachsuchender Habenichts in kürzester Zeit das Frankfurter Bahnhofsviertel erobern, den Asphalt von Frankfurts Straßen mit Blut tränken und in der Stadt und darüber hinaus im Rhein-Main-Gebiet zwei Dutzend Leichen hinterlassen kann, wie es dem Serben Rade »Ćenta« Ćaldović noch in den 1980er-Jahren möglich war, erscheint heute nicht mehr vorstellbar. Und dass ein liebevoll »Mucki« genannter Hamburger Zuhälter im gleichen Zeitraum in Serie morden konnte, bevor er den ihn anklagenden Staatsanwalt, seine Ehefrau und schließlich sich selbst erschoss, klingt wie ein schauriges Märchen aus uralten Zeiten.

Die Prostitution wurde in Deutschland mit der Prostitutionsgesetzgebung auf wundersame Weise in ein modernes und grundsätzlich unverdächtiges und legales Dienstleistungsgewerbe verwandelt. Aus zahllosen gewaltsam entführten oder getäuschten, in Abhängigkeit und Hilflosigkeit gefangenen Opfern wurden Prostituierte, Dienstleisterinnen, Sexarbeiterinnen, Erotikhostessen. Bosse im Milieu, Rotlichtbarone, Zuhälter und Anführer krimineller Clans und Banden wandelten sich in erfolgreiche Geschäftemacher, Gewerbetreibende und Unternehmer in der »Erotikbranche«. Manche von ihnen wurden in Corona-Zeiten als »Helden in der Krise« gefeiert, weil sie den ihnen anvertrauten »Prostituierten« trotz Schließung der Bordelle Unterkunft gewährten, und sie wurden von Vater Staat für ihre bedauerlichen Verdienstausfälle entschädigt.

Bei so erfreulich veränderten Verhältnissen und Betrachtungsweisen wandeln sich selbst die schrecklichsten und brutalsten zuhälterischen Schand- und Mordtaten der Vergangenheit in eine freilich etwas verklärte Rotlichtromantik. Parallel zu diesem mit der deutschen Prostitutionsgesetzgebung gezeichneten (Wunsch-)Bild friedlicher und unverdächtiger Prostitutionslandschaften gab es in den vergangenen Jahren und Jahrzehnten auch in den Rotlichtmilieus entscheidende Veränderungen. Wie die Zeit- und Städtereisen durch das Rotlicht der Städte München, Köln, Frankfurt, Hamburg, Berlin, Ulm, Wien und Zürich gleichermaßen zeigen, wurden die deutschen, österreichischen und Schweizer Luden Ende des 20. Jahrhunderts mehr und mehr entmachtet – ausländische, in hohem Maße der

OK zuzuordnende Täter und Tätergruppierungen übernahmen und kontrollieren und beherrschen heute weite Teile des »Prostitutionsgewerbes«. Sie regeln die (nicht selten kriminellen) Geschäfte intern, leise, lautlos, unbemerkt. Nichts, von wenigen bedauerlichen »Betriebsunfällen« abgesehen, dringt mehr nach außen. Jede Indiskretion wäre Verrat, und Verrat gilt als die schwerwiegendste Verfehlung im Milieu und wird, wie bei der Mafia und OK üblich, drastisch bestraft.

Dieses gesetzlich gezeichnete, realitätsferne Wunschbild einer friedlichen Welt im Rotlicht und die Verschlossenheit der im Milieu herrschenden Täter und Tätergruppierungen ergänzen sich bestens. Sie führen im Zusammenwirken dazu, dass Menschenhandel, Sexsklaverei und Zuhälterei einschließlich aller Begleitkriminalität (Waffen, Drogen, Geldwäsche, Erpressungen ...) in weiten Teilen einem gigantischen Dunkelfeld zugeordnet werden und dort verbleiben. Die Bemühungen, dieses Dunkelfeld in ein Hellfeld zu wandeln, halten sich zudem in Grenzen. Schützt es doch nicht nur die Täter vor Strafverfolgung, sondern auch die (politisch) Verantwortlichen vor der Offenlegung eklatanter Fehleinschätzungen und Versäumnisse, was die Entwicklung und die tatsächlichen Gegebenheiten im Schatten des Rotlichts betrifft. Das Bild einer friedlichen Welt mit freiwillig und selbstbestimmt anschaffenden Prostituierten, die sexuelle Dienstleistungen erbringen, täuscht also. Die »Prostituierten« sind in Wahrheit in hohem Maße Opfer und die »sexuellen Dienstleistungen« sind oft nichts anderes als fortgesetzte sexuelle Gewalt. Die Welt im Dunkel hinter glitzernden Fassaden wurde und wird mit der (gesetzgeberischen) Schönmalerei nicht friedlich(er). Im Gegenteil: Vorgaben dieser Art begünstigen und vermehren den Menschenhandel, die Sexsklaverei und Zuhälterei und alle damit verbundene Begleitkriminalität sowie das Fortschreiten der OK. Abnehmende Tendenzen zeigen allein die Anzahl der Ermittlungsverfahren, die Fallzahlen in der Polizeilichen Kriminalstatistik (PKS) und die Verurteilungen von Tätern. Die im Jahr 2020 in Deutschland registrierten 92 Ermittlungsverfahren wegen Zuhälterei, bei Hunderttausenden ins Land geschleusten »Prostituierten« und Tausenden von Einzeltätern und Zuhälterbanden, die in den deutschen Milieus agieren, sind Beispiel und Beleg dafür. Polizei und Staatsanwälte aber haben nun einmal in legalen Gewerbebetrieben und an Orten, an denen Dienstleistungen erbracht werden, grundsätzlich nichts zu suchen. Und polizeiliche Brennpunkte sind solche Orte schon gar nicht (mehr).

Doch selbst wenn Kontrollen durchgeführt werden: Die wahren Verhältnisse im Rotlicht und die kriminellen Machenschaften dieser vermehrt der Mafia oder OK zuzuordnenden Gangs sind dadurch kaum mehr offenzulegen. Allein zumeist höchst aufwändige und mit keiner Erfolgsgarantie ausgestattete Strukturermittlungen versprechen Erfolg. Und die kann sich die Polizei bei den gegebenen Rahmenbedingungen kaum mehr leisten. Und weil das so ist, konnten sich Menschenhandel, Sexsklaverei und Zuhälterei in Verbindung mit dem illegalen Drogenhandel zum bedeutsamsten und lukrativsten Geschäftsfeld der zurecht gefürchteten Organisierten Kriminalität entwickeln. Und das »Zuhältertum«, die Vielzahl krimineller Banden und Clans, die sich inzwischen auf diesem Feld tummeln, konnte zu einer größeren Bedrohung für Staat und Gesellschaft heranwachsen als jemals zuvor!

Politiker(innen) nehmen das Wort »Mafia« nicht gern in den Mund und sie vermeiden es nach Möglichkeit, über die fortschreitende OK zu sprechen. Widerspricht diese Entwicklung doch krass allen rechtsstaatlichen Vorgaben und Träumen. Und so gibt es in Deutschland bis heute nicht einmal eine allgemein gültige Definition des Begriffes OK, weshalb noch immer eine von der »Gemeinsamen Arbeitsgruppe Justiz/Polizei« (GAG) im Jahre 1990 entworfene polizeiliche Arbeitsdefinition als Grundlage dient:

Organisierte Kriminalität ist die von Gewinn- und Machtstreben bestimmte, planmäßige Begehung von Straftaten, die einzeln oder in ihrer Gesamtheit von erheblicher Bedeutung sind, wenn mehr als zwei Beteiligte auf längere oder unbestimmte Dauer arbeitsteilig unter Verwendung gewerblicher oder geschäftsähnlicher Strukturen, unter Anwendung von Gewalt oder anderer zur Einschüchterung geeigneter Mittel oder unter Einflussnahme auf Politik, Medien, Öffentliche Verwaltung, Justiz oder Wirtschaft zusammenwirken.

Man könnte es freilich einfacher sagen: OK ist Mafia. Beides unterscheidet sich allenfalls strukturell. Während sich der Kern klassischer, italienischer, albanischer oder auch arabischer Mafiaorganisationen vorwiegend aus einem verschworenen familiären Kreis von aus demselben Dorf oder derselben Region stammenden Mitgliedern rekrutiert, sind osteuropäische und andere der Mafia oder OK zuzuordnende (Zuhälter-)Banden und Clans zumeist rein zweckorientiert zusammengesetzt. Wie auch immer sie strukturiert sind: Sie stellen eine konkrete Bedrohung für den Rechtsstaat dar. Nimmt man sie und ihre Umtriebe im Untergrund zur Kenntnis, verändert sich das Bild der Zuhälterei und das einer vermeintlich heilen Welt im Rotlicht elementar, und es ergeben sich gesellschaftspolitisch höchst brisante und drängende Fragen: Warum wird diese seit Jahren anhaltende, bedrohliche Entwicklung nicht oder nur unwillig zur Kenntnis genommen? Warum werden selbst zutiefst beunruhigende Hinweise und Erkenntnisse so gern und oft ignoriert, tabuisiert, verdrängt und unterdrückt? Warum werden der Polizei, die seit Jahren immer wieder auf das bedrohliche Geschehen hinweist, nicht die erforderlichen Mittel und Möglichkeiten bewilligt, um diese verbrecherischen Organisationen wirksam(er) zu bekämpfen? Warum werden realitätsfremde und kriminalitätsbegünstigende Vorschriften, wie die deutschen Prostitutionsgesetze, geschaffen, trotz erkennbarer Mängel beibehalten und dringendst erforderliche, den tatsächlichen Gegebenheiten angepasste Gesetze beharrlich verweigert? Warum werden in Deutschland selbst einschlägige EU-Vorgaben (zum Beispiel Richtlinie 2011/36/EU zur Verhütung und Bekämpfung des Menschenhandels) nicht oder erst nach Jahren und nach Androhung von Zwangsgeldern (in wenig hilfreicher Weise) umgesetzt? Warum wird nicht alles getan, um diese unselige Entwicklung mit vorhersehbar verheerenden Folgen zu stoppen?

Konkret wäre zum Beispiel zu fragen, warum es wort- und tatenlos hingenommen oder gar positiv bewertet wird, dass es in Deutschland bei geschätzten 400 000 tätigen »Prostituierten« zumeist ausländischer Herkunft und den hinlänglich bekannten, in weiten Teilen kriminellen Anwerbungs-, Schleusungspraktiken und Ausbeutungsmethoden jährlich nur wenige Hundert Ermittlungsverfahren und noch viel weniger Urteile wegen Menschenhandels zum Zweck der sexuellen Ausbeutung gibt? Warum es, wie in den Jahren 2019 und 2020 der Fall, in Deutschland nur 62 beziehungsweise 92 Ermittlungsverfahren wegen Zuhälterei geben kann – bei Tausenden oder gar Zigtausenden von Einzeltätern und Zuhälterbanden, die sich in den deutschen Rotlichtmilieus Machträume verschafft haben und die Frauen in der Prostitution ausbeuten? Nur 62 beziehungsweise 92 Ermittlungsverfahren – die längst nicht alle zu einer angemessenen Verurteilung der Tatverdächtigen führen. Diese, so steht zu befürchten, könnten fast an einer Hand abzulesen sein! Man mag nicht daran denken, dass das alles auf die innigen Verbindungen und Freundschaften zwischen den Bossen und Gangstern im Rotlicht und mit Macht und Einfluss ausgestatteten »nützlichen Idioten« einer falsch informierten und nichtsahnenden Gesellschaft zurückzuführen sein könnte. Eines ist jedoch sicher: Sex, Geld und Skrupellosigkeit sind sehr wirksame Waffen und diese werden permanent eingesetzt. Bevorzugt und erfolgreich vor allem da, wo das Gegenüber mit Einfluss und Macht ausgestattet ist und dazu gewisse Schwächen aufzuweisen scheint ...

Vielleicht ist es aufschlussreich, in diesem Zusammenhang auch eine Außenansicht zur deutschen Politik und Prostitutionsgesetzgebung mit all ihren (desaströsen) Folgen zur Kenntnis zu nehmen. Die Gleichstellungsministerin Schwedens hat viel Beifall bekommen, als sie im schwedischen Parlament im Bezug zu Deutschland feststellte:

Eine Gesellschaft, die Prostitution als Beruf oder Wirtschaftszweig anerkennt, ist eine zynische Gesellschaft, die den Kampf für die schutzlosesten und verwundbarsten Frauen und Kinder aufgegeben hat ...

Es scheint so spannend wie notwendig, zu klären, wie zutreffend und berechtigt so eine Aussage ist, ob und in welchem Maß sie auf unsere Gesellschaft zutrifft. Es scheint so spannend wie notwendig, in diese Dunkelfelder hinter den glitzernden Fassaden der Rotlichtmilieus (und denen der Rechtsstaatlichkeit) einzutauchen, in der die Zuhälter und Zuhälterbanden heute agieren und immer mehr und immer größere Machtbereiche zu erobern scheinen. Es scheint so spannend wie notwendig, das aufzuzeigen, was gegenwärtig so gern und so viel ignoriert, unterdrückt oder beschönigt wird, was aber nicht ignoriert, unterdrückt oder beschönigt werden darf.

Da fast alle Mädchen und Frauen, die heute in Deutschland, in Österreich und in der Schweiz der Prostitution nachgehen oder als Sexsklavinnen ausgebeutet werden, ausländischer Herkunft sind, ist zunächst zu fragen, warum und wie sie ins Land kommen, warum und wie sie in deutschen (österreichischen oder Schweizer) Puffs oder auf den Straßenstrichen unserer Städte landen.

4.1 Die »Beschaffungskriminalität«

Neunzig Prozent und mehr der heute in Deutschland als Prostituierte bezeichneten und behandelten Frauen und Mädchen sind Ausländerinnen. Von den restlichen haben nicht wenige einen Migrationshintergrund – und ein ähnliches Schicksal wie diejenigen mit ausländischem Pass. In Österreich und in der Schweiz ist die Situation sehr ähnlich. Die Frauen kommen aus Thailand, Südamerika und Nigeria, aus Albanien, Moldawien und aus der Ukraine. Sie kommen aber auch aus Staaten, die der Europäischen Gemeinschaft angehören: aus den Armutsgebieten Rumäniens oder Bulgariens zum Beispiel oder aus Minderheitenghettos und Stadtrandsiedlungen in Ungarn. Die Freiheiten, die dem Prostitutionsgeschehen in Deutschland, aber auch bei den Nachbarn in Österreich und in der Schweiz eingeräumt werden, führen dazu, dass den Sexmärkten in jüngster Zeit zunehmend Frauen aus dem fernen China und aus Vietnam zugeführt werden. Auch im fernsten Osten hat sich unter Frauen-, Kinderhändlern und Zuhältern herumgesprochen, wie lukrativ die (Sex-)Märkte in den deutschen (österreichischen oder Schweizer) Städten sind und welch große Freiheiten dem Geschehen eingeräumt werden. Daran ist zu erkennen, dass der Frauen- und Kinderhandel, die Zuhälterei und die sexuelle Ausbeutung junger Frauen ein weltweites, vor allem jedoch ein deutsches, aber auch österreichisches sowie Schweizer Problem sind. Es sind dies die beliebten Zielländer des Handels mit der »Ware Frau«. Und sie stellen anhaltend die Plattformen für die sexuelle Ausbeutung junger Menschen aus aller Welt zur Verfügung.

Der Frauen- und Kinderhandel, die Rekrutierung und die Schleusung ausländischer Frauen sind wesentlicher Bestandteil der heutigen Sexsklaverei und Zuhälterei. Das Gesamtgeschehen besteht aus der Anwerbung und Rekrutierung (gewaltsam oder mit List und falschen Versprechungen), der Schleusung und der Ausbeutung in den genannten Zielländern. Unabhängig davon, wo die »Ware Frau oder Kind« rekrutiert wird, die Betroffenen weisen nahezu alle typische Opfereigenschaften auf. Sie kommen aus bitterer Armut, aus einer bedrückenden Perspektivlosigkeit, aus zumeist schwierigen familiären und sozialen Verhältnissen, sie sind bildungsarm und leicht verführbar.

»Sie machen das doch freiwillig, sie wissen doch, was auf sie zukommt« und »Es geht ihnen hier bei uns immer noch besser als daheim ...«, so und so ähnlich ist über die ausländischen Frauen in der Prostitution in Deutschland immer wieder zu hören. Aussagen dieser Art mögen geeignet sein, zu besänftigen und schlechte Gewissen zu beruhigen, zutreffend sind sie nicht. Diese jungen Frauen aus den verschiedensten Armutsgebieten können sich gar nicht freiwillig und selbstbestimmt aufmachen, um in Hamburg, Frankfurt, Zürich oder Wien der Prostitution nachzugehen. Dazu fehlt ihnen geradezu alles: das erforderliche Kleingeld, die notwendigen Papiere, die geografischen Kenntnisse, eine gewisse Reiseerfahrung, eine Bezugsperson, ein Hinwendungsort und nicht zuletzt auch der erklärte Wille, sich zu prostituieren. Sie werden entweder gewaltsam entführt oder aber hinsichtlich dessen, was sie erwartet, bewusst getäuscht, und es geht ihnen hier bei uns auch nicht besser, sondern ungleich schlechter als daheim, denn sie sind in einem fremden Land, kennen die Sprache nicht und sind ihren kriminellen Ausbeutern vollkommen ausgeliefert. Sie sind gefangen in einer in weiten Teilen kriminellen, von Menschenhändlern und Zuhältern beherrschten Parallelgesellschaft. Statt in der so oft versprochenen und erwarteten goldenen Zukunft landen sie in der Hölle.

In dem anhaltend von Armut geplagten kleinen Land Moldawien mit seinen verbliebenen etwa 2,5 Millionen Einwohnern (im Jahr 1991, als die Republik in die Selbständigkeit entlassen wurde, waren es noch 4,5 Millionen – fast die Hälfte ist also davongelaufen oder weggehandelt worden) gibt es gegenwärtig allein mehr als 200 nicht lizensierte, mehr oder weniger kriminelle »Vermittlungsagenturen«, die mit »besten Westkontakten« und »vielen dankbaren Kundinnen« werben! Ob es sich dabei um kriminelle Einzeltäter und kleinere Gruppierungen oder aber um verbrecherische Organisationen handelt, die als »Model-« oder »Vermittlungsagenturen« firmieren, die den gut bezahlten Traumjob in der Altenpflege oder die Karriere als Tänzerin auf westlichen Bühnen versprechen, oder ob es Angehörige von der OK zuzuordnenden Banden oder Clans sind, die mit solchen unwiderstehlichen Angeboten aufwarten: Das Beutesystem der Menschenhändler und Zuhälter funktioniert, die Opfer sind zahlreich, der Handel ist klar strukturiert, der Weg in die Sexsklaverei ist in vielen Fällen geradezu vorprogrammiert. Und obwohl vor solchen kriminellen Anwerbungsmethoden auch in Moldawien immer wieder gewarnt wird, boomen die schmutzigen Geschäfte. Zu groß ist die Armut, zu bedrückend die Perspektivlosigkeit, zu ausgeprägt ist die Migrationsbereitschaft in dem kleinen Land und in all den anderen Ländern, in denen bewusst und gezielt in Regionen »gefischt« wird, wo das Elend am größten ist. Die zumeist sehr jungen, unbedarften Opfer wollen ihr Leben in die Hand nehmen, sie wollen ihre Zukunft gestalten und sie greifen nach diesem Strohhalm, den ihnen die vermeintlich helfenden Hände von Menschenhändlern und Zuhältern reichen, weil es keine Alternativen zu geben scheint. »Mir passiert das nicht«, »Ich weiß von den Gefahren« und »Ich pass schon auf mich auf«, so ist von ihnen immer wieder zu hören und sie täuschen sich nahezu alle. Denn sie sehen, sind sie einmal in den Fängen dieser kriminellen Verführer, zumeist keine Chance mehr, ihnen zu entkommen. Allein die Vielzahl der gewaltsam oder mittels List und Täuschung rekrutierten Frauen und Kinder und die inzwischen hinlänglich bekannten, seit Jahrzehnten praktizierten und bewährten Anwerbungsmethoden verbieten es, dass diese Opfer des Menschenhandels in unserem Land noch immer und grundsätzlich als Prostituierte bezeichnet und behandelt werden.

Das Agieren und das Zusammenspiel der Täter und Tätergruppierungen zeigt unterschiedliche Strukturen. Es gibt Einzeltäter und Banden, deren Aktivitäten sich auf die Anwerbung der potenziellen Opfer und auf deren Weitervermittlung beschränken. Es gibt andere, die sich vorwiegend mit den Bereichen Schleusung und Transport befassen, und es gibt solche, die sich ausschließlich mit der Überwachung, Kontrolle und Ausbeutung der Frauen im Zielland beschäftigen. Es gibt jedoch auch international operierende Täter und Tätergruppierungen, Banden und Clans, die das Gesamtgeschehen, von der Anwerbung bis hin zur Ausbeutung kontrollieren und beherrschen. So wurden in der Vergangenheit Frauen aus Albanien und anderen Balkanstaaten von Mitgliedern krimineller albanischer Clans rekrutiert, mit dem eigenen Transportunternehmen nach Deutschland verfrachtet und hier in Rotlichtobjekten eingesetzt, die Eigentum dieser albanischen Clanchefs oder Clanangehörigen sind und von ihnen kontrolliert werden.

Die Bedingungen in den Herkunftsländern der »Ware Frau« sind jedoch sehr verschieden und die Rekrutierung wie die Schleusungspraktiken und -wege der (potenziellen) Opfer des Menschenhandels mit dem Ziel der sexuellen Ausbeutung sind dementsprechend sehr unterschiedlich. Grundsätzlich ist zu beobachten, dass die auf diesem Feld operierenden Täter und Tätergruppierungen die jeweiligen Bedingungen in den Rekrutierungsländern sehr geschickt für die Anwerbung und für ihre Ziele nutzen und dass sie in der Schleusungsphase nicht weniger geschickt auf die jeweiligen politischen Gegebenheiten und Hindernisse wie kriegerische Unruhen, Polizei- oder Grenzkontrollen achten. Verändern sich diese, wird erfahrungsgemäß sehr schnell reagiert und Anwerbung wie Schleusung werden den jeweiligen Änderungen angepasst. Die unterschiedlichen Bedingungen und die jeweils angewandten Methoden der Täter und Tätergruppierungen bei der Anwerbung und Schleusung sind nachfolgend am Beispiel einiger der wichtigsten Rekrutierungsländer und -gebiete dargestellt.

4.1.1 *Thailands Töchter*

Prostitution ist in Thailand verboten – eigentlich. Sie ist seit jeher verboten, doch es gibt sie – seit jeher. Prostitution wird in Thailand, wie man weltweit weiß, geduldet. Mit der Folge, dass dieses wunderschöne Land mit seinen liebenswerten Menschen zum Puff dieser Welt verkommen konnte.

Das Eldorado des Rotlichts zieht seit Jahrzehnten nicht nur Prostitutionstouristen, sondern auch Zuhälter aus aller Welt an. Zuhälter und windige Geschäftemacher, unter ihnen nicht wenige Deutsche, Österreicher und Schweizer, die in Bangkoks Rotlichtmeile PatPong und deren Nebenstraßen, in der Bordellstadt Pattaya oder in anderen Sexzentren des Landes Barbetriebe und Puffs betreiben oder thailändische Frauen und Kinder nach Westeuropa schleusen, um sie dort auszubeuten oder ausbeuten zu lassen.

Seit die AIDS-Welle in Thailand Mitte der 1980er-Jahre ihren Höhepunkt erreichte und die Immunschwächekrankheit viele Opfer – vor allem Frauen und Kinder – forderte und großes Leid im »Land des Lächelns« auslöste, versuchten die Regierungen, den Sextourismus einzudämmen und das Image, der Puff dieser Welt zu sein, loszuwerden. Das Vorhaben aber war und ist schwierig und es dauert an. Die Widerstände sind groß oder gar unüberwindbar, die Profiteure sind einflussreich und lassen sich die Butter nur ungern vom Brot nehmen. Und so sind die Kinder Thailands, allen voran die Töchter des Landes, noch immer die Verlierer eines nationalen wie weltweiten traurigen und beschämenden Ausbeutungssystems. Sie sind die Opfer einer Tragödie, deren Ursprung im thailändischen Buddhismus zu suchen und zu finden ist, die mit den US-Soldaten, die Thailand während des Vietnam-Krieges als Urlaubs- und Rückzugsgebiet nutzten, ihre Fortsetzung fand und dann nahtlos in den massenhaften (Kinder-)Prostitutionstourismus überging. Ein Geschehen, das von den Regierenden in Thailand nur allzu lange tatenlos hingenommen wurde und von den Mächtigen in aller Welt noch immer tatenlos hingenommen wird.

Wo aber liegen die Gründe für diese massenhaften Ausbeutung der Kinder Thailands? Die Armut allein kann es schließlich nicht sein, denn es gibt ärmere Länder in Thailands unmittelbarer Nachbarschaft – mit ungleich geringerem Prostitutionsaufkommen und weniger Sexsklaverei. So wenig plausibel und so schwer nachvollziehbar es auf den ersten Blick auch erscheinen mag: Wesentliche Gründe für die ausufernde Prostitution in Thailand und für die Ausbeutung von Thailands Töchtern in aller Welt liegen im thailändische Buddhismus verborgen. Er lehrt ein Wiederleben und nach der Lehre Buddhas haben die Frauen in ihren bisherigen Leben versagt. Sie gelten als sündig und haben in diesem jetzigen Leben alles zu tun, ihren Herren (dem Vater, dem Großvater, dem großen Bruder, dem Zuhälter, dem Bordellbetreiber …) treu und brav zu dienen, um im kommenden Leben ins Nirvana, ins ewige Glück eintauchen zu können. Deshalb sehen sich weibliche Kinder schon im Vorschulalter dazu verpflichtet, fleißig zum Unterhalt der Familie beizutragen, Geld für den Großvater, den Vater und die Brüder zu verdienen. Das ist ganz besonders im landwirtschaftlich geprägten Norden des Landes der Fall, wo die Menschen zumeist sehr gläubig sind und wo zudem, wie man in Thailand sagt, »die schönsten Mädchen wachsen«. Hinzu kommt, dass die Menschen im Norden Thailands während der vergangenen Jahrzehnte zunehmend verarmten. Der Abbau von Teakholz, das von Elefanten einst aus den Wäldern gezogen wurde, ist seit Jahrzehnten verboten. Klimaveränderungen reduzierten das Wachstum, Reisernten fielen aus … Und so hingen bald immer mehr Bauern an der Opium-Pfeife und träumten von besseren Zeiten – und sie dachten verzweifelt darüber nach, wie ihre Töchter unter diesen Bedingungen jemals glücklich werden könnten.

Kinderfänger und Zuhälter erkannten diese geradezu idealen Voraussetzungen für ihre perfiden Zwecke und Ziele und sie streiften und streifen noch immer durchs Land, um nach hübschen Kindern Ausschau zu halten. Sie versprechen den Bauern Hilfe in ihrer Not und deren zehn- oder zwölfjährigen Töchtern Arbeit und gutes Einkommen in der Stadt und damit das ewige Glück im kommenden Leben. Sie bezahlen die Väter großzügig für ihre hübschen Töchter, stellen zudem regelmäßige Geldüberweisungen in Aussicht und ziehen nach erfolgreichen Verhandlungen, das jeweilige Kind an der Hand, wieder davon. Und es scheint, als wäre allen gedient. Buddha, den Großeltern, den Eltern, dem Kinderfänger und dem Kind. Darüber, auf welche Art und Weise die so verkauften Kinder ihr Geld verdienen sollten, wurde und wird bei so viel Glück zumeist gar nicht gesprochen. Doch auch wenn es die Eltern oder Geschwister wissen oder zumindest ahnen: Es ist der Wille Buddhas und zudem der einzig erkennbare Weg aus der Not – also nimmt man auch eine mögliche sexuelle Ausbeutung des Töchterchens in Kauf. Dieses aber landet nicht selten in der Hölle. Gefangen oder gar angekettet, um eine Flucht zurück ins Elternhaus zu verhindern, in einem dunklen Hinterzimmer eines thailändischen Barbetriebs oder Bordells. Um dann Abend für Abend, Nacht für Nacht und streng bewacht an silbernen Stangen zu tanzen und den Gästen, Prostitutionstouristen und Sexkäufern aus aller Welt, auch die perversesten Wünsche zu erfüllen. Unter den Kunden sind auch viele Deutsche, Schweizer, Österreicher … Sie erzählen gern und viel von ihren Heimatländern, von den Ländern, in denen die Menschen »so reich und so gut sind«. Und so träumen unzählige Mädchen davon, der Hölle von Bangkok oder Pattaya zu entkommen und ins wunderschöne Germany oder in einen seiner Nachbarstaaten zu gelangen.

Auch das wurde von Menschenhändlern und Zuhältern schnell erkannt und so begann in den 1980er-Jahren ein schwunghafter Handel von thailändischen Kindern und jungen Frauen in Richtung Westen. Inzwischen gibt es jahrzehntelang bewährte Handelsstrukturen von Zuhälter- und Menschenhändlerbanden, die von der Patpong in Bangkok, von der Bordellstadt Pattaya oder von Phuket aus bis mitten hinein in die Rotlichtzentren und Thaipuffs von Wien, Zürich und Berlin reichen.

Lothar war St.-Pauli-Zuhälter. Die Hamburger Staatsanwaltschaft suchte nach ihm mit Haftbefehl. In den Knast aber wollte Lothar nicht. Also nutzte er seine schon vor längerer Zeit geknüpften Verbindungen zu Zuhältern in Thailand und investierte das auf dem Hamburger Kiez erwirtschaftete Geld in einer und bald in mehreren »Baby-Gogo-Bars« von Pattaya. Die Namen seiner Etablissements deuten darauf hin, dass er in den Häusern vorwiegend sehr junge Mädchen an den Silberstangen tanzen ließ. Mädchen, die im Norden Thailands erworben wurden. In den Bars des Hamburgers verkehrten vorwiegend deutschsprachige Gäste. Gäste, die Interesse an jungen Mädchen hatten. Die Geschäfte gingen gut und schon bald konnte sich der Hamburger Lude eine prächtige Villa auf einem mehrere Hektar großen Grundstück hoch über Pattaya mit Blick auf den Golf von Siam leisten. Dort wurde er bestens abgeschirmt und bewacht von durchtrainiertem, mit dem Thai-Boxen vertrautem Wachpersonal. Er wurde beschützt vor allen lästigen Besuchern, zum Beispiel von Angehörigen der deutschen oder thailändischen Polizei. Zu seiner Sicherheit trugen freilich auch die großzügigen Spenden bei, die Lothar regelmäßig bei allen Wohltätigkeitsveranstaltungen überreichte. Dazu unterhielt er freundschaftliche Beziehungen zu hochrangigen Militärs. Und um ganz sicher zu sein, war Sokdy, seine Frau, auch noch die beste Freundin der Gattin des Polizeichefs von Pattaya! Nützliche Kontakte zu Einflussreichen und Mächtigen herzustellen, gehört also nicht nur zum unverzichtbaren Repertoire deutscher Puffbetreiber und Kiezgrößen, sondern auch zu denen im Land der Anmutigen und Schönen. Die Macht der Regierenden in Thailand aber ist nur selten von Dauer. Und das Land sah sich, nicht zuletzt durch die

Immunschwächekrankheit AIDS, dazu gezwungen, der sexuellen Ausbeutung von Frauen und vor allem der von Kindern Grenzen zu setzen. Zudem zeigte sich die KongPrabPram, eine Eliteeinheit der thailändischen Polizei, als unbestechlich und ging massiv und nicht ohne Erfolg gegen diejenigen vor, die mit Kindersex Geschäfte machten. Lothar, Zuhälter von Format und mit dem untrüglichen Gespür für drohende Gefahren ausgestattet, verließ sein königliches Anwesen über Nacht und verschwand spurlos. Er soll sich, so wurde im Milieu vermutet, nach Malaysia abgesetzt haben und dort ähnlich schmutzige Geschäfte betreiben wie zuvor in Pattaya.

Der massenhafte Import der Töchter Thailands nach Westeuropa und damit in eine für sie völlig unbekannte, fremde Welt, begann in den 1980er-Jahren. Thai-Bordelle schossen in Deutschland wie Pilze aus dem Boden, und die zarten Geschöpfe aus Fernost belebten und beleben bis heute das Geschäft. Wie es ihnen wohl ergehen mag ohne geografische Kenntnisse, ohne Sprachkenntnisse, ohne Pass und ohne Geld (in den Händen der Zuhälter), wie sie sich wohl fühlen in dieser dunklen, kalten und fremden Welt hinter glitzernden Fassaden, in diesem in weiten Teilen kriminellen und von Kriminellen kontrollierten und beherrschten Milieu? Wer fragt schon danach!? Sie gelten als Prostituierte, die sexuelle Dienstleistungen erbringen, werden als solche bezeichnet und behandelt – so wie viele andere Mädchen aus anderen Rekrutierungsländern auch. Diese zumeist im Kindesalter aus dem Elternhaus entführten Mädchen sind häufig bildungsarm, orientierungslos und ihren Zuhältern (oder Zuhälterinnen) hilflos ausgeliefert. Wie hilf- und orientierungslos, zeigt die Aussage eines thailändischen Mädchens bei der Kriminalpolizei in Ulm, das auf die Frage, in welcher deutschen Stadt sie von Bangkok kommend gelandet sei, antwortete: In der Stadt mit vielen gelben, roten und blauen Lichtern. Bei der Geschlossenheit und dem Kontrollsystem der Subkulturen im Rotlicht und den ungeschriebenen, aber bedingungslos einzuhaltenden Milieugesetzen bleibt diesen jungen Frauen auch jeglicher Zugang zur Öffentlichkeit (zur Polizei, zu Hilfsorganisationen) verwehrt. Sie führen ein Sklav(inn)enleben, so unmenschlich und nicht weniger schrecklich wie das ihrer Leidensgenossinnen vor 2000 Jahren – heute, im 21. Jahrhundert, inmitten des Rechtsstaats, hier bei uns, mitten unter uns. Der oft einzige Trost, den es (nicht immer und für alle) gibt, sind andere Mädchen, die das gleiche Schicksal erleiden und die gleiche Sprache sprechen. Doch auch dabei wird von den Zuhälter(inne)n mit Argusaugen darauf geachtet, dass diese Kontakte nicht zu intensiv werden, dass diese Gespräche sich auf Belangloses beschränken.

Im April 2018 führten etwa 1500 Beamtinnen und Beamte der Bundespolizei Razzien in zahlreichen deutschen Thai-Bordellen durch. Ziel war es, ein Netzwerk von Menschenhändlern zu zerschlagen, dessen Mitglieder Mädchen in Thailand und seinen Nachbarstaaten mit falschen Versprechungen angelockt, mit einem erschlichenen Touristenvisum ausgestattet und nach Deutschland geschleust hatten, um sie in der Prostitution auszubeuten. Die Ermittler(innen) stießen bei dieser Aktion auf selbst für hartgesottene Fahnder nur schwer vorstellbares Leid, auf menschliche Abgründe, die jede Vorstellungskraft sprengten. »Es geht einem sehr nahe, wenn man sehen muss, wie diese jungen Menschen hausen mussten …«, wurde eine Ermittlerin zitiert. Dann aber wurde auch gleich von einem »Schlag gegen das Organisierte Verbrechen« gesprochen. Schmerzhaft wird dieser Schlag allerdings erst dann sein, wenn die Täterinnen und Täter einer angemessenen Strafe zugeführt werden. Die deutsche Gesetzgebung und die deutsche Justiz bieten keine Gewähr dafür.

Eine flächendeckende Wirkung wird erst dann erzielt, wenn weitere, ähnliche Maßnahmen in vielen anderen deutschen Städten und Thai-Bordellen folgen und die Menschenhändler wie die Zuhälter zur Verantwortung gezogen werden. Das wiederum setzt einen der sehr seltenen, verhängnisvollen Fehler im System oder einen nicht weniger seltenen Zufall voraus. Ansonsten ist der »Luxus« von zumeist sehr aufwändigen, in die Tiefe gehenden polizeilichen Strukturermittlungen im Vorfeld unerlässlich. Noch sind Tausende Töchter Thailands in der Bundesrepublik Deutschland und in seinen Nachbarstaaten gefangen und nur schwer vorstellbarem Leid ausgeliefert. Dass manche von ihnen inzwischen so viel Grauenvolles erlebt haben, dass sie ihr jetziges Leben im Puff und ihre gnadenlose Ausbeutung nicht nur als erträglich, sondern als eine mehr oder weniger normale Lebenssituation empfinden, kann nicht darüber hinwegtäuschen, wie menschenverachtend und beschämend diese anhaltende Ausbeutung der Töchter Thailands ist.

Ein Großteil der jungen Frauen und Kinder, die heute in Thailand aber auch weltweit in den Prostitutionsmilieus ausgebeutet werden, stammt jedoch nicht aus Thailand, sondern aus den ärmeren Nachbarstaaten: Kambodscha, Myanmar, Laos, Vietnam und in zunehmendem Maße auch aus China. Das entspricht einem Verdrängungsprozess »von Arm nach Reich«, der in Südostasien seit Längerem stattfindet. Die Kinder Kambodschas und die aus Myanmar sind jedoch mit den gleichen Hoffnungen und Träumen geboren wie die Kinder Thailands und die in Deutschland, in Österreich und in der Schweiz. Und sie werden in gleichem Maße und mit der gleichen Brutalität ausgebeutet wie ihre Leidensgenossinnen aus dem »Land des Lächelns«.

Kinder aus Kambodscha sind aber oft noch Schlimmeres gewohnt. Kambodscha ist inzwischen seit vielen Jahren eines der beliebtesten Zielländer von Pädokriminellen aus aller Welt. In dieser Pädosexuellen- und Pädokriminellenszene hat sich herumgesprochen, dass dort kleine und kleinste Mädchen von Zuhälter(inne)n zur Entjungferung angeboten werden, für 2000 Euro und weniger … Die Folge davon: Pädokriminelle kommen zu Tausenden in das Land, in dem selbst Kleinstkinder im Angebot sind. Und die bedauernswerten Betroffenen werden nach ihrer Entjungferung immer wieder zugeflickt und erneut jungfräulich angeboten. Sie werden so oft präpariert und gequält, bis sie verstümmelt und nicht mehr zu gebrauchen sind. Dann werden sie weggeworfen, entsorgt und durch neue ersetzt. Es gibt ja genug »Menschenmaterial«.

4.1.2 *Die Sklavenkinder aus Nigeria*

Die Geschäfte der nigerianischen Mafia gehen gut. Nicht zuletzt aufgrund der Abnahme ihrer zumeist sehr jungen Handelsware in Italien, Deutschland, Österreich und in der Schweiz. Über die Hälfte aller italienischen Straßenprostituierten sind heute Nigerianerinnen. Die »Glühwürmchen« (Frauen auf den italienischen Straßenstrichen) von Palermo kommen aktuell nahezu ausschließlich aus Nigeria. Allein im Jahr 2016 sind über 16 000 junge Nigerianerinnen übers Mittelmeer in Richtung Italien und von dort aus weiter in andere westeuropäische Länder, bevorzugt nach Deutschland, Österreich und in die Schweiz, geschleust worden. Heute werden Zehntausende junge Nigerianerinnen in Deutschland und seinen Nachbarstaaten als Sexsklavinnen ausgebeutet. Der Handel mit diesen jungen Mädchen auf den Straßen der Flüchtlingsströme beginnt im Süden Nigerias, zumeist in der Millionenmetropole Benin-City und führt über die Sahara nach Libyen und weiter übers Mittelmeer nach Italien und von dort aus in die Schweiz, nach Österreich und nach Deutschland. Sowohl die Priester, vor denen die Auserwählten in Nigeria ihren Eid abzulegen haben, als auch die Schleuser und die als »Madams« bezeichneten Zuhälterinnen stehen im Dienst der als rücksichtslos und äußerst brutal geltenden nigerianischen Mafia. Die »Madams« sind jedoch nicht nur mit der Überwachung und Kontrolle der Mädchen in den Zielländern beauftragt. Sie sind vielmehr an der Gesamtorganisation beteiligt und zum Beispiel auch mit der Beschaffung der erforderlichen Papiere sowie mit Aufgaben im Rahmen der Schleusung und des Transports befasst. Sind die zumeist noch sehr jungen Opfer an ihrem jeweiligen Bestimmungsort angekommen, nehmen ihnen die »Madams« die Ausweispapiere ab und suggerieren den Mädchen, dass sie illegal in dem fremden Land sind. Sie erzeugen auf diese Weise große Ängste, sodass sich die Mädchen oder Frauen nicht mehr allein auf die Straße trauen – sie fühlen sich in totaler Abhängigkeit von ihrer jeweiligen »Madam«.

Zum Einschleusen in die – deutschen, österreichischen, Schweizer – Bordelle beschaffen diese Zuhälterinnen häufig sogenannte »Look-alike-Papiere« von legal in Deutschland lebenden Nigerianerinnen. Die Mädchen werden dazu gezwungen, wöchentlich mindestens 1 000 Euro abzuliefern. Erreichen sie diesen Betrag nicht, beauftragt die »Madam« einen offensichtlich ebenfalls zum System gehörenden Züchtiger, der die Betroffene dann in schmerzhafter Weise bestraft. Wie lukrativ die Geschäfte für die Mafiabosse aber auch für die »Madams« (zumeist selbst ehemalige Opfer – das System ernährt sich selbst) sind, ist daran erkennbar, dass üblicherweise 35 000 oder 40 000 Euro angesetzt werden, die dem geleisteten Eid zufolge von jedem Mädchen zurückzuzahlen sind. Weil die Opfer vollkommen ahnungslos sind, was das Preisniveau im Zielland betrifft und die »Madams« für sie Kleider, Kosmetika und Nahrungsmittel beschaffen, werden auch dafür oft utopische Preise angesetzt, und so kommen je Mädchen weitere 20 000 Euro und mehr an Nebenkosten hinzu.

Somit hat jedes einzelne Opfer des nigerianischen Menschenhandels insgesamt etwa 60 000 Euro abzuarbeiten, wovon annähernd die Hälfte von den »Madams« selbst vereinnahmt werden dürfte. Und diese betreuen und kontrollieren in aller Regel nicht ein einzelnes, sondern bis zu zwanzig Mädchen. Was in Deutschland und anderen Zielländern weitgehend unbeachtet bleibt, ist also ein hochkrimineller, von der nigerianischen Mafia betriebener Milliardenmarkt und dazu ein höchst einträgliches Geschäft für die »Madams«, die als Zuhälterinnen in Italien oder Deutschland ein Millionenvermögen erwirtschaften. Es ist ein so menschenverachtender wie schmutziger und brutaler Markt, für den die Zielländer die Plattformen bieten.

Obwohl es inzwischen auch in Nigeria Aufklärungskampagnen gibt, obwohl Rückkehrerinnen und Geflüchtete von grauenvollen Erlebnissen und unvorstellbarem Leid erzählen, obwohl Schicksale eindrucksvoll verfilmt wurden und obwohl es an Warnungen nicht fehlt – in den Armenvierteln Nigerias glaubt man bis heute an die großen Chancen, die Europa bietet. Und so werden die jungen Frauen – manchmal sind es noch Kinder – von gutgläubigen und für die betroffenen Mädchen vertrauenswürdigen Verwandten immer wieder dazu verleitet, einen Ausreiseantrag zu unterschreiben. 40 000 Naira (umgerechnet etwa 180 Euro) sind dafür zu bezahlen. Viel Geld für die Menschen in Nigeria, das nicht selten zu diesem Zweck geborgt werden muss. Dass es an einen »Boga« (einen Schlepper im Dienst der Mafia) bezahlt wird, das ahnt und weiß man nicht oder man will es nicht wissen. Er bringt die Auserwählte dann zu dem Voodoo-Priester (Voodoo ist eine in Westafrika verbreitete Religion), der den Ausreisevertrag bei der Gottheit Ayelala (sie symbolisiert Moral und Gerechtigkeit) zu besiegeln hat. Umgeben von Knochen, Tierschädeln und üblem Gestank beginnt ein geheimnisvolles, mystisches Ritual (Voodoo-Zauber oder Juju-Ritual), bei dem das jeweilige Opfer ein Bad zwischen Tierhäuten zu nehmen hat und bei dem ihm ein heißes Gebräu inhaliert wird. Dann werden Finger- und Fußnägel, Kopf- und Schamhaare des jeweiligen Mädchens abgeschnitten und zusammen mit einem Bild der auf diese Weise Verzauberten sorgsam in eine Tüte gesteckt. Die Stirn der für den Einsatz in Europa Bestimmten wird mit Hühner- oder Ziegenblut beschmiert, dann hat sich die junge Frau nackt vor dem Priester zu verneigen und den (Voodoo-)Eid abzulegen. Sie hat zu schwören, nach Europa zu gehen, alle ihr erteilten Anweisungen (auch und vor allem die der »Madams«) zu befolgen, 35 000 Euro an (durch Ritual und Ausreise entstandenen) Schulden zurückzuzahlen und niemals bei der Polizei oder einer anderen Institution auszusagen … Die so auf ihren Einsatz als Sexsklavinnen in Europa vorbereiteten Opfer der nigerianischen Verbrecherorganisation werden dann von dem Priester eindringlich darauf hingewiesen, dass ein Brechen des Schwurs unweigerlich die Rache des Gottes Ayelala zur Folge hat: Sie selbst oder ihre liebsten Angehörigen müssten sterben. Schließlich werden die jungen Frauen darauf hingewiesen, dass die Tüte mit den abgeschnittenen Nägeln und Haaren, mit ihrem Namen und ihrem Bild eine stetige Verbindung zwischen ihnen und dem Priester darstellen würde, sodass der Gottesmann jederzeit darüber informiert sei, ob sämtliche Verpflichtungen eingehalten würden. Diese Verbindung ende erst dann, wenn alle Versprechen eingehalten und alle Schulden der Verzauberten vollständig beglichen seien.

Begleitet und bewacht von Angehörigen des kriminellen nigerianischen Netzwerks geht es dann auf die Reise. Oft erleben die Mädchen und Frauen schon beim Marsch durch die Wüste die Hölle. Hunger, Durst, Schläge, Vergewaltigungen, Tod … In Libyen stecken sie oft lange Zeit in Lagern fest, die Gefängnissen gleichen, oder sie werden schon dort in Bordellen untergebracht. Manche werden an Milizenführer ausgeliehen oder verkauft und sie werden nicht selten von ganzen Horden vergewaltigt. Die Fahrt übers Meer in »Flüchtlingsbooten« ist dann, wie man weiß, mit großen Gefahren verbunden. Haben sie Glück und alles überstanden, kommen sie zumeist gebrochen, als völlig »willenlose Werkzeuge« in Italien an. Dort werden sie, oft schon im Flüchtlingsaufnahmelager von Bergamo, von der für sie zuständigen »Madame« in Empfang genommen. Irgendwann kommt dann ein nigerianischer Fahrer, der sie an ihren endgültigen Zielort, nach Zürich, Wien, Hannover oder Hamburg bringt, wo sie wiederum von einer »Madam« in Empfang genommen, kontrolliert und dann gnadenlos ausgebeutet werden.

Über ihr Schicksal und über ihr Leiden sprechen diese Frauen und Mädchen nicht oder nur in seltensten Ausnahmefällen. Die Antimafia-Staatsanwältin Lina Trovato im sizilianischen Catania weiß, wie tief diese Opfer der nigerianischen Mafia vom »Voodoo-Zauber« ergriffen sind und wie schwer es ist, sie zu Aussagen zu bewegen. Sie hat schon Hunderte von ihnen befragt – fast ausnahmslos ohne Erfolg. Die wenigen aber, die sie zu einer Aussage bewegen konnte, berichteten die schrecklichen Abläufe detailliert und übereinstimmend.

Die Menschenhandelsopfer aus Nigeria wissen, dass sie kein Aufenthaltsrecht haben. Sie leben im Untergrund und sind angehalten, jegliche Kontakte zur Außenwelt, vor allem Behördenkontakte, zu vermeiden. Kommt es dennoch zu einer Begegnung dieser Art, sagen sie den Vorgaben entsprechend nur ein Wort: Asyl! Der Schwur, die Angst vor dem Tod, vor allem vor dem Tod ihrer Liebsten zuhause, bestimmt all ihr Denken und Handeln. Es verwundert nicht nur, es ist beschämend, dass zivilisierte westliche Länder alle Erkenntnisse über diese zutiefst menschenverachtenden Praktiken ignorieren und die Plattformen für die Ausbeutung dieser Mädchen und Frauen aus Nigeria weiterhin zur Verfügung stellen – und die Betroffenen als Prostituierte bezeichnen und behandeln, die sexuelle Dienstleistungen erbringen …

4.1.3 Auf der »Heroin-Straße« über die Weiten Russlands westwärts

Es gab ihn längst, bevor sich in Europa die Grenzen nach Osten hin öffneten, den Handel mit der »Ware Frau« von Ost- nach Westeuropa mit dem Ziel der sexuellen Ausbeutung. Zunächst war zu beobachten, dass »Ostluden« immer mehr polnische und auch tschechische Frauen westwärts schleusten, wo sie in den deutschen, österreichischen und Schweizer Rotlichtmilieus dankbare Abnehmer fanden. Die dadurch in Polen und Tschechien entstandenen Lücken wurden von Russinnen und Frauen aus verschiedenen anderen Sowjetrepubliken geschlossen. Und es dauerte nicht lange, bis Deutschlands Zuhälter und Puffbetreiber auch die bis dahin unbekannte und deshalb höchst interessante »tabulose Russin Natalja« im Angebot hatten.

Bis in die 1990er-Jahre hinein war bei diesem Handel mit der »Ware Frau« die über Belarus westwärts führende »Heroin-Straße«, auf der, wie der Name verrät, auch andere Ware gehandelt wurde, von größter Bedeutung. Die zuständigen Gremien bei der Europäischen Kommission beobachteten mit Sorge, dass auf dieser Route immer mehr junge Frauen westwärts geschleust wurden, um dann in den EU-Staaten der (Zwangs-)Prostitution zugeführt zu werden. Die Handelsroute führte vom fernen China und von Afghanistan kommend über die Weiten Russlands bis nach Belarus und von dort über die weißrussisch-polnische Grenze nach Westeuropa. Diese »Heroin-Straße« war deshalb so beliebt und viel genutzt, weil es auf dem unendlich langen Weg nur eine funktionierende Grenze gab: die EU-Außengrenze zwischen Belarus und Polen, und die galt als überwindbar. Und so kamen zeitweise täglich große Kontingente von jungen Frauen an der belarussisch-polnischen Grenze bei Grodno (Hrodno) an, zusammengepfercht in Pkw, in Kleintransportern oder in Bussen. Geduldig wurden die Fahrzeuge in der Schlange, die oft einen Kilometer und länger war, von Hand (um Benzin zu sparen) Meter um Meter zur Grenze hin vorgeschoben.

Die Namen der Frauen, die westwärts verbracht wurden, waren nicht in den zerfledderten Schulheften notiert, die noch im Jahr 2000 von den belarussischen Grenzern als Fahndungsunterlagen verwendet wurden. Also ließen sie Schleuser wie Geschleuste passieren. Geschah das wider Erwarten einmal nicht, so wusste man sich in einschlägigen Kreisen zu helfen. Ein paar Geldscheine wechselten den Besitzer und schon war die Angelegenheit geregelt. Das war nicht weiter verwunderlich bei dem damals erbärmlichen Verdienst der belarussischen Grenzwächter und dem Preisniveau in den Geschäften von Belarus, das sich nicht allzu sehr von dem in Deutschland unterschied. Der Präsident des Landes, Alexander Lukaschenko, sah sich jedenfalls immer wieder einmal veranlasst, einen Wächter seines Landes aus solchen Gründen zu entlassen oder gar ins Gefängnis zu stecken.

Doch auch auf polnischer Seite, wo die Grenzwächter längst mit EU-finanzierten Computern und einem modernen Fahndungssystem ausgestattet waren, gab es zumeist keine nennenswerten Schwierigkeiten bei der Einreise der Menschenhändler und ihrer »Ware« in die Europäische Union. Waren die Reisenden doch häufig mit geschickt gefälschten oder verfälschten russischen oder belarussischen Pässen oder mit einem erschlichenen Visum unterwegs. Die Menschen standen in dieser Zeit vor dem Gebäude der Deutschen Botschaft in Minsk Schlange und die Visa zur Einreise nach Deutschland wurden im Minutentakt erteilt. Eine eingehende Überprüfung der Angaben und der jeweils vorgelegten Papiere war über viele Jahre hinweg schlichtweg unmöglich.

Unweit der Grenzstadt Grodno und an der »Heroin-Straße« gelegen, galt die Stadt Baranawitschy beim Verbringen der Frauen von Ost nach West als zentraler Knotenpunkt. Die Stadt wurde von der belarussischen Kriminalmiliz in den 1980er- und 1990er-Jahren und bis ins 21. Jahrhundert hinein als »Zuhälternest« bezeichnet – und das nicht ohne Grund. Hier wurde die ankommende »Ware« zusammengeführt und auf den Grenzübertritt vorbereitet. In Baranawitschy wurden die Frauen mit den erforderlichen Verhaltensregeln und Tipps sowie mit den Papieren versorgt, die erforderlich waren, um weiter westwärts zu reisen. Hier wurden sie von den Menschenhändlern und Luden eingehend auf die Folgen eines Verrats oder einer Flucht hingewiesen, also bedroht, eingeschüchtert und verängstigt. In der grenznahen Stadt wurden aber auch all die (nicht wenigen) Frauen abgefangen, die wieder zurückkehrten – ob zu Fuß, mit der Bahn oder im Auto. Frauen, die flüchteten, als sie erfuhren, dass sie der Prostitution zugeführt werden sollten, Frauen, die Schläge, Vergewaltigungen und andere Demütigungen erleben mussten, Frauen die den Druck, die Drohungen oder die Schläge ihrer Peiniger nicht mehr aushielten, Frauen, die von panischer Angst getrieben wieder dahin strebten, wo sie herkamen. Sie wurden in Baranawitschy von den dort agierenden Zuhältern und Menschenhändlern wieder in Empfang genommen und, besser behütet als jemals zuvor, gleich wieder westwärts transportiert.

Nachdem sich Ende der 1980er-Jahre die Grenzen nach Osten hin öffneten, nachdem der Eiserne Vorhang fiel und die Mauer zum Einsturz gebracht wurde, verlor die »Heroin-Straße« beim Frauenhandel von Ost nach West an Bedeutung. Nicht etwa, weil weniger Frauen von Ost nach West gehandelt wurden, sondern weil sich mit den Grenzöffnungen andere, einfachere und sicherere Handels- und Schleusungsrouten anboten. Und weil es so war, führte der Handel mit der »Ware Frau« nicht nur über neue und andere Routen, er nahm auch sprunghaft zu. Immer mehr der Handelswege führten von nun an über die Balkanrouten. Das bewirkte, dass neben den Tätergruppierungen aus den Nachfolgestaaten der Sowjetunion nun auch zunehmend Balkan-Zuhälter und Banden aus Südosteuropa die lukrativen Geschäfte mit dem Frauenhandel entdeckten. Sie erkannten, dass bei der ausgeprägten Migrationsbereitschaft vieler junger Frauen kein Cent investiert werden musste, um in die lukrativen Geschäfte mit der »Ware Frau« einzusteigen. Und weil viele ost- und südosteuropäische Täter und Tätergruppierungen zumindest am Anfang ihrer fragwürdigen Karriere kein Geld für Investitionen hatten, stiegen sie geradezu zwangsläufig im Bereich des Menschenhandels ein. Und die »Ware Frau und Kind« kostet bis heute keinen Cent und sie wächst ständig nach. Ein Kilogramm Heroin oder Kokain oder eine Kalaschnikow hingegen kann nur einmal verkauft werden – dann muss erneut investiert werden. Menschen können über Jahre und Jahrzehnte hinweg ausgebeutet werden. Und dazu ist der Handel mit Menschen nicht nur lukrativ, sondern im Vergleich zum Handel mit anderen illegalen Gütern auch risikoarm. Während in den vergangenen Jahren Hunderttausende Frauen und Kinder westwärts gehandelt wurden, sind die wenigen Verurteilungen von Tätern wegen Menschenhandels und Zuhälterei in Deutschland, in Österreich und in der Schweiz nicht mehr als Stecknadeln in einem übergroßen Heuhaufen. Dass Präsident Lukaschenkos Grenzhüter heute oder morgen an der EU-Außengrenze ankommende Frauenhändler mit ihrer »Ware« von der Weiterreise westwärts abhalten werden, ist nicht zu erwarten. Im Gegenteil: Der belarussische Diktator startete aufgrund von EU-Sanktionen gegenüber seinem Land im Jahr 2021 einen Rachefeldzug, indem er eine große Anzahl von Flüchtlingen aus Afghanistan, Syrien und dem Irak über Belarus westwärts schleuste. Litauen ächzte unter den ankommenden Massen, und Polen hatte alle Hände voll zu tun, um die EU-Außengrenze zu sichern. »Die Deutschen brauchen doch Arbeitskräfte …«, soll Lukaschenko zynisch erklärt haben. »Also werden wir niemand aufhalten, der in die warme und bequeme Europäische Union einreisen will …!«

4.1.4 *Drehscheibe Balkan*

Südosteuropa und das »Südost-Kreuz«, die Staaten rund ums Schwarze Meer, sind kriminalistisch seit Jahrzehnten von großer Bedeutung. Weiß man doch, von hier aus werden alle möglichen illegalen Güter westwärts gehandelt: Zigaretten, Drogen, Waffen, Menschen ... Begünstigt durch die sozioökonomischen und gesellschaftlichen Folgen der »Jugoslawien-Kriege«, durch schlecht funktionierende Justizsysteme und offene Grenzen beteiligen sich seit den 1990er-Jahren vermehrt Einzeltäter, Tätergruppierungen, verbrecherische Organisationen und Clans in und aus den verschiedenen Balkan-Staaten an kriminellen Geschäften unterschiedlichster Art. Der Balkan wurde zu einem Zentrum des Drogen-, Waffen-, und Menschenhandels. Zuhälter, Zuhälterbanden und kriminelle Organisationen rekrutierten immer mehr Frauen und schleusten sie westwärts, um sie der Prostitution zuzuführen.

Parallel dazu entstand in den Balkanstaaten selbst eine bis dahin nie gekannte Prostitutionsszene. Straßen- und Drogenstriche, Escort-Services, Bar- und Puffbetriebe, Hotelprostitution, Nobelbordelle, Elite-Clubs und entsprechende Internetangebote schossen wie Pilze aus dem Boden. Zunächst wurden vorwiegend Frauen aus dem östlichen Ausland eingesetzt. Doch mehr und mehr wurden auch die Frauen der Balkanländer rekrutiert und zur Prostitution im jeweiligen Land gezwungen oder aber ins westliche Ausland geschleust und den dortigen Sexmärkten zugeführt. Es entstanden perfekt funktionierende Handels- und Ausbeutungssysteme, die diesen Markt mit Menschen, vorwiegend mit Frauen, bis heute prägen.

Das, was die Zuhälterei für die Staaten und Gesellschaften am gefährlichsten macht und was auch in Deutschland viel zu wenig Beachtung findet, kommt in manchen Balkanstaaten besonders deutlich ans Licht. Es sind die so zahlreichen wie erfolgreichen Versuche, selbst auf höchste Regierungskreise Einfluss zu nehmen, das erfolgreiche Unterwandern von Politik, Polizei, Wirtschaft und anderen gesellschaftlichen Bereichen. Die große Zahl der Vorkommnisse dieser Art macht deutlich, wie sehr manche Balkanstaaten durch solche Einflussnahmen und kriminellen Umtriebe belastet sind und wie sehr das auch Deutschland, Österreich und die Schweiz berührt.

Mihailo wurde Anfang des Jahres 2019 in Serbien verhaftet – wieder einmal. Der bekannteste Zuhälter des Landes geriet kurz nach seiner Landung auf dem Belgrader Flughafen »Nikola Tesla« ins Netz der Polizei. Der mehrfach Vorbestrafte fühlte sich dabei allerdings ungerecht behandelt, war er doch der Meinung, ein erfolgreicher Geschäftsmann und kein Zuhälter zu sein, was die Polizei freilich ganz anders sah.

Doch in der Tat hob sich Mihailo bei seinem Tun von Zigtausenden anderen Balkan-Zuhältern ab. Von denen, die serbische Straßenstriche, Bars, Escort-Services, Billigprostitution und Drogenstriche, Clubs, Hotelprostitution oder Vermittlungsgeschäfte kontrollierten. Prostitutionsformen, die es in Serbien wie in Montenegro zuhauf gibt – dabei ist Prostitution dort verboten – eigentlich. Bei der »Ware Frau«, die Mihailo bis zu seiner Festnahme an den Mann brachte, waren Idealmaße unabdingbare Voraussetzung. Die von ihm »gecoachten« Mädchen hatten ausnahmslos adrett, gepflegt und schön geschminkt zu sein, und auch der regelmäßige Besuch beim Gynäkologen war Pflicht. Es waren die Sterne der Balkan-Szene, Kandidatinnen in einer Reality-Show, die von Mihailo »gecoacht« oder, zutreffender ausgedrückt, der Prostitution zugeführt wurden. »Life Coaching« diente ihm lediglich als Deckmantel und der Erwerb eines »Life-Coaching-Diploms« war für die von ihm vermittelten Edelhuren Pflicht. Entsprechende Seminare bot er für 1 000 Euro an. Im Gegenzug vermittelte er die Kursteilnehmerinnen dann an Kunden im In- und Ausland. Freilich nicht an irgendwelche Kunden, sondern an die Größen des Balkans-Jetsets: an hochrangige Politiker, an Fußballstars, an Basketballgrößen, namhafte Businessmänner, Bankiers und Anwälte …

Die Bosse im serbischen Rotlicht, die Edelhuren und die Eliteclubs sind, so zeigt sich immer wieder, sehr eng mit gewissen Polit-, Sport- und Wirtschaftsgrößen des Landes verbunden. Und manchmal fällt auch ein tiefer Schatten auf die Polizei. Dann zum Beispiel, wenn eine junge Polizistin, eigentlich zum Dienst eingeteilt, mit einem Berufskiller spazieren fährt und überlebt, während der Mafioso neben ihr, von 60 Schüssen durchsiebt, sein Ende findet, wie in der Neujahrsnacht 2017/2018 nahe Belgrad geschehen.

Sie, die Spitzenzuhälter Serbiens, die Strategen im Rotlicht, die Bosse der Mafia und des Organisierten Verbrechens, die Chefs krimineller Clans, die Kontrolleure des Menschen- und Drogenhandels, sind zum Teil sehr eng ver-

woben mit zumindest einigen sehr Einflussreichen und Mächtigen in den Balkanstaaten. Und die Regierenden kämpfen – nicht nur in Serbien – verzweifelt, bislang jedoch offensichtlich mit wenig Erfolg, dagegen an.

Was aber haben Korruption und Verknüpfungen zwischen den Rotlichtkönigen, Zuhältergrößen, Menschenhändlern und OK-Bossen Serbiens oder Montenegros und die mit Einfluss und Macht ausgestatteten Repräsentanten des Balkanstaats mit Deutschland, Österreich und der Schweiz zu tun?

Am 9. Jänner 2004 wurde der ehemalige Präsident der »Hells Angels« in Karlsruhe am helllichten Tage in einem Café aus nächster Nähe mit einem Kopfschuss hingerichtet. Es ging um Geldforderungen und es ging um Einfluss im Karlsruher Rotlichtmilieu. Als Mittäter wurde eine Tätergruppierung, unter anderem zwei Brüder aus Montenegro, ermittelt, die sich im Karlsruher Rotlicht Machträume verschafft hatten. Der Haupttäter und Mörder aber hatte sich rechtzeitig in seine Heimat abgesetzt. Nach ihm wird mit internationalem Haftbefehl gesucht.

Schon damals bestanden also Verbindungen der Bosse im Rotlicht Serbiens und Montenegros mitten hinein in deutsche Milieus. Schon damals waren auch deutsche Rotlichtbereiche in den Händen serbischer und montenegrinischer Gangster. Sie waren Angehörige von Rockergruppierungen in Deutschland und in deutschen Milieus als Zuhälter tätig. Das der OK zuzuordnende Menschenhandels- und Zuhältergeflecht war schon damals vom Balkan aus über die Länder Westeuropas gespannt. Es hat sich inzwischen vergrößert und verfestigt. Und mit ihm hielten und halten auch vermehrt die in Serbien und Montenegro üblichen kriminellen Machenschaften Einzug in die westlichen Zielländer dieser verbrecherischen Gangs.

Es geschah in einer Kleinstadt in Bosnien-Herzegowina. Das Kontingent junger Frauen aus Moldawien wurde angewiesen, sich an einer Sprossenwand der kleinen Turnhalle aufzustellen. Gegenüber versammelte sich eine ganze Horde von Zuhältern, Barbetreibern, Puffbesitzern … »Ausziehen!« Die jungen und sichtlich verängstigten Frauen wussten nicht, wie ihnen geschah, kamen der

Aufforderung nicht nach. »Ausziehen!«, brüllte einer in einem Ton, der keinen Widerstand duldete. Die vor Angst zitternden jungen Frauen kamen dem Befehl dennoch nur zögernd nach. Einer der Männer ging auf sie zu, riss ihnen die Kleider vom Leibe. Nun standen sie da, nackt, wie Gott sie schuf. Die Zuhälter gingen auf sie zu, begutachteten sie, tasteten sie ab. Operationsnarben, Gebiss, Becken, Taille, Oberweite … Dann wurden die Preise festgelegt: 2000, 2500, 3000, 5000 Euro … Der jeweilige Betrag wurde in bar ausbezahlt. Und dann gingen sie davon, die Besitzer mit ihren neuen Errungenschaften, hin zu einem Puff oder einer schummrigen Balkan-Bar oder aber zum Weitertransport nach Italien, Österreich, Deutschland oder in die Schweiz, wo sie für 15000, 20000 Euro oder mehr weiterverkauft wurden – an italienische Zuhälter, an die Betreiber deutscher Bars oder Puffs.

Der Bosnier Armin Culum, »Boki« genannt, war einst Box-Weltmeister und könnte einer der Abnehmer gewesen sein. Als er aus dem Boxring ausstieg, tauchte er ins Rotlicht ein. Und er wusste, was man in diesem Milieu braucht, um sich Macht zu verschaffen: eine Gang, die in der Lage ist, Angst und Schrecken zu verbreiten. Also gründete er die Rockergruppierung »United Tribuns«, die bald nicht nur in Deutschland, sondern auch in der Schweiz und in anderen Ländern für Aufsehen sorgte. »Boki« erkannte, welch große Freiheiten ihm in Deutschland und in der Schweiz eingeräumt wurden. Er investierte in beiden Ländern und nannte bald mehrere Puffs, unter anderem in Villingen-Schwenningen, sein eigen. Weil er den zur Prostitution gezwungenen Frauen alles Geld abnahm, weil bei ihm Gewalt und Schläge an der Tagesordnung waren und er mit seinen »ungehorsamen« Sklavinnen, die in Deutschland als Prostituierte galten, immer wieder in den Wald fuhr, wo ihre Schreie nicht zu hören waren, wurde von der Polizei im Jahr 2009 eine Razzia geplant und durchgeführt. »Boki« aber ahnte oder wusste von der Aktion. Und es gelang ihm, sich rechtzeitig in seine Heimat abzusetzen. Von dort aus grüßt er bis heute regelmäßig per Internet und protzt mit seinem luxuriösen, ausschweifenden Leben, umgeben von Porsches, Ferraris und schönen Frauen.

Zwischendurch wurde er mit einer Schießerei in der Nähe von Banja Luka in Verbindung gebracht, bei der ein Sicherheitsunternehmer und zwei weitere Personen getötet wurden. Er wurde in Tatortnähe festgenommen, aber »aus rechtlichen Gründen« oder, zutreffender ausgedrückt, »aufgrund guter

Beziehungen« gleich wieder auf freien Fuß gesetzt. Bedauerlich, dass der deutsche Haftbefehl deshalb wieder nicht vollstreckt werden konnte. Doch dass die deutschen Behörden wegen Zwangsprostitution, Menschenhandels und Zuhälterei inzwischen seit zehn Jahren mit Haftbefehl nach ihm suchen, scheint »Boki« ohnehin nicht zu interessieren. Es sieht so aus, als würden die deutschen Strafverfolgungsbehörden von ihm und in Kreisen, die der OK angehören, nicht (mehr) sehr ernst genommen. In Banja Luka, in Berlin und anderswo.

Wie lukrativ dieser Handel mit jungen Menschen von Ost nach West ist, zeigt das Beispiel eines Gangsters aus Mazedonien, der Frauen in Moldawien und in der Ukraine anwarb und westwärts schleuste, um sie der Prostitution zuzuführen:

Man schrieb das Jahr 2017. Dilaver Bojku, auch »Leku« genannt, war nach Aussage des ehemaligen US-Botschafters in Mazedonien der berühmteste Sohn des kleinen Landes. Es war freilich ein zweifelhafter Ruhm, der ihm zuteil wurde. Galt er doch als Boss eines kriminellen Netzwerks von Menschenhändlern. FBI und Interpol ermittelten gegen ihn. Unter anderem, weil er im mazedonischen Dorf Veleshta regelmäßig Auktionen durchführte und aus den verschiedenen Nachfolgestaaten der Sowjetunion entführte oder angelockte Frauen an Zuhälter und Bar- oder Puffbetreiber verscherbelte.

»Leku« und seine Gang haben in wenigen Jahren nachweislich über 3 000 Frauen auf dem Balkan, aber auch nach Westeuropa verkauft und dadurch Gewinne im zweistelligen Millionenbereich erzielt. Der Menschenhändler, Zuhälter und Gangsterboss Dilaver Bojku wurde in der Vergangenheit mehrfach verhaftet und ins Gefängnis gesteckt, was ihn freilich nicht von weiteren Handelsgeschäften mit kleinen Mädchen und Frauen abhielt. Als es ihm gelang, in spektakulärer Weise aus einer Haftanstalt zu fliehen, erhöhte das sein ohnehin großes Ansehen in Ganovenkreisen. Eines Tages aber saß er friedlich in der Sonne vor seiner kleinen Kneipe am Ufer des Ohrid-Sees im Ort Struga und seine Blicke schweiften über das Wasser, als plötzlich ein Fremder auf ihn zutrat, eine Pistole zog und ihn aus nächster Nähe mit einem Kopfschuss tötete. Der Mörder flüchtete zu Fuß. Zwei Freunde des Getöteten folgten ihm.

Als der Flüchtende auch auf sie mehrere Schüsse abgab, ließen sie von ihm ab. Der Unbekannte verschwand unerkannt.

Der Fall zeigt, wie lukrativ der Handel mit Frauen von Ost nach West war und bis heute ist. Er zeigt aber auch, wie brutal und umkämpft dieser Markt ist und mit welchen Mitteln und Methoden Menschenhändler und Zuhälter nicht nur auf dem Balkan agieren.

Die Entwicklungen im Bereich des Menschenhandels und der Sexsklaverei in den Balkanstaaten wären unvollständig beschrieben, blieben dabei die Minderheiten der Roma unberücksichtigt. Sie sind am Handel mit der »Ware Frau« in und über die Balkanstaaten sehr wesentlich beteiligt und die in den zahlreichen Roma-Dörfern, Roma-Ghettos und Roma-Siedlungen Rumäniens, Bulgariens, Serbiens, Ungarns, Bosnien-Herzegowinas, der Slowakei wohnhaften oder irgendwo in den Wäldern des Balkans hausenden Roma-Frauen und -Kinder sind in hohem Maße von Menschenhandel und Sexsklaverei betroffen. Allein am Stadtrand von Belgrad gibt es etwa 150 Roma-Siedlungen und das Wort »Pajdo« kennt dort jedes Kind. »Pajdo« ist oft hochgradig verunreinigtes Heroin, das die jungen Romnja täglich inhalieren. Wie sonst sollen sie das Leben auf dem Belgrader Straßenstrich aushalten, den sie allabendlich aufsuchen müssen, um satt zu werden?

Wo die Roma auf dem Balkan auch leben, sie sind zumeist an den Rand gedrängt. An den Rand der Städte und Dörfer und an den Rand der Gesellschaften. Sie werden unterdrückt, verachtet und verfolgt. In den Mehrheitsgesellschaften sind noch immer viele falsche Vorstellungen und Vorurteile vorherrschend: »Faulenzen, Geige fiedeln, Hühner klauen …« Sie gelten noch immer als »fahrendes Volk«, dabei sind längst sesshaft. Sie leben allerdings vor allem in patriarchalisch geprägten Gesellschaften. Die Männer haben in den Ghettos und Siedlungen das Sagen, die Mädchen und Frauen haben zu gehorchen. Nicht selten werden diese mit 12 oder 13 Jahren (möglichst gewinnbringend) verheiratet und nicht selten werden sie in diesem Alter darauf vorbereitet, in den Ländern, »wo die Menschen so reich sind«, auf den Strich zu gehen. Sie werden von Roma-Zuhältern rekrutiert, in die Zielländer verbracht und dort von ihnen kontrolliert und überwacht. Das Gesamtgeschehen, so scheint es, wird häufig von einem »Bullibascha« gelenkt und beherrscht. Dieser residiert nicht selten in unmittelbarer Nähe »seines« Ghettos in einer prächtigen Villa, umgeben von parkähnlichen Gärten, verwöhnt von einer zahlreichen Dienerschaft – während die Kinder nebenan in der Roma-Siedlung barfuß im Straßendreck spielen, Frauen in bunten Kleidern Wassereimer vom Brunnen in ihre verfallenen Hütten und Baracken schleppen, Männer ohne Arbeit herumlungern und Drogen konsumieren ...

In Bulgarien wurde bereits im Jahr 2011 einer dieser Clan-Chefs in Haft genommen und für Jahre ins Gefängnis von Sofia gesteckt. Das aber war eher eine seltene, Aufsehen erregende Ausnahme – und ein achtenswertes und mutiges Unterfangen der bulgarischen Polizei. Denn diese Könige der Ghettos, von denen einige auch Bosse des Organisierten Verbrechens sind, haben zumeist viel Einfluss und Macht. Nicht nur über Zehn- oder Hunderttausende von Roma, sondern auch darüber, wem ihre zahlreichen Untertanen bei der nächsten Wahl ihre Stimme geben.

4.2 Akteure im Rotlicht

4.2.1 Albanische und arabische Clans und Großfamilien

Europaweit sind nach Schätzungen von Europol etwa 2500 kriminelle Clans und polykriminelle Gruppierungen aktiv, die sich vorwiegend mit dem Handel von Drogen, Waffen und Menschen befassen. Während Angehörige albanischstämmiger Clans in den 1990er-Jahren das Rotlichtmilieu in Hamburg stürmten und in der Folgezeit Milieuanteile in ganz Deutschland, aber auch in Österreich und in der Schweiz eroberten, setzten sich Familienclans aus dem arabischen Kulturkreis vorwiegend in Berlin, Bremen, Nordrhein-Westfalen und Niedersachsen, aber auch im Osten Deutschlands fest. Viele dieser Clans und Großfamilien agieren jedoch international und treten in verschiedenen Ländern und an verschiedenen Orten in Erscheinung. So ermittelte eine Sonderkommission in Köln gegen Angehörige einer Roma-Großfamilie, die daraufhin ihre Aktivitäten schleunigst in die Schweiz (nach Bern und in den Kanton Graubünden) verlagerten. Ein 2019 begangener Mord in Wien wurde mit der Festnahme eines Clanchefs in Tschechien in Verbindung gebracht. Die in Österreich durchgeführten Ermittlungen ergaben, dass das Tötungsdelikt im Zusammenhang mit den Rivalitäten der montenegrinischen Kartelle des Škaljari- und des Kavac-Clans stand.

Diese Clans und Großfamilien aus Albanien, dem arabischen Raum und den verschiedensten Balkanstaaten haben ihre eigene, von unseren rechtsstaatlichen Vorstellungen und Vorgaben zum Teil erheblich abweichende Werteordnung. Angehörige arabischer Großfamilien wie des Abou-Chaker-Clans, des Miri-Clans, des Remmo-Clans oder der Großfamilie der Al Zeins und anderer albanischer Clans oder (Balkan-)Syndikate traten während der vergangenen Jahre wiederholt als Intensivtäter im Rahmen der Banden- sowie der Organisierten Kriminalität in Erscheinung. Raubüberfälle, Einbruchsdiebstähle, illegaler Drogenhandel, Waffengeschäfte, Geldwäsche, Menschenhandel, Zuhälterei und Tötungsdelikte – die kriminellen Aktivitäten von Angehörigen dieser Clans und Großfamilien gehen quer durchs deutsche Strafgesetzbuch.

Sie leben zumeist in verschlossen Parallelgesellschaften, viele von ihnen lehnen jede Zusammenarbeit mit deutschen (österreichischen, Schweizer) Behörden oder Diensten ab und bestrafen unerwünschte Außenkontakte als Verrat. Und so ist es die seltenste Ausnahme und ein wahrer Glücksfall, wenn von der Polizei 40 000 unverschlüsselte Chatnachrichten abgefangen werden können, bei denen ganz offen über den Kokshandel und andere kriminelle Aktivitäten diskutiert wird, wie das im Jahr 2021 der Fall war, als sich Angehörige des Miri-Clans zu sicher fühlten und den Ermittlern tiefe Einblicke in die Machenschaften der »Familie« ermöglichten. Razzien und Festnahmen waren die Folge.

Man ahnt Schlimmes, was diese Familienverbände betrifft, aber man weiß nur wenig über ihr Innenleben, und das Dunkelfeld im Bereich der Clankriminalität ist groß. Auch was die Aktivitäten dieser Clans und Großfamilien im Rotlicht betrifft, liegt vieles im Dunkeln. Dass sich aber einige »Mitbürger« und Mitglieder dieser Familienclans längst auch in den Prostitutionsmilieus Respekt verschafft haben und zuhälterisch tätig sind, ist erwiesen. Beispiele dafür sind die Einflussnahme des Al-Zein-Clans auf das Prostitutionsgeschehen in Berlin oder die Erkenntnis, dass bereits um das Jahr 2010 einer der Bosse des Abou-Chaker-Clans große Teile des Straßenstrichs rund um die Berliner Kurfürsten- und Oranienburger Straße kontrollierte. Doch auch die zurückliegenden Eroberungszüge albanischstämmiger Eindringlinge in Hamburg St. Pauli und das Machtimperium, das sie sich im Hamburger Milieu und anderswo geschaffen haben, sind Belege für die zuhälterischen Aktivitäten von Angehörigen solcher Großfamilien oder Clans. Auch wurden in der Vergangenheit enge Kontakte von Abou-Chaker-Angehörigen zu den Berliner »Hells Angels« vermutet. So war der Präsident der Berliner »Höllenengel« zusammen mit mehreren Kuttenträgern in einem Musikvideo mit dem Rapper Bushido zu sehen, der den Abou-Chakers sehr nahestand, bis er sich im Jahr 2018 von ihnen lossagte.

Angehörige des Miri-Clans sind vorwiegend in Bremen, aber auch in Essen und Berlin aktiv, haben Ableger in Bochum, Herne, Dortmund, Essen und in ostdeutschen Regionen. Auch sie gerieten immer wieder in Verdacht, neben Schutzgelderpressungen, illegalen Drogen- und Waffengeschäften, Raubstraftaten und Einbruchsdiebstählen, Geldwäsche und anderer (Organisierter) Kriminalität sich auch im Rotlicht um Einfluss und Macht bemüht zu haben und zuhälterisch tätig zu sein. Ein Mitglied des Clans galt als Boss des im Jahre 2011 in Bremen verbotenen Chapters der Motorradreiter »Mongols MC«, die wiederum in gewalttätige Auseinandersetzungen mit den im Rotlicht aktiven »Hells Angels« verwickelt waren.

Menschenhandel und Zuhälterei im großen Stil, spektakuläre Raubstraftaten, Einbruchsdiebstähle, Drogenhandel, Waffenhandel, Geldwäsche, unzählige Morde, hoch kriminelle Subkulturen und Parallelgesellschaften, die ganze Stadtteile kontrollieren, beherrschen und terrorisieren … Das alles ist fraglos die Folge politischer Versäumnisse oder Fehlentscheidungen und ein anhaltendes, vielleicht sogar weiterhin zunehmendes Problem. Nicht zuletzt deshalb, weil es vermehrt Hinweise auf zum Teil sehr enge und auch wechselnde Verbindungen und Verflechtungen zwischen (kosovo-)albanischen Akteuren, arabischen Kriminellen und (Balkan-)Zuhältern und Zuhältergangs sowie verschiedenen Rocker- und rockerähnlichen Gruppierungen gibt. Solche (wechselnden) Beziehungsgeflechte machen die Lage noch undurchschaubarer und die Banden noch gefährlicher, als sie ohnehin schon sind. Auch die verschiedenen Motorradbanden und Kuttenträger setzen sich aus Angehörigen verschiedenster Ethnien zusammen. Manche sind miteinander in Freundschaft verbunden, andere stehen sich feindselig und hasserfüllt gegenüber.

Doch auch über das Innenleben dieser Motorrad- oder Straßengangs ist nur wenig bekannt, weil sie zumeist eisern schweigen, sich allein dem »Code der Gesetzlosen« verpflichtet fühlen und es strikt ablehnen, mit Behörden oder anderen staatlichen oder privaten Einrichtungen der Allgemeinheit zu kooperieren. Dennoch erscheint es von Interesse, die wesentlichen Merkmale und einige Aktivitäten der in den Prostitutionsmilieus aktiven Gangs und auch der Gruppierungen aufzuzeigen, die möglicherweise um Einfluss im Rotlicht bemüht sind oder den jeweiligen Machthabern im Milieu konkurrierend gegenüberstehen. Dabei ist zu berücksichtigen, dass sich die Zielsetzungen, Strategien, Freund- und Feindschaften von Mitgliedern solcher Gangs anlassbedingt schnell ändern können. Die Freunde von heute können schon morgen die größten Feinde sein.

4.2.2 *Rocker- und rockerähnliche Gruppierungen*

Der Unterschied zwischen Rocker- und rockerähnlichen Gruppierungen besteht allein darin, dass bei Rockern Motorräder Pflicht sind, während sie bei den sogenannten rockerähnlichen Gruppierungen oder Straßengangs keine Rolle spielen. Sowohl die einen wie die anderen sind zum Teil seit Jahrzehnten fester, ja nicht wegzudenkender Bestandteil vieler Rotlichtmilieus und sie tragen nicht unwesentlich zum Funktionieren des Ausbeutungssystems »Menschenhandel und Sexsklaverei« bei.

Ihr Erscheinungsbild, ihr Einschüchterungspotenzial und ihre Gewaltbereitschaft haben im Milieu, wo sie auf verschiedenen Hierarchie-Ebenen agieren, vor allem den Zweck, Macht oder Machtanteile zu erobern, Machtbereiche zu sichern und zu erhalten und »feindliche Übernahmen« von Machtbereichen zu verhindern. Einzelpersonen können das, spätestens seit dem Eindringen und der Einflussnahme auf die Milieus durch ausländische Zuhältergruppierungen und kriminelle Banden, durch kriminelle

Clans und Großfamilien, die in weiten Teilen der OK zuzuordnen sind, nicht mehr leisten. Respekteinflößende Rocker- und rockerähnliche Gruppierungen aber haben das Potenzial, Machtbereiche zu erobern, zu beherrschen und zu sichern. Und diesen Respekt verschaffen sie sich mit massivem Auftreten, mit Drohgebärden und Attacken, mit Baseballschlägern, Pumpguns, Pistolen vom Kaliber von mindestens neun Millimeter, einer nicht zu übersehenden, deutlich ausgebeulten Jacke oder einem Kampfhund an der Leine. Respekt verschaffen sie sich aber auch durch rücksichtslose Gewalttaten, durch wüste Schlägereien, Messerstechereien, Schießereien, durch Mord und Totschlag und auch durch Eroberungszüge im Milieu oder den Raub von Frauen oder Gütern …

Mitglieder solcher Gangs verrichten auf unterster Ebene die tägliche oder nächtliche Schmutzarbeit. Sie überwachen, kontrollieren, üben Druck aus, demonstrieren Macht, erzeugen Ängste, drohen und bestrafen. Sie nehmen da und dort aber auch Machtpositionen und eine übergeordnete Rolle ein, überwachen und beherrschen bestimmte Bereiche, haben sich in der Türsteherszene etabliert oder kontrollieren einzelne Objekte, Straßenzüge oder eine bestimmte Anzahl von Frauen. Mitglieder solcher Banden agieren aber auch international. Als Glieder der Handelskette, die von den Rekrutierungsländern der »Ware Frau« in die Zielgebiete und deren Puffs und Straßenstriche reicht. Sie sind die Lieferanten derer, die sexuell ausgebeutet werden. Manche von ihnen sind Motorradreiter, Menschenhändler und Zuhälter zugleich.

Bietet sich den Bossen solcher Banden die Gelegenheit, Milieuanteile oder ein ganzes Milieu zu übernehmen und zu beherrschen, greifen sie ohne Zögern zu. Sehr wohl wissend, dass ihnen damit der Löwenanteil aller Einnahmen aus den schmutzigen Prostitutions- und Drogengeschäften und anderer Begleitkriminalität zufließt. Manche thronen also (zumindest vorübergehend) ganz oben in der Milieuhierarchie. Sie sind die Bosse im Milieu – so lange, bis andere kommen, die mehr Einschüchterungspotenzial und mehr Gewaltbereitschaft aufweisen als sie selbst. Nicht selten aber werden Rockergruppierungen für die eigentlichen Machthaber im Milieu gehalten – was den tatsächlichen Bossen nur recht sein kann –, sie sind es jedoch nicht. Die wahren Machtverhältnisse in den einzelnen Milieus lassen sich, so wie die jeweiligen Machenschaften und kriminellen Handlungsweisen auch, zumeist nur noch durch in die Tiefe gehende polizeiliche Strukturermittlungen feststellen oder klären. Das Wissen, auch das polizeiliche Wissen, über das Innenleben und die Aktivitäten der Rocker- und rockerähnlichen Banden ist jedoch lückenhaft. So wie das Wissen über die kriminellen albanischen oder arabischen Clans und Tätergruppierungen aus anderen Herkunftsländern, die sich in Deutschland niedergelassen haben. Das aber verwundert nicht, denn sie alle zeichnen sich durch eine nicht zu brechende Verschlossenheit aus, sie regeln alles intern und ohne Aufsehen und gewähren nur selten Einblicke in ihr Innenleben. Sie halten eisern zusammen und schweigen. Das Tabu zu brechen und mit der Polizei oder anderen Behörden zu kooperieren, wird nicht geduldet und bei Verstößen drastisch bestraft.

Dennoch erlauben die vorliegenden polizeilichen Erkenntnisse gewisse Einblicke und Hinweise auf das Engagement und die zuhälterischen Aktivitäten der einzelnen Rocker- und rockerähnlichen Gruppierungen im Bereich der Rotlicht- und Organisierten Kriminalität. Dabei ist die kriminelle Energie und Gewaltbereitschaft bemerkenswert, die von einigen dieser Gruppierungen ausgeht. Sie schlagen und stechen nicht selten rücksichtslos zu und sie schießen, ohne zu zögern, um ihre Vorhaben und Ziele durchzusetzen – sie töten skrupellos. Auch ihre nachgewiesene Fähigkeit, mithilfe moderner Kommunikationsmittel in kürzester Zeit massive und höchst bedrohliche Auftritte von Hunderten Kuttenträgern (aus dem In- und Ausland) zu mobilisieren, verdient Beachtung. Kriminalistisch, politisch und gesellschaftlich sind jedoch vor allem die unterschiedlichen Ethnien von größtem Interesse, die sich unter den Motorradhelmen verbergen, denn diese fühlen sich zum Teil in »inniger Feindschaft« verbunden. Manche dieser hasserfüllten Rivalitäten und Feindschaften gleichen einem Pulverfass, das jederzeit zu explodieren droht. Sie könnten zu einer echten Herausforderung und sehr ernsthaften Bedrohung für Staat und Gesellschaft anwachsen – sofern sie es nicht bereits sind.

»Hells Angels Motorcycle Club« (HAMC)

Die »Hells Angels« wurden 1948 in den USA gegründet. Derzeit gibt es über 30 Charter (Orts- und Ländervertretungen) weltweit. In Deutschland sind die Motorradrocker seit 1970 aktiv. Und sie bekennen sich ausdrücklich zu ihren Aktivitäten im Rotlicht. Mitglieder der »Hells Angels« wurden in der Vergangenheit neben oder im Zusammenhang mit ihren Rotlichtaktivitäten immer wieder mit schweren und schwersten Straftaten in Verbindung gebracht. »Höllenengel« töteten und wurden getötet. In Skandinavien forderte der »Rockerkrieg« zwischen den um die Macht in den Bereichen des Waffen-, Drogen- und Menschenhandels rivalisierenden Bandidos und den »Hells Angels« in den 1990er-Jahren zahlreiche Tote. Bei diesen Auseinandersetzungen in den Nordländern wurden Handgranaten, Maschinenpistolen und Granatwerfer eingesetzt.

Kriminologisch sind die »Hells Angels« einer Subkultur mit Normen und Werten zuzuordnen, die erheblich von denen der Allgemeinheit abweichen. Mitglieder der deutschen Chapter begingen in der Vergangenheit zahlreiche Gewaltdelikte, viele davon im Zusammenhang mit dem Bemühen um Machterhalt oder Machtzugewinn in den Rotlichtmilieus. Schon Anfang der 1980er-Jahre etablierten sie sich als Zuhälter und Bordellbetreiber in Hamburg St. Pauli und bald wurden ihnen schwerste Straftaten zugeordnet. Am 11. August 1983 sah sich die Polizei veranlasst, mit 500 eingesetzten Beamten das Vereinshaus »Angels Place« auf der Hamburger Sternschanze zu stürmen. Voraus ging der Mord an einem Discobetreiber auf der Insel Sylt. Mehrere Mitglieder des Motorradclubs (MC) wurden wegen mutmaßlicher Beteiligung an diesem Tötungsdelikt und anderer schwerer Straftaten festgenommen und zu mehrjährigen Haftstrafen verurteilt. Nachdem führende Köpfe des Hamburger Chapters außer Gefecht gesetzt waren, weil sie festgenommen und zum Teil zu langjährigen Haftstrafen verurteilt wurden, nutzten die »Höllenengel« aus Hannover ihre Chance und eroberten in kürzester Zeit die Macht über mehrere Hamburger Bordelle, unter anderem über das »Pascha« auf der Reeperbahn. Boss der Hannoveraner war ein gewisser Frank Hanebuth, der schon Anführer des hannoverischen MC der »Bones« war, die bis 1999 existierten und dann mit den »Hells Angels« fusionierten. Nach Hinweisen auf Gewalttaten, begangen an den von ihnen kontrollierten Prostituierten, führte die Hamburger Polizei am 1. November 2000 eine Großrazzia durch, bei der 400 Beamte eingesetzt waren. Im Anschluss daran wurde die gesamte Führungsriege der Rockergruppierung auf St. Pauli verhaftet.

Hanebuth, der »Steintorkönig« (am Steintor befindet sich das Rotlichtviertel von Hannover), wurde wegen schwerer Körperverletzung zu einer mehrjährigen Haftstrafe verurteilt. Die Polizeiaktion und die Haftstrafe verfehlten ihre Wirkung nicht. Der Hells-Angels-Boss zog sich nach seiner Entlassung wieder nach Hannover zurück. Dort kontrollierte er große Teile des Rotlichtviertels »Steintor« und verschaffte sich Ansehen, weil es ihm gelang, den Kampf ums »Steintor« zwischen Albanern, Russen und Türken zu befrieden. Er knüpfte Beziehungen zur Lokalpresse und entwickelte sich immer mehr zur gesellschaftlichen Größe. Er wurde Teil eines Netzwerks von Honoratioren der Stadt und hatte Zugang zu einflussreichen Kreisen. Nachdem sich der Innenminister Niedersachsens veranlasst sah, den Polizeipräsidenten von Hannover abzusetzen, weil bekannt wurde, dass dieser in einer Steintorbar gefeiert hatte, gab Hanebuth 2011 bekannt, dass er sich mit seinem »Sicherheitsdienst« vom »Steintor« zurückziehen werde. Dessen ungeachtet seilten sich am 24. Mai 2012 Spezialeinsatzkräfte der deutschen Bundespolizei GSG 9 von einem Hubschrauber aus im Garten der Villa des Rockerkönigs ab, um sein Anwesen zu stürmen und zu durchsuchen. Kurz danach löste sich das Chapter der »Hells Angels« in Hannover auf. Das gegen Hanebuth anhängige Verfahren wegen eines Auftragsmordes wurde ein Jahr später mangels hinreichenden Tatverdachts eingestellt. Am 23. Juli 2013 wurde der ehemalige Rockerboss und »Steintorkönig« auf Mallorca festgenommen. Als Kopf des Hells-Angels-Chapters »Spain« wurde ihm die Bildung einer kriminellen Vereinigung, Förderung der illegalen Prostitution, Drogenhandel und Geldwäsche vorgeworfen. Nach zwei Jahren Haft wurde er im Juli 2015 gegen eine Kaution von 60 000 Euro aus der Haft entlassen. Im Juli 2018 eröffnete er wieder eine Bar in Hannover. Anfang des Jahres 2019 erhob die Staatsanwaltschaft in Spanien Anklage gegen ihn. Dort drohen ihm dem Vernehmen nach 13 Jahre Haft. In Hannover ging die Justiz freilich nicht so streng mit dem Rockerchef um. Trotz seiner Vorstrafen wurde er im August 2020 nur zu einer Geldstrafe verurteilt, weil er zusammen mit einigen anderen einen 40-Jährigen tätlich angegriffen hatte. Und im September 2021 wurde ein Verfahren eingestellt, nachdem er zusammen mit mindestens neun weiteren Personen die Hannover Polizei daran gehindert hatte, einem 37-Jährigen beizustehen, der im Rotlichtmilieu von Hannover zusammengeschlagen wurde. Hanebuth konnte die Angelegenheit erledigen, indem er 1000 Euro an einen Verein überwies, welcher sexuell missbrauchten Mädchen und Frauen beisteht.

Bemerkenswert erscheinen im Zusammenhang mit dem »Steintorkönig« und einstigen Boss der hannoverischen »Hells Angels« wiederum die innigen Beziehungen zu einflussreichen Persönlichkeiten der Stadt. Dass der Polizeipräsident der Landeshauptstadt in einer Bar des Rotlichtviertels feierte und deshalb von seiner Funktion entbunden werden musste, erscheint in diesem Zusammenhang noch einer der belangloseren Hinweise auf Verflechtungen zwischen Einflussreichen und Mächtigen der Stadt und des Milieus.

Was die »Hells Angels« im Allgemeinen und ihre Aktivitäten in Deutschland betrifft, kam es in der Vergangenheit vor allem im Rahmen der Machtkämpfe mit den rivalisierenden »Bandidos« immer wieder zu spektakulären Auseinandersetzungen und zu zahlreichen Tötungsdelikten. Im Jahr 2008 wurden vom Landgericht Münster zwei »Bandidos« zu lebenslanger Haft verurteilt, weil sie nach vorausgegangenen Streitigkeiten einen »Höllenengel« ermordet hatten. Im Jahr 2009 wurde ein »Bandido« von einem Anwärter der »Höllenengel« erschossen, was zahlreiche, zum Teil sehr heftige Auseinandersetzungen nach sich zog. Im Juli 2011 waren mehrere »Bandidos« aus Weimar und Jena nach einer Messerattacke auf einen »Hells Angel« beim Landgericht Erfurt angeklagt. Es gab Schießereien und Messerattacken mit Schwerverletzten und Toten unter anderem in Berlin, Cottbus und in Duisburg. Am 4. Mai 2010 wurden in Kaiserslautern zwei »Höllenengel« wegen Körperverletzung mit Todesfolge zu jeweils sieben Jahren und sechs Monaten Haft verurteilt. Sie hatten den Präsidenten des Charters der »Outlaws« beseitigt.

An Pfingsten 2010 wurde dann so überraschend wie medienwirksam Frieden zwischen den »Bandidos« und den »Hells Angels« geschlossen. Der aber schien brüchig, denn schon ein Jahr später, am 16. Mai 2011, wurde der Präsident der Berliner »Hells Angels« überfallen und lebensgefährlich verletzt. Dem »Code der Gesetzlosen« entsprechend, verweigerte er jegliche Aussage über den Täter und mögliche Tatbeteiligte und lehnte jede Zusammenarbeit mit der Berliner Polizei ab. Der geschlossene Friede zwischen den »Hells Angels« und den »Bandidos« war nach Einschätzung von sachkundigen Kriminalisten jedenfalls nichts anderes als ein Ablenkungsmanöver von den schmutzigen Geschäften mit Waffen, Drogen und mit Menschen. Ob der Mord an Aygün Mucuk, dem Präsidenten der »Hells Angels« in Gießen, im Jahr 2016 auf die Rivalitäten mit den »Bandidos« zurückzuführen ist, bleibt unklar. Der oder die Täter ist/sind bis heute unbekannt.

Die »Hells Angels« scheinen nach wie vor eine Vormachtstellung in den deutschen Rotlichtmilieus zu behaupten. Als im Jahr 2019 die Betreiber der Nobelbordelle »Paradise« beim Landgericht Stuttgart angeklagt und verurteilt wurden (Beihilfe zum Menschenhandel, Zuhälterei u. a.), wurde deutlich, dass in den »paradiesischen Bordellen« die »Hells Angels« und Mitglieder der »United Tribuns« mitregierten. Beide Gruppierungen stehen oder standen sich zwar mancherorts konkurrierend gegenüber, schienen hier jedoch friedlich und arbeitsteilig agiert und kassiert zu haben. Über die Umgangsformen in den Edelbordellen kam während des Prozesses ans Licht, dass dort tätige Frauen dazu gezwungen wurden, sich den Namen ihres jeweiligen Besitzers auf den Bauch tätowieren zu lassen, oder ihnen damit gedroht wurde, ihr Gesicht mit einem Teppichmesser zu zerfleischen. Das klang ganz anders als das, was die angeklagten Betreiber der Edelbordelle zuvor in so manchen Talkrunden dem deutschen Fernsehpublikum erzählen durften.

»Bandidos Motorcycle Club« (BMC)

Der nach den »Hells Angels« zweitgrößte Rocker- und Motorradclub der Welt wurde im Jahr 1966 in Houston/Texas von Vietnam-Kriegsveteranen gegründet. Heute werden über 200 Ortsgruppen in über zwanzig Ländern gezählt. Die Mitgliederzahl wird weltweit auf etwa 5 000 geschätzt.

Der seit 1999 in Deutschland ansässige Club stand schon bald im Verdacht, der Organisierten Kriminalität nahezustehen. Die Kuttenträger mit dem

»Mexican-Patch« auf den Jacken wurden vor allem in Nordrhein-Westfalen aber auch darüber hinaus aktiv. Zeitweise wurden in Deutschland 38 Chapter mit mindestens 650 Mitgliedern gezählt. Im Mittelpunkt der Gewalttaten, die den »Bandidos« zugeordnet wurden, standen häufig die Machtkämpfe mit den Rivalen der »Hells Angels«. Als der türkischstämmige Präsident der »Bandidos MC Cologne« zufällig auf einen Rivalen der »Hells Angels« traf, begannen beide nicht zu diskutieren, sondern sofort aufeinander zu schießen. Damit begann der »Bandenkrieg« der Kölner »Hells Angels« mit den prosperierenden Chaptern unter dem Kommando der »Bandidos MC Federation West Central«. Noch am gleichen Tag durchsiebte ein »Bandido« die Scheiben eines Kölner Cafés und die Türen eines Hells-Angels-Treffs in Köln-Buchheim.

Die Rivalitäten zwischen den beiden größten Rockergruppierungen gipfelten 2018 im »Hagener Rockerkrieg« mit einer wilden Schießerei auf offener Straße, einem Mordversuch und zahlreichen Körperverletzungsdelikten. »Bandidos« kämpften mit den »Höllenengeln« und den »Freeway Riders« um die Macht – auch um die Macht im Milieu. Solche Auseinandersetzungen und Machtkämpfe mit den »Hells Angels« führten die »Bandidos« zwangsläufig auch ins Rotlicht, obwohl sie eigenen Angaben zufolge mit der Prostitution nichts zu tun haben und sich in dieser Hinsicht klar von den »Hells Angels« absetzen wollten. In Ulm und Neu-Ulm waren die Bandidos im Zusammenhang mit Streitigkeiten im Milieu mehrfach in zum Teil heftige Auseinandersetzungen mit Angehörigen des Chapters der Rock-Machine-Rocker verwickelt. Beim Bundesinnenministerium wurde dann auch festgestellt, dass Mitglieder der »Bandidos« schwerste Straftaten begangen hatten und begingen: Sprengstoffanschläge, Mord, räuberische Erpressung, Drogenhandel, Menschenhandel, Zuhälterei, Vergewaltigungen … Im Jahr 2021 wurde der »Bandidos MC« deshalb verboten.

»Outlaws Motorcycle Club« (OMC)

Der Club gehört zusammen mit den »Hells Angels«, den »Bandidos« und dem »Pagan MC« zu den »big four« der Motorradgangs in den USA. Der

»Outlaws MC« wurde 1935 in einer Bar an der berühmten Route 66 in Illinois gegründet und soll weltweit annähernd 300 Chapter zählen. Im Jahr 1969 wurde die Frau eines »Hells Angel« von einem »Outlaw« vergewaltigt, eine folgenschwere Tat. Es kam zu zahlreichen Auseinandersetzungen, die 1974 darin gipfelten, dass in einem Clubhaus der »Outlaws« drei »Höllenengel« ermordet wurden. Daraufhin erklärte man sich gegenseitig den »Krieg« und der, so scheint es, hält bis heute an.

In Deutschland gibt es die »Outlaws« seit dem Jahr 2001. Damals traten die »Schwarzen Ghost-Rider« der »Outlaws-Nation« bei (während die »Gelben Ghost-Rider« bereits 1999 zu den »Bandidos« übertraten).

Die Mitglieder des Clubs standen bald im Verdacht, in Waffen- und Drogengeschäfte verwickelt zu sein. Im Rotlichtmilieu sind sie nach eigenen Angaben nicht aktiv. Damit wollen sie sich, ähnlich wie die »Bandidos«, demonstrativ von den »Hells Angels« absetzen, die mit ihrer dominanten Rolle im Rotlicht geradezu prahlen. Tatsächlich dürfte sich ihr kriminelles Tun im Wesentlichen auf den Handel mit Drogen und mögliche Waffengeschäfte beschränken – aber auch diese Geschäfte führen fast zwangsläufig ins Rotlichtmilieu. Erkenntnisse, nach denen Mitglieder der »Outlaws« auch zuhälterisch tätig sein könnten, liegen jedoch nicht vor.

»United Tribuns«

Die Mitgliederzahl dieser rockerähnlichen Gruppierung wird vom Verfassungsschutz weltweit auf etwa 1700 geschätzt. Die »United Tribuns« wurden im Jahr 2004 vom bosnischen Boxer Armin Culum gegründet und bestehen im Wesentlichen aus Bodybuildern, Kampfsportlern und Türstehern.

Culum betrieb mit den Mitgliedern seiner Bande bis 2009 verschiedene Bordelle und Laufhäuser in Deutschland, unter anderem das »La Notte« in Villingen-Schwenningen. »Boki«, wie er genannt wurde, galt als brutaler Zuhälter. Als im Jahr 2009 eine groß angelegte Razzia vorbereitet wurde, die seine Objekte betraf, tauchte er zusammen mit seinem Cousin »Dado« rechtzeitig unter und beide setzten sich in ihr Heimaltland ab. Dort, so entsprechende Hinweise, leben sie in dem kleinen Dorf Sanica. Der gegen Culum ausgestellte internationale Haftbefehl konnte bislang nicht vollstreckt werden.

Die beachtlichen Rotlichtaktivitäten und kriminellen Umtriebe der »United Tribuns« in Deutschland waren mit der Flucht des Bosses allerdings nicht beendet. Im Jahr 2010 waren beim Landgericht Konstanz fünf Mitglieder der Bande wegen ausbeuterischer Zuhälterei, Menschenhandels und Körperverletzungsdelikten in über zwanzig Fällen angeklagt. Im November 2011 kam es zu mit Messern und Schusswaffen ausgetragenen Auseinandersetzungen zwischen Mitgliedern der »United Tribuns« und den »Hells Angels« in Pforzheim. Beteiligt waren bis zu fünfzig Personen, es gab drei Schwerstverletzte. Im Dezember des gleichen Jahres sollte es dann offensichtlich zu einer finalen Auseinandersetzung zwischen Mitgliedern der »Black Jackets« und den »United Tribuns« kommen, nachdem etwa zwanzig Mitglieder der »United Tribuns« vier in einem Pkw sitzende »Black Jackets« angegriffen hatten. Etwa 500 »Black Jackets« reisten daraufhin aus dem gesamten Bundesgebiet an. Die Pforzheimer Polizei verhinderte Schlimmes. Mitte 2015 eskalierte dann der Bandenkrieg zwischen den »United Tribuns« und der Gruppe »Sondame«, die den Red-Legion-Rockern zugeordnet wird. Der Druck der »Sondame«-Kurden wurde so stark, dass sich die »United Tribuns« zurückziehen mussten. Mehrere Chapter, darunter alle in der Schweiz existierenden Niederlassungen der »United Tribuns« wurden geschlossen. Seither hat die Schweiz keinen Ableger der Balkan-Rocker mehr. Dieser erzwungene Rückzug hatte einen großen Imageschaden für die rockerähnliche Vereinigung der »United Tribuns« zur Folge. Und so kam es in der Folgezeit nur noch vereinzelt zu Aufmerksamkeit erregenden Vorfällen. Im April 2016 wurde der Vizepräsident des Ulmer Chapters in Heidenheim getötet. Sein Bruder überlebte einen Bauchschuss schwer verletzt. Der Täter, ein Mitglied der »Black Jackets«, wurde zu 13 Jahren Haft verurteilt. Und im Juni 2016 kam es in Leipzig zu einer tätlichen Auseinandersetzung, bei der ein Anwärter der »United Tribuns« mit mehreren Schüssen getötet wurde. Beim Prozess gegen die Betreiber der Nobelbordelle »Paradise« wurde bekannt, dass diesen Häusern von den »Höllenengeln« aber auch von Mitgliedern der »United Tribuns« Frauen zugeführt wurden.

»Gremium Motorcycle Club« (GMC)

Es ist der größte deutsche, aber auch europäische Motorradclub und der einzige deutschen Ursprungs, der sich nicht den großen internationalen Clubs der »Hells Angels«, der »Bandidos« oder der »Outlaws« angeschlossen hat. Der Club wurde 1972 in Mannheim gegründet. Das Rückenabzeichen (»Backpatch«) der Motorradreiter dieses Clubs zeigt über dem Schriftzug GREMIUM eine Faust, die durch Wolken stößt. Die aus ausländischen Mitgliedern bestehenden Clubs tragen statt des jeweiligen Städtenamens ihr Herkunftsland auf der Kutte, so zum Beispiel »BIH« für Bosnien-Herzegowina. Auffällig häufig finden sich auch die Bezeichnung »Black Seven« und die Zahl 7 wieder, da das Wort GREMIUM aus sieben Buchstaben besteht und »G« der siebte Buchstabe im Alphabet ist. 1988 wurde der Club vom Innenministerium Baden-Württemberg als kriminelle Vereinigung verboten. Das Verbot wurde aber 1992 vom Verwaltungsgerichtshof Baden-Württemberg wieder aufgehoben. Beobachtungen des Verfassungsschutzes ergaben dennoch immer wieder Hinweise auf die Beteiligung von Clubmitgliedern am Menschenhandel und an der Prostitution, am Handel mit Waffen und mit Drogen sowie auf die Nähe zur Organisierten Kriminalität. Laut Bundeskriminalamt wurden allein im Jahr 2010 drei OK-Verfahren mit Bezug zum »Gremium MC« registriert. 2013 wurde der Club, der in der Vergangenheit auch mit der rechtsextremistischen Szene in Verbindung gebracht wurde, in Sachsen verboten. In verschiedenen anderen Bundesländern wurden dem MC Gremium 2014 strenge Auflagen erteilt.

»Black Jackets«

Die 1985 in Heidenheim gegründete Bande von erwachsenen und jugendlichen Zuwanderern, vorwiegend aus der Türkei und dem ehemaligen Jugoslawien, ist kein Motorcycle-Club (eine Mitgliedschaft ist nicht vom Besitz eines Motorrads abhängig und die allermeisten Angehörigen dieser Bande benutzen Autos), sondern eine Streetgang mit ausgesprochen hohem Aggressionspotenzial. Die Mitglieder sind in schwarze Bomberjacken gekleidet, was Zusammengehörigkeit, aber auch Selbstbewusstsein demonstrieren soll. Die Polizei geht von etwa 500 Mitgliedern in Baden-Württemberg aus. Die allermeisten von ihnen sind türkische Staatsangehörige oder haben türkische Wurzeln. Sie versuchen im Rotlicht mit der (Zwangs-)Prostitution und parallel dazu mit Drogengeschäften Geld zu verdienen.

Die Gruppe fiel immer wieder durch Gewalttätigkeiten, auch im Zusammenhang mit ihren Aktivitäten in den Rotlichtmilieus, auf. Im Januar 2009 knüppelten zwischen zehn und fünfzehn Mitglieder des Chapters Stuttgart »South Central« zwei russischstämmige Männer nieder und verletzten diese schwer. Am 27. Juni 2009 schlugen über zwanzig vermummte Mitglieder des Stuttgarter Chapters »South Central« auf Jugendliche einer Esslinger Schule ein und verletzten diese zum Teil sehr schwer. Es kam zu einer Razzia und zu Anklagen wegen versuchten Mordes, gefährlicher Körperverletzung und schweren Landfriedensbruchs. Einige Mitglieder der »Black Jackets« wurden zu langjährigen Haftstrafen verurteilt. Weitere beabsichtigte (und zum Teil von der Polizei verhinderte) oder erfolgte tätliche Auseinandersetzungen zwischen den »Black Jackets« und anderen Gruppierungen gab es in Horb, Rottweil, Pforzheim und im Kreis Ludwigsburg, aber auch in Bad Godesberg und in Aachen. Am 21. Dezember 2012 wurde der Träger einer Bomberjacke in Esslingen von einem Angehörigen der »Red Legion« erstochen. Weitere fünf Personen wurden bei diesem Angriff schwer verletzt. Der Täter wurde zu einer lebenslangen Freiheitsstrafe verurteilt. Im Januar 2013 wurde in Villingen-Schwenningen der Chef der neu formierten rockerähnlichen Gruppierung »Black Warriors« wegen Verdachts des Menschenhandels festgenommen. Ein Mitbegründer der neu gegründeten Organisation, so stellte sich heraus, war zuvor Mitglied des (inzwischen aufgelösten) Chapters der »Black Jackets« in Pforzheim. Im März 2013 wurden zwei »Schwarze Bomberjacken« in einem Ulmer Bordell festgenommen. Und im November des gleichen Jahres verhinderte die Münchner Polizei eine Auseinandersetzung zwischen den »Black Jackets« und den »Hells Angels«. Im April 2016 kam es schließlich in Heidenheim zu einer Auseinandersetzung zwischen »Black Jackets« und Mitgliedern der »United Tribuns«. Das Ergebnis: ein Toter, ein Schwerverletzter.

»Red Legion«

Die »Red Legion« hat mehr als 100 Mitglieder zumeist kurdischer Herkunft und ist vorwiegend im Raum Stuttgart aktiv. Gewalt, Drohungen, Machtgehabe und Racheakte sind zentrale Elemente der »Red Legion«, die sich immer wieder an den Machtkämpfen in der Rotlicht- und Türsteherszene beteiligt. Am 15. Jänner 2012 wurde ein ehemaliges Black-Jacket-Mitglied in einer Bar im Raum Ludwigsburg von Angehörigen der »Red Legion« angegriffen. Die Bar wurde dabei verwüstet. Im Dezember 2012 kam es in Esslingen zu einer Messerstecherei zwischen den »Black Jackets« und den »Roten Legionären«. Ein 22-jähriger »Black Jacket« starb, zehn weitere wurden schwer verletzt. Mehrere Angehörige der »Red Legion« wurden zu langjährigen Haftstrafen verurteilt. Im Februar 2013 kam es zu einer wilden Schießerei zwischen Mitgliedern der »Black Jackets« und der »Red Legion« in Ulm. Daraufhin folgten weitere schwere Auseinandersetzungen zwischen den Angehörigen der »Red Legion« und anderen Gruppierungen sowie der Polizei im Raum Stuttgart. Im Juli 2013 kam es zu Auseinandersetzungen mit den »Hells Angels« in Stuttgart und im August 2013 mit der Stuttgarter Polizei. Im Februar 2014 folgte eine wilde Massenschlägerei in Ludwigsburg zwischen Mitgliedern der »Red Legion« und den »Black Jackets«. Im März 2015 kam es erneut zu Ausschreitungen in Ludwigsburg und in den Jahren 2016 und 2017 zu zum Teil sehr heftigen Begegnungen zwischen den »Stuttgarter Kurden« und den türkisch-nationalistischen Osmanen. Schließlich wurde die Organisation »Bahoz« zum Sammelbecken aller militanten Anhänger der kurdischstämmigen Bewegung.

»Bahoz«

Die Streetgang und rockerähnliche Gruppierung »Bahoz« (kurdisch: Sturm) wurde 2016 in Baden-Württemberg gegründet und dürfte im Wesentlichen aus der im Jahr 2013 in Baden-Württemberg verbotenen und ebenfalls der »Arbeiterpartei Kurdistans« (PKK) nahestehenden »Red Legion« hervorgegangen sein. »Bahoz« hat schätzungsweise über 1000 Mitglieder und ist die kurdische Antwort auf die Gründung und die Aktivitäten des türkischen Boxclubs der »Osmanen« in Deutschland; er steht dem Club »Osmanen Germania« feindlich gegenüber. Im Juli 2016 verhinderte die Ulmer Polizei eine Schlägerei zwischen den verfeindeten Gruppierungen. Im August des gleichen Jahres wurde nach einem Handgranaten-Anschlag auf eine Shishabar in Saarbrücken und anderen Gewalttaten ein »Bahoz«-Mitglied festgenommen. Im November 2016 kam es zu Brandanschlägen in Stuttgart und Ludwigsburg und nach verschiedenen Gewalttaten im Dezember des gleichen Jahres zu einer Razzia im Raum Gießen. Zehn Personen wurden festgenommen und Messer, Schlagwerkzeuge und Drogen sichergestellt. 2017 wurde eine Personengruppe in Bietigheim-Bissingen aus dem Auto heraus beschossen. Es kam zu Durchsuchungen und zu Festnahmen von Mitgliedern und Unterstützern von »Bahoz«. All diese Attacken und Gewalttaten wurden auf die feindschaftlichen Beziehungen zwischen Kurden und Türken beziehungsweise zwischen Angehörigen der Gruppierungen »Bahoz« und solchen vom Boxclub »Osmanen Germania« zurückgeführt. Allein wegen der Nähe dieser Gruppierung zur »Red Legion« ist davon auszugehen, dass sich »Bahoz« auch im Bereich der Rotlichtmilieus und der Türsteherszene bewegt oder aber sich Machträume im Milieu verschaffen will.

»Osmanen Germania Boxclub«

Die türkisch-nationalistische rockerähnliche Gruppierung wurde 2015 gegründet und in Deutschland im Jahr 2018 verboten. Der Club steht der AKP und möglicherweise auch den rechtsextremen »Grauen Wölfen« nahe und dementsprechend linken türkischen Bewegungen wie kurdischen Organisationen und der Gülen-Bewegung feindlich gegenüber.

Das in Deutschland verhängte Verbot ist nicht zuletzt auf zahlreiche Gewalttaten zurückzuführen, die von Mitgliedern des Clubs an andersdenkenden Türken oder Kurden, vor allem in Baden-Württemberg und Nordrhein-Westfalen, begangen wurden. Allen voran an Clubmitgliedern der kurdischen Gang »Bahoz«. Beim Landgericht Stuttgart waren 2018 acht zum Teil führende Mitglieder des Boxclubs unter anderem wegen versuchten Mordes, versuchten Totschlags und Menschenhandels angeklagt. Neben dem Schwerpunkt Deutschland baute der Club auch Strukturen in der Türkei, in Österreich, in der Schweiz und in Schweden auf. Die »Red Legion«, »Bahoz« und die »Osmanen Germania« scheinen vorwiegend politisch motiviert zu sein. Hinweise auf Menschenhandel und die Nähe einzelner Mitglieder zu Personen, die dem Rotlichtmilieu zuzuordnen sind, könnten jedoch Hinweis darauf sein, dass sie auch in diesem Bereich vermehrt Fuß zu fassen versuchen.

Einige Mitglieder des Boxclubs »Osmanen Germania«, die meisten zwischen 15 und 30 Jahre alt, gehen Erkenntnissen zufolge keiner geregelten Arbeit nach, sondern sind in der Drogen-, aber auch in der Türsteher- und Rotlichtszene aktiv.

»Rock Machine Motorcycle Club«

Diese »Outlaws Motorcycle Gang« wurde 1986 gegründet und hat Chapter in den USA, in Kanada, Australien, und seit dem Jahre 2011 gibt es den Club auch in Deutschland. Die Rock-Machine-Rocker standen im Mittelpunkt des erbitterten Rockerkriegs um den Drogenmarkt in Montreal in den 1990er-Jahren. Während dem sieben Jahre andauernden Konflikt gab es 160 Tote und zahllose Verletzte.

In Deutschland kam es in der Vergangenheit vor allem zu Auseinandersetzungen mit den »Bandidos«. Seit der Gründung eines Ortsclubs in Ulm durch den Kosovo-Albaner und Ex-»Bandido« Suat E. gab es eine ganze Reihe von Provokationen. Unter anderem die Schießerei in der Türsteherszene von Neu-Ulm am 16. Dezember 2012, die einen Toten und einen Schwerverletzten zur Folge hatte. Allein dieses Tötungsdelikt in Neu-Ulm und die Aktivitäten von Clubmitgliedern in der Doppelstadt an der Donau lassen die Nähe von Gangmitgliedern zum Zuhältermilieu und zur Türsteherszene erkennen.

»Mongols Motorcycle Club«

»Mongols«, ebenfalls eine »Outlaw Motorcycle Gang«, wurde 1969 in Kalifornien gegründet und hat heute etwa 500 Mitglieder und Chapter in 14 Staaten. Im August 2010 gründete der arabischsprechende Mhallami aus dem Miri-Clan einen deutschen Ableger des »Mongols MC« in Bremen. Dieser wurde am 20. Mai 2011 vom Bremer Senat verboten, weil die Mitglieder als kriminell und gewaltbereit eingestuft wurden und der Zusammenschluss allein zur Begehung von Straftaten erfolgt wäre. Im gleichen Jahr wurde ein Chapter der »Mongols« in Berlin gegründet, nach Bombenfunden von der Polizei aber auch gleich wieder aufgelöst. In den Folgejahren gab es Hinweise auf Chapter in mehreren anderen deutschen Städten. In Hamburg schloss sich ein als Zuhälter geltender Erkan den »Mongols« an. Er soll selbst eine Handgranate unter seinem roten Lamborghini gezündet haben, weil so ein Knall Respekt auf dem Kiez hervorruft. Mitglieder seiner Gang waren unter anderem an dem ins Gesicht tätowierten Schriftzug »MffM« zu erkennen – »Mongols forever, forever Mongols«.

Die »Mongols« versuchten in den Jahren 2015/2016 in Hamburg St. Pauli und auf der Reeperbahn Fuß zu fassen. So eine Konkurrenz aber duldeten die »Hells Angels« nicht. Es kam zu einer heißen Phase bei dieser Rockerfehde. Bereits 2015 wurde der Hamburger Boss des MC »Mongols« verhaftet. 2016 wurde der Vizechef Arash Ruja überfallen und schwer verletzt. Ruja war noch nicht lange im Geschäft, galt aber als ein Hochkaräter. Er war noch keine dreißig Jahre alt, hatte aufgeblasene Muskeln und zahllose Tattoos im Gesicht. Auch die Tätowierung »Fuck the ›Hells Angels‹« soll ihm als Kopfschmuck gedient haben, was entweder auf unglaublichen Leichtsinn oder aber auf Mut hinweist. Neben seinem rechten Auge war die Zahl »13« eingestochen. Diese Zahl steht für den Buchstaben »M« und dieser für »Mongols«. Ruja rief den Zorn, aber auch den Respekt der Platzhirsche auf der Reeperbahn hervor. Unter anderem drohte er damit, auch die Frauen und Kinder der »Höllenengel« umzulegen – was als absoluter Tabubruch gilt. Der Afghane aber wurde gefürchtet und einige der Hamburger »Hells Angels« wiesen darauf hin, dass es sich bei ihm und seinen »Mongols« um »Junkies mit Knarren« handle, die sehr ernst zu nehmen seien. Manche sollen in dieser heißen Phase Frau und Kinder ins Ausland und damit in Sicherheit gebracht haben. Tatsächlich versuchte Ruja dann – vermutlich mithilfe seines Vaters und eines Dritten – die Familienehre mit Blei wiederherzustellen und den Anschlag auf ihn im Jahr 2016 zu rächen. Und so wurden am 26. August 2018 fünf Schüsse auf einen in einem weißen Bentley sitzenden »Hells Angel« abgefeuert. Der Fahrer des Bentleys wurde schwer verletzt und sitzt heute im Rollstuhl. Als die Polizei ihn fragte, wer die Schüsse auf ihn abgegeben habe, verweigerte er jegliche Aussage. »Lieber sterbe ich, als darüber auszusagen!« Der Code der Gesetzlosen! Der Club dieser »Mongols« verdient, wo er aktiv ist, nicht zuletzt im Zusammenhang mit Aktivitäten im Rotlicht, größte Aufmerksamkeit.

»Guerilla Nation«

Die rockerähnliche Gruppierung trat erstmals im Jahr 2016 in Gießen und dann in Berlin in Erscheinung und dürfte heute bundesweit Ableger haben. Hinweisen zufolge war und ist sie unterstützend für die »Hells Angels« tätig. Doch das »Gesetz des Schweigens« lässt, was diese Gruppierung betrifft, viele Fragen offen. So auch die über die Einflussnahme, mögliche Aktivitäten und die Rolle dieser Gang im Rotlichtmilieu. Fest steht, kaum war der Club gegründet, wurde der Gießener Präsident Aygün Mucuk von einem unbekannten Täter erschossen. Als dann auch in Berlin ein Anwärter des Clubs erschossen wurde, löste sich der Verein überraschend auf. Doch schon 2017 wurde die Neugründung der »Guerilla Nation Vaynakh« bekannt. Auch diese Organisation besteht offensichtlich, so wie die Vorgängerorganisation, vorwiegend aus Mitgliedern arabischer Großfamilien. Über die Aktivitäten dieses Clubs, so auch über seine Einflussnahme auf deutsche Rotlichtmilieus, ist bisher nichts bekannt.

4.3 »Dienstleistungsgewerbe« oder Geschäftsfeld der Organisierten Kriminalität?

Der deutsche Philosoph Arthur Schopenhauer (1788–1860) stellte einst fest, »dass in jedem Menschen böse Gedanken, Wünsche und Begierden aufsteigen, die nur so lange nicht zur Tat reifen, als sein Rechtsbewusstsein und seine Selbstbeherrschung in ihm eine unüberwindliche Schranke gegen ihre Verwirklichung aufgerichtet hat ...«

Diese These scheint sich im Zusammenhang mit den Milieus im Rotlicht in besonderer Weise zu bestätigen, wo allerlei böse Gedanken, Wünsche und Begierden sichtbar werden und das Rechtsbewusstsein wie die Selbstbeherrschung oft nicht so ausgeprägt sind, dass sie dem Bösen Grenzen setzen könnten. Und so ist die Prostitution seit jeher sehr eng mit Kriminalität verbunden. Mit dem Menschenhandel, der Sexsklaverei und Zuhälterei wie mit Verbrechen ganz anderer Art. Das ist unter anderem darauf zurückzuführen, dass sich die »wohlfeilen Dirnen« seit jeher bevorzugt in dunklen Gassen und abgelegenen Straßen oder Stadtvierteln herumgetrieben haben. An Orten, die auch den Zuhältern einen gewissen Schutz boten und Verbrechern jeglicher Art als Schlupfwinkel dienten. Auch die »Bettlerunterkünfte« früherer Zeiten waren Unterkünfte für Straßendirnen, Zuhälter und Ganoven zugleich. Ein erheblicher Teil des Hamburger Gängeviertels – ein eng bebautes Wohngebiet in Teilen der Alt- und Neustadt, welches zwischen den Jahren 1612 und 1630 entstand – wurde zum Beispiel aus guten Gründen als »Ehebrechergang« bezeichnet und auch der »Specksgang« und der »verlorene Gang« waren städtische Schlupfwinkel für diejenigen, die »Unzucht« trieben, und zugleich Aufenthaltsorte von allerlei lichtscheuem Gesindel und Verbrechern aller Schattierungen. Auch die Räuberbanden, die vor allem im 17. und 18. Jahrhundert Deutschlands Städte und Dorfgemeinschaften unsicher machten, waren eng mit der Prostitution verknüpft und wurden auf ihren Raubzügen fast immer von Huren begleitet. Die mittelalterlichen Frauenhäuser und Bordellbetriebe waren beliebte Verstecke für Räuber und andere Verbrecher. So manche Hurenwirte gewährten ihnen gegen einen Anteil des Raub- oder Diebesgutes gerne Unterschlupf und Schutz. Im Rahmen solcher »kriminellen Vereinigungen« zwischen den

Huren und Hurenwirten und dem Raub- und Mordgesindel kam es nicht nur zu wildesten Orgien, sondern auch zu einem ausgiebigen Erfahrungsaustausch und zu Lernprozessen, bei denen die »liederlichen Weibsbilder« wie ihre Zuhälter mit dem Stehlen, Rauben und Betrügen sowie mit Gewalttaten bis hin zum Mord und Totschlag vertraut gemacht wurden. Kein Wunder, dass sich bei so vielen Gemeinsamkeiten bald auch eine gemeinsame Dirnen- wie Ganovensprache entwickelte, die es ermöglichte, sich über kriminelle Machenschaften auszutauschen, ohne dass Außenstehende es verstehen konnten.

Das Thema »Prostitution und Kriminalität« hat jedoch auch eine ganz andere Seite: Die Huren waren nicht nur zu allen Zeiten eng mit dem Verbrechertum verbunden oder gar Teil von ihm; sie wurden auch zu allen Zeiten in hoher Anzahl zu Opfern verbrecherischer Taten. Sie wurden und werden bis heute in hohem Maße ihrer Freiheit beraubt, bestohlen, betrogen, genötigt, erpresst, misshandelt, vergewaltigt und getötet. Die Prostitution war seit jeher eine mit vielerlei Gefahren verbundene Tätigkeit. Und bis heute werden die Prostituierten von der deutschen, österreichischen und Schweizer Polizei aus guten Gründen als »Personengruppe mit ausgesprochen hohem Opferrisiko« eingestuft. Statistisch werden Tötungsdelikte an Prostituierten in Deutschland nicht gesondert erfasst und veröffentlicht. Es sind jedoch zahlreiche versuchte oder vollendete Tötungsdelikte, die jedes Jahr an Prostituierten begangen werden und nicht wenige von ihnen verschwinden plötzlich – aus oft unerklärlichen Gründen.

Die Machtverhältnisse in den Prostitutionsmilieus und die Verhaltensweisen der Milieupersonen haben sich um die Jahrhundertwende entscheidend verändert. Den an einer windigen Ecke herumlungernden und die Geschäfte kontrollierenden Zuhälter gibt es heute nicht mehr. Auch Typen wie jener des boxenden Luden Stefan Hentschel, »Schäfers Nas« oder die Ulmer Luden »Knauz« und »Eichler« sind verschwunden. Die deutschen, österreichischen und auch Schweizer Zuhälter wurden vom Hof gejagt oder in die hinteren Reihen verwiesen. Heute kontrollieren und beherrschen in weiten Teilen die Bosse und Angehörigen krimineller arabisch-(libanesisch-) oder albanischstämmiger Clans, Zuhälterbanden russischer oder tschetschenischer Herkunft, türkisch- oder kurdischstämmige

Täter und Tätergruppierungen, bulgarische Zuhältergangs, rumänische Zuhälter, Frauenhändler- und Zuhälterorganisationen, Banden, Clans und Großfamilien anderer Balkanstaaten oder auch die von der nigerianischen Mafia die Rotlichtmilieus. Fernöstliche Lieferanten und Ausbeuter der »Ware Frau«, so scheint es, kommen vermehrt hinzu. Und es wäre sicher leichtfertig und falsch, die 'Ndrangheta und ihre »bösen italienischen Schwestern« nicht mehr im Blickfeld zu haben. Parallel zu den Eroberungszügen und Machtübernahmen dieser neuen Herren und Herrscher in den Milieus wurden Hunderttausende junge Frauen aus Nigeria, Südostasien, Ost- und Südosteuropa und anderen Teilen dieser Welt den deutschen, österreichischen, Schweizer Sexmärkten zugeführt.

Mit diesen veränderten (Macht-)Verhältnissen in den Prostitutionsmilieus wurden auch bis dahin geltende und (zumeist) eingehaltene Spielregeln und ungeschriebene Gesetze außer Kraft gesetzt. Wer die Macht im Milieu ausübt und wer welche Rolle im Milieu spielt, war plötzlich nur noch schwer erkennbar. Alles spielte sich hinter verschlossenen Türen ab, intern, leise, lautlos, unbemerkt im Verborgenen. Schweigen war von da an höchstes Gebot, Verrat die schlimmste Verfehlung. Und so herrschten plötzlich scheinbare Ruhe und scheinbarer Friede im Milieu. Ideale Bedingungen dafür, dass Menschenhandel, Sexsklaverei und Zuhälterei und andere Kriminalität erblühen konnten wie niemals zuvor. Drogen wurden in den Milieus zur Vielzweckwaffe und in Massen eingesetzt und verabreicht, um Hemmschwellen zu überwinden und gefügig zu machen, um Abhängigkeit (von den Lieferanten wie den Zuhältern) zu erzeugen, um Schuldgefühle zu vermitteln (sie verhindern den Gang zur Polizei), um die Leistung (zumindest vorübergehend) zu steigern, um Geld zu erwirtschaften (die mit bedeutsamste Einnahmequelle im Milieu) und nicht zuletzt, so es erforderlich erscheint, auch um (mit einer Überdosis) lautlos und unauffällig zu töten.

Auch die Bedeutung von Waffen nahm in den Milieus mit dem Eindringen von Tätergruppierungen aus dem Osten und Südosten Europas nicht ab, sondern zu. Während der Jugoslawien-Kriege sind große Mengen an Gewehren, Handgranaten, Pistolen und Maschinenpistolen spurlos verschwunden. Allein im Kosovo befinden sich Zehntausende und sehr wahrscheinlich noch viel mehr Waffen in Privatbesitz. In anderen Balkanstaaten werden ähnliche Besitztümer vermutet. Davon, dass die zahllosen Balkanzuhälter, die sich nun im Schatten deutscher, österreichischer oder Schweizer Rotlichtmilieus bewegen, bis an die Zähne bewaffnet sind, ist also auszugehen. Und auch davon, dass neben dem Handel mit Menschen und dem mit Drogen auch der mit Waffen noch immer zum Geschäft von Zuhältern und Zuhälterbanden im Rotlicht gehört. Schlagwerkzeuge, Stich- und Schusswaffen bis hin zu Maschinenpistolen und Handgranaten sind noch immer gern gebrauchte »Argumente« der im Rotlicht engagierten Rocker- und rockerähnlichen Gruppierungen und Zuhälterbanden. Der Besitz einer möglichst durchschlagkräftigen und zerstörerischen Waffe verhilft auch weiterhin zu Respekt, Ansehen und Größe. Doch so bedrohlich Messer, Pistolen, Maschinenpistolen und Handgranaten auch sein mögen: Sex, Geld und Skrupellosigkeit, die klassischen und über Jahrhunderte bewährten zuhälterischen Methoden, die angewandt werden, um Einflussreiche aus den verschiedensten gesellschaftlichen Bereichen anzugreifen und zu vereinnahmen und staatliche oder auch private Einrichtungen und Institutionen zu unterwandern, sind nicht weniger gefährliche Waffen. Und auch sie kommen heute, so scheint es, mehr zum Einsatz als jemals zuvor.

Im Fokus solcher Angriffe stehen vor allem politische Entscheidungsträger, Polizeibeamte, Leiter und Mitarbeiter anderer Behörden (Ordnungs-, Ausländeramt ...), Rechtsanwälte, Unternehmer, Sportgrößen, Medienvertreter, Prominente aus allen Bereichen ... Von Interesse und der Gefahr ausgesetzt, unterwandert und für die Ziele der Bosse im Milieu missbraucht zu werden, sind aber auch Organisationen und Institutionen, die mit der Prostitution, dem Menschenhandel und der Sexsklaverei zu tun haben oder mit diesen in Berührung kommen können. Es sind dies Organisationen wie zum Beispiel Amnesty International, die Aids-Hilfe, politische/christliche Einrichtungen und Organisationen, (Frauen-)Vereine und Verbände, Beratungsstellen für Prostituierte ... Wie eng verwoben und verbunden Organisierte Kriminalität, Rotlichtmilieus und »bessere Kreise« der Gesellschaft sein können und sind, wie erschreckend normal das von den »nützlichen Idioten« empfunden wird, wie teilnahmslos solche brisanten »innigen Freundschaften« aber auch von der Öffentlichkeit wahr- und hingenommen werden, wurde bei einem der in Deutschland selten gewordenen Prozesse gegen Bordellbetreiber deutlich, die im Jahr 2019 beim Landgericht in Stuttgart angeklagt waren.

Sie waren gesellschaftlich nicht nur akzeptiert, sondern als erfolgreiche Geschäftsleute gut angesehen. Es gab so manche Party in »besseren Kreisen« der Stadt, zu der die Saubermänner aus der Erotikbranche eingeladen waren. Der Puffbetreiber, Designerkleidung, weißes Hemd, bronzefarbener Teint, grau meliertes Haar, und sein wortgewaltiger »Pressesprecher« standen schließlich für eine saubere, korrekte und »selbstverständlich kriminalitätsfreie« Prostitution. Die »Erotikdienstleister« zogen auch eifrig durch die Talkshows des deutschen Fernsehens und erzählten einem Millionenpublikum von ihren edlen Häusern mit Stil und Niveau – und den dort so gerne und freiwillig anschaffenden Damen … Sie waren gern gesehene Gäste in VIP-Räumen und auf den Ehrentribünen des Landes, hatten neben Sport-, Wirtschafts- und Politgrößen ihren angestammten Platz. Dumm nur, dass Polizei und Staatsanwaltschaft an der Seriosität der Herren zweifelten.

Ermittlungen der Kriminalpolizei ergaben dann auch Hinweise auf weniger seriöse Geschäftspraktiken der vermeintlich so untadeligen Betreiber der »Wellness-Oasen« und paradiesischen Nobelbordelle. Augsburger und Stuttgarter Kriminalisten führten die erforderlichen Ermittlungen durch und die Staatsanwaltschaft erhob Anklage. Im Verlauf des Prozesses wurde deutlich, dass es nicht nur Kontakte und Freundschaften zwischen den Bordellbetreibern und Angehörigen »besserer« und »bester Kreise«, sondern auch Kooperationen, freundschaftliche Beziehungen und vergnügliche Treffen zwischen den Herren Bordelliers und den als Frauenhändler und Zuhälter tätigen Bandenmitgliedern der »Hells Angels« und der rockerähnlichen Gruppierung »United Tribuns« gab. Die Kuttenträger, so wurde festgestellt, haben die Puffs der feinen Herren regelmäßig mit Frauen beliefert. Und so freiwillig und selbstbestimmt, wie vorgegeben, sollen die »Damen« im »Paradise« keineswegs angeschafft haben. Gewalt, so wurde im Verlauf des Prozesses deutlich, war vielmehr an der Tagesordnung. Angst und Brutalität war der Frauen ständiger Begleiter. Es gab Hilferufe – »Holt mich hier raus!«-Hilferufe, die niemand hörte. Die niemand hören wollte!? Von Faustschlägen wurde berichtet, von Schlägen mit einem Duschkopf auf den Schädel, von Schlägen mit einem

Ledergürtel ... Von Schlägen draußen in Wald und Flur, wo man auf weichem Boden in High Heels nicht mehr fliehen konnte, wo die Angst- und Schmerzensschreie keiner hörte ... Einige der »selbstverständlich freiwillig und selbstbestimmt anschaffenden Damen« wurden gezwungen, sich den Namen ihres Besitzers auf den Bauch tätowieren zu lassen. Sklavinnenhaltung – in einem Edelbordell, mitten in einer deutschen Großstadt, inmitten des Rechtsstaats, mitten unter uns!? Sie hätten doch jederzeit gehen können, argumentierten die Angeklagten zu ihrer Verteidigung; von Stacheldrahtumzäunung und Kampfhundebewachung berichteten andere.

Das Verfahren kam aufgrund tiefschürfender, polizeilicher Strukturermittlungen zustande. Aufgrund von Ermittlungen, die alternativlos sind, sollen diese der OK zuzuordnenden Zuhälterbanden und Organisationen enttarnt und die tatsächlichen Umtriebe und (kriminellen) Machenschaften in den Puffs und auf den Straßenstrichen offengelegt werden. Werden sie nicht (mehr) durchgeführt, verbleiben Menschenhandel, Sexsklaverei und Zuhälterei und andere (Organisierte) Verbrechen im Dunkelfeld, und die Opfer des Geschehens werden allein und erbarmungslos im Stich gelassen. Werden solche Ermittlungen nicht mehr durchgeführt, bleiben aber auch diese gesellschaftlich brisanten Freundschaften zwischen Milieupersonen und Einflussreichen aus den verschiedensten Bereichen im Dunkelfeld. Der Stuttgarter Prozess zeigte, wie gefährlich nahe sie sich gelegentlich kommen, in Fernsehstudios, in VIP-Räumen, auf Ehrentribünen und bei Partys »besserer Kreise« ...

Dass von diesem Prozess ein Signal ausgehen möge, soll das Stuttgarter Gericht abschließend gewünscht und zum Ausdruck gebracht haben. Ein Signal, gerichtet an das »Prostitutionsgewerbe« wie an die politisch Verantwortlichen in Deutschland. Wie sieht es in den zahlreichen Schmuddelpuffs aus und wie auf den Straßenstrichen unserer Städte, mögen sich die Richtenden von Stuttgart gefragt haben, nachdem sie Einblicke in die Praktiken und Geschehensabläufe der Nobelbordelle nehmen konnten. Das Signal verhallte ungehört.

Obwohl nach allen vorliegenden Erkenntnissen über die gängigen, in weiten Teilen kriminellen Anwerbungs-, Schleusungs- und Ausbeutungsmethoden und nach den Enthüllungen der kriminellen Machenschaften in den deutschen »Vorzeigebordellen« niemand mehr ernsthaft davon reden kann, dass die Frauen in anderen deutschen, österreichischen, Schweizer Puffs freiwillig und selbstbestimmt tätig werden, geht man weiterhin davon aus. Man geht weiterhin davon aus, dass sie sexuelle Dienstleistungen erbringen – und nicht sexueller Gewalt ausgesetzt sind –, dass sie im Rahmen eines (Prostitutions-)Gewerbes tätig werden – und nicht auf einem Geschäftsfeld der OK. Und man tröstet sich damit, dass es für die (wenigen) illegalen Praktiken im Milieu ja die entsprechenden strafrechtlichen Vorschriften gibt. Man übersieht dabei, dass diese nur noch in seltensten Ausnahmefällen, so wie in Stuttgart geschehen, Anwendung finden. Die typischen Handlungsweisen des Organisierten Verbrechens, die Geschlossenheit der Milieus und das durch nichts zu brechende Schweigen, führen in Verbindung mit der gesetzlichen Legalisierung des Prostitutionswesens zu einem gigantischen Dunkelfeld im Bereich der Rotlichtkriminalität. Und die Verlagerung eines ganzen Verbrechensbereiches ins Dunkelfeld bewirkt, dass diese Kriminalität von der Öffentlichkeit nicht mehr wahrgenommen wird, dass selbst in der Verantwortung Stehende daran glauben, dass es sie nicht mehr gibt. Und nicht nur das: Die Verlagerung dieser Kriminalität ins Dunkelfeld scheint ein »süßes Gift« zu sein. Man nimmt jedenfalls mit Genugtuung und Erleichterung zur Kenntnis, dass im Milieu (scheinbare) Ruhe vorherrscht, dass es Mafia und OK, Frauenhandel, Sexsklaverei, Zuhälterei und so allerlei Begleitkriminalität plötzlich nicht mehr zu geben scheint. Man starrt wie gebannt auf die fast in die Bedeutungslosigkeit abrutschenden Fallzahlen der Polizeilichen Kriminalstatistik (PKS) und schreibt das rückläufige bis nicht mehr vorhandene Kriminalitätsaufkommen nur allzu gern eigenem Engagement, eigenen Bemühungen und Initiativen zu … Erkenntnisse, wie sie beim Stuttgarter Prozess ans Tageslicht kamen, werden geradezu als störend empfunden und deshalb schnell als bedeutungsloses Randgeschehen abgetan. Man will, so scheint es, nicht (mehr) wahrnehmen und nicht wahrhaben, was wirklich geschieht. Selbst dann, wenn man es ahnt oder gar weiß.

Nicht nur die Signale, die vom Stuttgarter Prozess ausgehen sollten, verhallten ungehört. Auch die an Deutschland und die Deutschen gerichteten

Warnungen und Mahnungen eines weltweit äußerst profilierten Mafiakenners und -jägers werden kaum zur Kenntnis genommen. Roberto Scarpinato, langjähriger Oberstaatsanwalt im Pool von Staatsanwälten, welcher in Palermo und von Palermo aus die 'Ndrangheta und ihre bösen italienischen Schwestern bekämpft, warnt Deutschland jedenfalls seit Jahren eindringlich und immer wieder vor den Entwicklungen im bundesdeutschen Rotlicht, vor den »feindlichen Übernahmen« und dem Machtstreben der Mafia und OK. »Die Rotlichtmilieus sind die Einfallstore der OK!«, weiß der Mafia-Experte, der schon mit den legendären Richtern Giovanni Falcone und Paolo Borsellino zusammengearbeitet hat, die beide von der Mafia 1992 in die Luft gesprengt wurden. Er versucht seit Jahren, deutsche Politikerinnen und Politiker, Behördenleiter, Rechtswissenschaftler und Student(inn)en aufzurütteln, er referiert in deutschen Kongresshallen und an deutschen Universitäten. Er informiert und warnt permanent in zahlreichen Medien. Nicht ganz uneigennützig vermutlich, denn er weiß, Mafia und OK sind kein nationales, sondern ein internationales und immer auch noch gewaltiges italienisches Problem. Scarpinato weiß auch, welche bedeutsame und zugleich beklagenswerte Rolle Deutschland beim internationalen Fortschreiten der OK spielt und welche Gefahren Deutschland, aber auch anderen europäischen Staaten drohen. »Deutschland«, so mahnt er, »drohen sizilianische Verhältnisse der allerschlimmsten Zeit, werden nicht in Bälde die erforderlichen Maßnahmen gegen Menschenhändler- und Zuhälterbanden sowie das mit ihnen verbundene Fortschreiten der OK getroffen! Deutschlands Gesetzgebung ist veraltet, sie stammt aus dem 19. Jahrhundert, die Vorschriften sind viel zu lasch und für das dritte Millennium nicht geeignet!« Und er ergänzt: »Wäre ich Mafioso, ich würde in Deutschland investieren, die zentrale geografische Lage, die wirtschaftlichen Verhältnisse, die hohe Nachfrage nach illegalen Gütern – auch nach Sexsklavinnen –, die eingeräumten Freiheiten, die Risikoarmut …« Und weiter: »So schlau wie ich sind die Mafiosi freilich auch!« »In Deutschland aber«, so stellt der Mafia-Experte fest, »tut man noch immer so, als habe man diese Eindringlinge und feindlichen Übernahmen gar nicht bemerkt! Dabei hört die Einflussnahme dieser der OK zuzuordnenden Organisationen und Banden an den Grenzen des Rotlichts nicht auf. Sie versuchen weiter in alle gesellschaftlichen Bereiche einzudringen. Und so werden sie zu einer realen Gefahr – für den Staat, die Gesellschaft und die Demokratie! In Deutschland aber scheint man noch immer der Meinung zu sein, die Mafiosi wären Pizzabäcker und die Mafia ein Problem der Italiener, der Japaner und Chinesen!« Nach Überzeugung des Italieners hat Deutschland zwei Möglichkeiten: entweder die Gesetze erheblich zu verschärfen und die erforderlichen Maßnahmen zu treffen, um der im Land fortschreitenden OK Einhalt zu gebieten. Dazu gehören seiner Überzeugung nach vor allem eine kontrollierte Zuwanderung, mehr Rechte und (Abhör-)Möglichkeiten für die Polizei, wirksame(re) Maßnahmen gegen die Geldwäsche und die konsequente Einziehung allen kriminell erwirtschafteten Vermögens ... Oder aber »man kann in Deutschland weiterhin so tun, als gäbe es die Mafia und OK nicht. Auch das«, so der italienische Mafiakenner, »kann ja noch eine ganze Weile gut gehen!«

Scarpinato steht mit seiner Meinung und seinen Aussagen nicht allein. Auch das Bundeskriminalamt (BKA) wurde in der Vergangenheit von den Länderpolizeien immer wieder vom Engagement und den Aktivitäten entsprechender Gruppierungen in Kenntnis gesetzt und über zum Teil dramatische Entwicklungen im Rotlicht informiert. Und das BKA trug solche Erkenntnisse auch immer wieder in die Politik hinein, informierte die Medien, warnte und klärte auf. Parallel dazu forderte der »Bund Deutscher Kriminalbeamter«, eine mit viel Kompetenz und Fachwissen ausgestattete Organisation, wiederholt und in deutlicher Sprache zum Handeln auf. Ohne dass bislang die Maßnahmen eingeleitet oder getroffen wurden, die geeignet sein könnten, dem Eindringen und Treiben der (Zuhälter-)Banden und kriminellen Clans Grenzen zu setzen. Mit der Folge, dass Menschenhandel zum Zweck der sexuellen Ausbeutung, Sexsklaverei und Zuhälterei in Deutschland Ausmaße annehmen konnte wie niemals zuvor. Die zahllosen an jungen Menschen begangenen Verbrechen bleiben jedoch in einem gigantischen Dunkelfeld verborgen. Das besänftigt und beruhigt, täuscht jedoch über ein dramatisches Geschehen von ungeahntem Ausmaß hinweg. Ein Blick auf das (verschwindend kleine) Hellfeld im Bereich der Milieukriminalität, welches aus den Lagebildern »Menschenhandel« des deutschen Bundeskriminalamts (BKA) ersichtlich ist, zeigt, wie wenig Beachtung diese

(Organisierte) Kriminalität heute noch findet. Zwischen 2009 und 2020 wurden in Deutschland wegen sexueller Ausbeutung (Menschenhandel, Zwangsprostitution, Ausbeutung unter Ausnutzung einer Freiheitsberaubung, Ausbeutung von Prostituierten und Zuhälterei) zahlreiche Ermittlungsverfahren durchgeführt und registriert.

- 2009: 534 Verfahren (mit 777 Tatverdächtigen und 710 Opfern)
- 2010: 470 Verfahren (mit 730 Tatverdächtigen und 610 Opfern)
- 2019: 287 Verfahren (mit 430 Tatverdächtigen und 427 Opfern)
- 2020: 291 Verfahren (mit 421 Tatverdächtigen und 406 Opfern)

Die Zahlen zeigen, dass die Anzahl der durchgeführten Ermittlungsverfahren angesichts von Hunderttausenden Frauen, vorwiegend ausländischer Herkunft, die im genannten Zeitraum in Deutschland in der (Zwangs-)Prostitution tätig waren, verschwindend gering ist. Sie zeigen auch eine eindeutig rückläufige Tendenz, was die Anzahl der Ermittlungsverfahren betrifft. Das mag auf den ersten Blick erfreulich erscheinen, ist bei näherem Hinsehen jedoch eher Grund zur Besorgnis. Denn die Anzahl der Frauen in der Prostitution (oder Sexsklaverei) nahm im Verlauf des vergangenen Jahrzehnts in Deutschland nicht ab, sondern allenfalls zu. Abgenommen hat allein die Anzahl der durchgeführten Ermittlungsverfahren, und zwar fast um die Hälfte. Das dürfte nicht zuletzt darauf zurückzuführen sein, dass die erforderlichen Kontrollen – und Milieudelikte sind reine Kontrolldelikte, weil aus dem Milieu heraus keine Anzeigen erstattet werden – und die erforderlichen polizeilichen (Struktur-)Ermittlungen zur Aufhellung und Aufklärung dieser Kriminalität nicht zuletzt aufgrund der gesetzlichen Vorgaben nicht (mehr) in der erforderlichen Weise durchgeführt werden konnten.

Angesichts des Ausländerinnenanteils von über neunzig Prozent und der Tatsache, dass nahezu alle in Deutschland tätigen (Zwangs-)Prostituierten typische Opfereigenschaften aufweisen und ähnliche Anwerbungs- und Schleusungsmethoden hinter sich haben, gibt das BKA-Lagebild Menschenhandel von 2019 auch Hinweise darauf, wie wenig »freiwillig und selbstbestimmt« die Prostitution in Deutschland in Wahrheit ist. Nach Aussagen der im Jahr 2019 als Menschenhandelsopfer erkannten Frauen wurden 31,9 Prozent getäuscht (falsche Versprechungen), 20,4 Prozent überredet, sodass sie sich letztlich einverstanden erklärten, 19 Prozent Opfer der »Loverboy-

Methode«, 11 Prozent gewaltsam entführt und zur Prostitution gezwungen, 9,1 Prozent von vermeintlich seriösen Model- oder Künstleragenturen angeworben und 8,9 Prozent durch Familienangehörige vermittelt.

Bei 36 Prozent der Fälle dieser typischen Milieukriminalität wurden zudem als Begleitdelikte Gewalttaten registriert, bei 16,1 Prozent waren die Delikte mit Rauschgiftkriminalität verbunden und in etwa jedem zehnten Fall wurden die Opfer ihrer Freiheit beraubt. Die Zahlen lassen sich fraglos weitgehend auf die allermeisten, also auf Hunderttausende nicht als Opfer, sondern als Prostituierte geltende Ausländerinnen im bundesdeutschen Rotlicht übertragen. Im Jahr 2020 aber wurden in Deutschland trotz einer extrem hohen Anzahl ausländischer Frauen in der »Prostitution«, trotz der hinlänglich bekannten (mittels Gewalt oder Täuschungshandlungen erfolgten) Anwerbungsmethoden und trotz der in hohem Maße problematischen Machtverhältnisse in den Milieus nur noch 291 Ermittlungsverfahren wegen Menschenhandels zum Zweck der sexuellen Ausbeutung registriert und es gab nur noch 92 Ermittlungsverfahren wegen Zuhälterei. Die Urteile gegen Zuhälter dürften demnach im niederen zweistelligen Bereich liegen. Dieses eklatante Missverhältnis liegt freilich weniger an polizeilichen Versäumnissen als an gravierenden politischen und gesetzgeberischen Falschbeurteilungen und Fehlern.

Eine Antwort auf die Frage »Prostitutionsgewerbe oder Geschäftsfeld des Organisierten Verbrechens?« erfordert auch einen Blick auf die Herkunftsländer der Täter und Täterinnen und der Opfer. Bei den im Jahr 2020 durchgeführten Ermittlungsverfahren wurden Menschenhändler und Zuhälter aus folgenden Herkunftsländern festgestellt:

112 aus Deutschland (mit und ohne Migrationshintergrund), 78 aus Rumänien, 66 aus Bulgarien, 28 aus der Türkei, 22 aus Ungarn, 11 aus Serbien, 9 aus Thailand. Angesichts des zu vermutenden Dunkelfeldes und bei Berücksichtigung der Tatsache, dass die genannten Zahlen (zum Beispiel was die thailändischen Täter(innen) betrifft) allein auf ein größeres Ermittlungsverfahren zurückzuführen sind, können diese nicht als repräsentativ für das Gesamtgeschehen angesehen werden. Zumal sich Täter(innen) anderer Nationalitäten (zum Beispiel die aus Nigeria) nachweislich auch in Deutschland betätigen, aber nicht in den Statistiken erscheinen, weil sie sehr

verschlossen und verschwiegen agieren und jegliche Behördenkontakte zu vermeiden versuchen. Dennoch sind diese PKS-Zahlen Hinweis darauf, wie groß der Anteil ausländischer Zuhälter und Ausbeuter nach wie vor ist und wie klein die Anzahl derer, die als solche erkannt werden.

Von den im Jahr 2020 in Deutschland registrierten Opfern kamen 121 aus Deutschland (mit und ohne Migrationshintergrund), 68 aus Rumänien, 56 aus Bulgarien, 28 aus Ungarn, 13 aus Vietnam, 11 aus Thailand. Auch diese Zahlen sind teilweise allein auf ein größeres Ermittlungsverfahren zurückzuführen und bilden somit das Gesamtgeschehen nicht zuverlässig ab. Dennoch lassen sie erkennen, dass der Anteil der Frauen, die aus dem Ausland eingeschleust und der Prostitution oder Sexsklaverei zugeführt werden, sehr hoch ist. Die Zahlen zeigen auch, dass Täter und Opfer in weiten Teilen aus den gleichen Herkunftsländern und -gebieten kommen. Das ist wiederum ein Hinweis auf die Aktivitäten der Menschenhändler in den Rekrutierungsländern der »Ware Frau« und auf die internationalen Verbindungen und Vernetzungen, die von den Rekrutierungsländern bis hin zu den deutschen, österreichischen, Schweizer Straßenstrichen und Puffs reichen. Die registrierten Zahlen und Herkunftsländer sind somit auch ein Hinweis auf eine international funktionierende und bestens organisierte Kriminalität.

Auch ein Blick auf die Fallzahlen in der Schweiz stimmt nachdenklich, was den Umgang mit dem Menschenhandel, der Sexsklaverei und der Zuhälterei in Deutschland betrifft. In der Schweiz wurden nach Auskunft der »Fachstelle Frauenhandel und Frauenmigration« (FIZ) im Jahr 2019 insgesamt 255 Fälle des Menschenhandels zum Zweck der sexuellen Ausbeutung registriert – also annähernd so viele wie in Deutschland. Dabei sind in Deutschland wahrscheinlich vierzig- oder gar fünfzigmal mehr, vorwiegend ausländische Prostituierte (oder Sexsklavinnen) tätig als in der Schweiz. Besorgniserregend erscheinen auch und vor allem die verschwindend geringen in Deutschland registrierten Fallzahlen der Zuhälterei im Sinne von Paragraf 181a des deutschen Strafgesetzbuchs, die weiterhin abzunehmen und in der Bedeutungslosigkeit zu verschwinden drohen. Im Gesamtjahr 2020 gab es in Deutschland nur 92 Ermittlungsverfahren wegen Verdachts der Zuhälterei. Dabei versicherte, um nur ein Beispiel für das begründet zu vermutende tatsächliche Kriminalitätsaufkommen anzuführen, Sandra

Norak, Opfer eines »Loverboys« und über sechs Jahre als Prostituierte in deutschen Bars und Bordellbetrieben tätig, bei einem parlamentarischen Abend in Berlin durchaus glaubhaft:

Ich sah keinen Club ohne Menschenhandel, keinen ohne Zuhälterei, keinen ohne Zwangsprostitution ... Was ich in den Bordellen hingegen nicht sah, war diese freiwillige und selbstbestimmte Prostitution, die von den Lobbyverbänden und leider auch von manchen Beratungsstellen für Prostituierte propagiert wird ...

Sandra Norak bestätigte damit kriminalistische Erkenntnisse sowie die sachkundiger Nichtregierungsorganisationen (NGO) wie SISTERS, SOLWODI und Co. Auch wenn zu berücksichtigen ist, dass im Jahr 2020 zusätzlich in 183 Fällen Ermittlungen im Sinne des neu geschaffenen Tatbestands der Zwangsprostitution ermittelt wurde: Die Anzahl der wegen Zuhälterei und anderer Formen der sexuellen Ausbeutung durchgeführten Ermittlungsverfahren ist angesichts der Größe und Vielzahl der deutschen Rotlichtmilieus mit Tausenden von Einzeltätern und Zuhälterbanden und einem hohen einschlägigen Kriminalitätsaufkommen verschwindend gering. Bei den genannten Fallzahlen ist zudem zu berücksichtigen, dass es sich dabei allein um die bundesweit gemeldeten und registrierten Ermittlungsverfahren handelt. Die wenigsten davon münden in einem angemessenen Urteil gegen die Täter und einer angemessenen Hilfe oder Befreiung für die Opfer.

Wir haben in Deutschland also ein anhaltend hohes Kriminalitätsaufkommen, das größtenteils im Dunkelfeld verbleibt. Wir haben es mit unzähligen Tätern (Menschenhändlern und Zuhältern) zu tun, die unerkannt bleiben und strafrechtlich nicht verfolgt werden, und mit unzähligen Opfern, die allein und im Stich gelassen werden. Eine Dunkel-, Hellfeldverschiebung erscheint nur möglich, indem die Prostitutionsgesetzgebung den tatsächlichen Gegebenheiten angepasst wird. Dabei wird es nicht genügen, das Prostituiertenschutzgesetz zu evaluieren und einzelne Vorgaben zu verändern und zu verschärfen. Vielmehr muss eine Grundlage dafür geschaffen werden, dass Menschenhandel, Sexsklaverei und Zuhälterei verhindert und wirksam bekämpft werden können. Das erfordert, die gesamte Philosophie der Prostitutionsgesetzgebung zu verändern und sie den tatsächlichen Gegebenheiten anzupassen.

Die Rotlichtmilieus sind Einfallstore der OK. Menschenhandel, Sexsklaverei und Zuhälterei und alles, was in Deutschland, Österreich und der Schweiz als Prostitution bezeichnet wird, ist heute in weiten Teilen das Geschäft international agierender Banden, verbrecherischer Organisationen und krimineller Clans. Die Zuhälter von heute sind Angehörige und Akteure solch krimineller Systeme mit klaren Vorgaben und Regeln und nicht weniger klaren Strategien und Zielen. Sie sind »Angestellte« national oder international agierender Verbrecherorganisation, nehmen verschiedene Aufgaben wahr und agieren auf verschiedenen Ebenen. Dementsprechend ist ihr Erscheinungsbild sehr unterschiedlich. Diejenigen, die die Drecksarbeit zu verrichten haben (kontrollieren, Druck ausüben, drohen, bestrafen …) ähneln zum Teil noch den Typen der letzten Jahrzehnte des 20. Jahrhunderts: Glatzköpfe oder zu Zöpfen gebundenes langes Haar, Tätowierungen, aufgeblasene »Muckis« und goldbehangen … Die geschäftsführende Ebene zeigt sich allein wegen der von ihr wahrzunehmenden Kontakte zur Allgemeinheit hin zumeist gediegener, unauffälliger, seröser. Und während es auf unterster Ebene noch immer als Leistungsnachweis gilt und mit Respekt und Ansehen verbunden ist, ein paar Jahre hinter Gittern gesessen zu haben, sind diese geschäftsführenden »Vorzeigeluden« und Repräsentanten der verschiedensten Milieuobjekte oder -bereiche um (scheinbare) Seriosität bemüht. Die wahren Herren und Herrscher über Milieuobjekte, Milieuanteile oder ganze Milieus sind heute nicht selten in Designer-Anzüge gehüllt, mit sündhaft teuren Krawatten geschmückt und bewegen sich zunehmend weltmännisch auf internationalem Parkett. Es können freilich auch Motorradreiter und Kuttenträger sein. Die Zuhälter von heute tragen unterschiedlichste Gewänder, nehmen unterschiedlichste Aufgaben wahr, verkehren in unterschiedlichsten gesellschaftlichen Kreisen … Sie sind oft nur noch schwer als solche auszumachen und zu erkennen. Nur eines ist so geblieben, wie es immer war: Sie beuten Frauen und auch Kinder in rücksichtsloser, menschenverachtender und nicht selten brutaler Weise aus. Und das in einem nie dagewesenen Ausmaß und in einem Umfeld, das ihnen (wie zu allen Zeiten) größte Freiheiten einräumt. Dabei ist vermehrt festzustellen, dass sie selbst, aber auch ihr Umfeld, dieses Tun gar nicht mehr als kriminell, zutiefst menschenverachtend und zerstörend empfinden. Sie betrachten die Ausbeutung der ihnen ausgelieferten Frauen und Kinder vielmehr als eine Art Dienstleistung und als (normales) Gewerbe – ganz so, wie der Gesetzgeber das ja auch suggeriert. Hinzu kommt, dass die Prostitutionslobby dies nach Kräften unterstützt, indem sie zum Beispiel immer wieder aufs Neue das das tatsächliche Geschehen verfälschende Bild einer »glücklichen Studentin« zeichnet, die »so dankbar« ist, mit der Prostitution »ihr Studium finanzieren« zu können!

»Ich sehe das Ganze als eine Art Entwicklungshilfe«, sagte ein Puffbetreiber wörtlich, als er auf die in seinem Bordell beschäftigten jungen Frauen aus rumänischen Armutsgebieten angesprochen wurde. Eine Aussage, an Zynismus kaum mehr zu überbieten.

Das Fatale an der gegenwärtigen Situation in Deutschland, Österreich und in der Schweiz ist, dass ein in weiten Teilen menschenverachtendes und verbrecherisches Treiben von gigantischem Ausmaß, bei dem zahllose junge, unschuldige Menschen zutiefst verletzt und zerstört werden, in ein gesellschaftlich ignoriertes oder akzeptiertes Geschehen verwandelt wurde, das als Normalität dargestellt und wahrgenommen wird. Die deutsche Prostitutionsgesetzgebung verkennt die Realität und führt zudem geradezu zwangsläufig zu einem Rückzug der Polizei aus dem Milieu. Was einst ein polizeilicher Brennpunkt war, liegt heute in Großstädten mit 100 000 und mehr Einwohnern und dreißig und mehr Rotlichtobjekten oft in der Zuständigkeit eines Kriminalbeamten oder einer Kriminalbeamtin, der oder die ganz nebenbei auch noch für andere Aufgaben zuständig ist. Die erforderlichen, zur Aufhellung dieser (Organisierten) Kriminalität im Rotlicht alternativlosen Strukturermittlungen bleiben bei solchen Bedingungen zwangsläufig aus – das besänftigende Dunkelfeld bleibt extrem groß und erhalten. Organisierte Kriminalität wird bevorzugt auf anderen Feldern (erfolgreich) bekämpft. Beim Handel mit Drogen zum Beispiel, wo im Gegensatz zum Menschenhandel und zur Zuhälterei ohne großen Aufwand schnelle Erfolge erzielt werden können. Die Beschlagnahme von einem oder zwei Kilogramm Heroin oder Kokain wird von den Medien dann auch als »Schlag gegen das Organisierte Verbrechen« gefeiert, dabei kommt der Stoff täglich containerweise ins Land. Langfristige und höchst aufwändige Ermittlungen gegen Menschenhändler und Zuhälter, die aufgrund der gesetzlichen Vorgaben häufig im Nichts oder mit geringen Freiheitsstrafen enden, werden im Gegensatz dazu nur allzu schnell als »Pleiten, Pech und Pannen« abgetan. Weil das gesamte Prostitutionswesen vom Gesetzgeber grundsätzlich als legal angesehen wird, weil die von Zuhältern und Zuhälterbanden ausgehende Gefahren nicht wahrgenommen, sondern – bewusst oder unbewusst – ignoriert, tabuisiert oder geleugnet werden, weil der Polizei die erforderlichen personellen Ressourcen fehlen, weil eine effiziente polizeiliche Bekämpfung der Rotlichtkriminalität ständig durch andere Aufgaben und Brennpunkte überlagert und verhindert wird, weil die erforderlichen, in die Tiefe gehenden Ermittlungen im Milieu kaum mehr möglich sind und weil die Polizei weit davon entfernt ist, mit den erforderlichen Milieukenntnissen ausgestattete, polizeiliche Spezialist(inn)en oder gar Spezialeinheiten für die Bekämpfung von Rotlichtkriminalität einsetzen zu können, und, nicht zuletzt, weil Rotlichtkriminalität, Mafia und OK nicht mehr oder allenfalls nur noch als Randvermerk auf der politischen Agenda stehen, werden dem Fortschreiten dieser (Organisierten) Kriminalität keine Grenzen (mehr) gesetzt.

Das »Prostitutionsgewerbe« ist also weniger Gewerbe als wesentlicher Teil eines Geschäftsfelds der OK. Vielleicht sogar das bedeutsamste und lukrativste, das es derzeit in Europa und darüber hinaus gibt. Es wird jedoch nicht (mehr) als solches wahrgenommen, weil es einem gigantischen Dunkelfeld zugeordnet und somit nicht mehr oder nur noch oberflächlich wahrnehmbar ist. Weil dazu von interessierter Seite aus permanent und mit Erfolg versucht wird, ein friedliches Bild vom Geschehen hinter glitzernden Fassaden zu zeichnen, bleibt die (Organisierte) Kriminalität im Rotlicht weitgehend unbeachtet. Zuhälter und andere kriminelle Milieupersonen bleiben unbedrängt und strafrechtlich unverfolgt. Das (Organisierte) Verbrechen kann sich so weitgehend ausbreiten – ungestört, unbeachtet, unaufhaltsam. Die Zuhälterei von heute stellt deshalb eine sehr konkrete und bedrohliche »gemeine Gefahr für Staat und Gesellschaft« dar, eine größere Gefahr als jemals zuvor. Allein der Kaiser, der darauf aufmerksam macht und die erforderlichen Maßnahmen einleitet, ist nicht mehr da.

5. Die Gesetzgebung (in Auszügen)

5.1 Deutsches Strafrecht

§ 180a Strafgesetzbuch (StGB) Ausbeutung von Prostituierten

Wer gewerbsmäßig einen Betrieb unterhält oder leitet, in dem Personen der Prostitution nachgehen und in dem diese in persönlicher oder wirtschaftlicher Abhängigkeit gehalten werden, wird mit Freiheitsstrafe bis zu drei Jahren oder mit Geldstrafe bestraft. Ebenso wird bestraft, wer einer Person unter achtzehn Jahren zur Ausübung der Prostitution Wohnung, gewerbsmäßig Unterkunft oder gewerbsmäßig Aufenthalt gewährt oder eine andere Person, der er zur Ausübung der Prostitution Wohnung gewährt, zur Prostitution anhält oder im Hinblick auf sie ausbeutet.

§ 181a StGB Zuhälterei

Mit Freiheitsstrafe von sechs Monaten bis zu fünf Jahren wird bestraft, wer eine andere Person, die der Prostitution nachgeht, ausbeutet oder seines Vermögensvorteils wegen eine andere Person bei der Ausübung der Prostitution überwacht, Ort, Zeit, Ausmaß oder andere Umstände der Prostitutionsausübung bestimmt oder Maßnahmen trifft, die sie davon abhalten sollen, die Prostitution aufzugeben und im Hinblick darauf Beziehungen zu ihr unterhält, die über den Einzelfall hinausgehen. Mit Freiheitsstrafe bis zu drei Jahren oder mit Geldstrafe wird bestraft, wer die persönliche oder wirtschaftliche Unabhängigkeit einer anderen Person dadurch beeinträchtigt, dass er gewerbsmäßig die Prostitutionsausübung der anderen Person durch Vermittlung sexuellen Verkehrs fördert und im Hinblick darauf Beziehungen zu ihr unterhält, die über den Einzelfall hinausgehen …

§ 232 StGB Menschenhandel

Mit Freiheitsstrafe von sechs Monaten bis zu fünf Jahren wird bestraft, wer eine andere Person unter Ausnutzung ihrer persönlichen oder wirtschaftlichen Zwangslage oder ihrer Hilflosigkeit, die mit dem Aufenthalt in einem fremden Land verbunden ist, oder wer eine andere Person unter einundzwanzig Jahren anwirbt, befördert, weitergibt, beherbergt oder aufnimmt, wenn diese Person ausgebeutet werden soll bei der Ausübung der Prostitution oder bei der Vornahme sexueller Handlungen an oder vor dem Täter oder einer dritten Person oder bei der Duldung sexueller Handlungen an sich selbst durch den Täter oder eine dritte Person, durch eine Beschäftigung, bei der Ausübung der Bettelei oder bei der Begehung von mit Strafe bedrohten Handlungen durch diese Person, diese Person in Sklaverei, Leibeigenschaft, Schuldknechtschaft oder in Verhältnissen, die dem entsprechen oder ähneln, gehalten werden soll oder dieser Person rechtswidrig ein Organ entnommen werden soll …

Mit Freiheitsstrafe von sechs Monaten bis zu zehn Jahren wird bestraft, wer eine andere Person, die in der in Absatz 1, Satz 1, Nr. 1 bis 3 bezeichneten Weise ausgebeutet werden soll mit Gewalt, durch Drohung mit einem empfindlichen Übel oder durch List anwirbt, befördert, weitergibt, beherbergt oder aufnimmt oder entführt oder sich ihrer bemächtigt oder ihrer Bemächtigung durch eine dritte Person Vorschub leistet.

In den Fällen des Absatzes 1 ist auf Freiheitsstrafe von sechs Monaten bis zu zehn Jahren zu erkennen, wenn das Opfer zur Zeit der Tat unter achtzehn Jahre alt ist, der Täter das Opfer bei der Tat körperlich schwer misshandelt oder durch die Tat oder eine während der Tat begangene Handlung wenigstens leichtfertig in die Gefahr des Todes oder einer schweren Gesundheitsschädigung bringt oder der Täter gewerbsmäßig handelt oder als Mitglied einer Bande, die sich zur fortgesetzten Begehung solcher Taten verbunden hat.

In den Fällen des Absatzes 2 ist auf Freiheitsstrafe von einem Jahr bis zu zehn Jahren zu erkennen, wenn einer der in Satz 1 Nummer 1 bis 3 bezeichneten Umstände vorliegt.

In den Fällen der Absätze 1, 2 und 3 Satz 1 ist der Versuch strafbar.

§ 232a StGB Zwangsprostitution

Mit Freiheitsstrafe von sechs Monaten bis zu zehn Jahren wird bestraft, wer eine andere Person unter Ausnutzung ihrer persönlichen oder wirtschaftlichen Zwangslage oder ihrer Hilflosigkeit, die mit dem Aufenthalt in einem fremden Land verbunden ist, oder wer eine andere Person unter einundzwanzig Jahren veranlasst, die Prostitution aufzunehmen oder fortzusetzen oder sexuelle Handlungen, durch die sie ausgebeutet wird, an oder vor dem Täter oder einer dritten Person vorzunehmen oder von dem Täter oder einer dritten Person an sich vornehmen zu lassen.

Der Versuch ist strafbar.

Mit Freiheitsstrafe von einem Jahr bis zu zehn Jahren wird bestraft, wer eine andere Person mit Gewalt, durch Drohung mit einem empfindlichen Übel oder durch List zur Aufnahme oder Fortsetzung der Prostitution oder den in Absatz 1 Nummer 2 bezeichneten sexuellen Handlungen veranlasst.

In den Fällen des Absatzes 1 ist auf Freiheitsstrafe von einem Jahr bis zu zehn Jahren und in den Fällen des Absatzes 3 auf Freiheitsstrafe nicht unter einem Jahr zu erkennen, wenn einer der in § 232 Absatz 3, Satz 1, Nummer 1 bis 3 bezeichneten Umstände vorliegt.

In minder schweren Fällen des Absatzes 1 ist auf Freiheitsstrafe von drei Monaten bis zu fünf Jahren zu erkennen, in minder schweren Fällen der Absätze 3 und 4 auf Freiheitsstrafe von sechs Monaten bis zu zehn Jahren.

Mit Freiheitsstrafe von drei Monaten bis zu fünf Jahren wird bestraft, wer eine Person, die Opfer 1. eines Menschenhandels nach § 232 Absatz 1, Satz 1, Nummer 1, Buchstabe a auch in Verbindung mit § 232 Absatz 2, oder 2. einer Tat nach den Absätzen 1 bis 5 geworden ist und der Prostitution nachgeht, gegen Entgelt sexuelle Handlungen vornimmt oder von ihr an sich vornehmen lässt und dabei deren persönliche oder wirtschaftliche Zwangslage oder deren Hilflosigkeit, die mit dem Aufenthalt in einem fremden Land verbunden ist, ausnutzt. Nach Satz 1 wird nicht bestraft, wer eine Tat nach Satz 1, Nummer 1 oder 2, die zum Nachteil der Person, die nach Satz 1 der Prostitution nachgeht, begangen wurde, freiwillig bei der zuständigen Behörde anzeigt oder freiwillig eine solche Anzeige veranlasst, wenn nicht diese Tat zu diesem Zeitpunkt ganz oder zum Teil bereits entdeckt war und der Täter dies wusste oder bei verständiger Würdigung der Sachlage damit rechnen musste.

Hinsichtlich der Bestrafung von Sexkäufern im Sinne von Paragraf 232a Absatz 6 wurde beschlossen, eine Verschärfung (Beweislastumkehr) vorzunehmen. Die Behörden müssen demnach nicht mehr den Vorsatz eines

Freiers nachweisen, die offensichtliche Zwangslage einer Prostituierten in Anspruch genommen zu haben. Der Sexkäufer muss nachweisen, dass er von dieser nichts bemerkt hat oder bemerkt haben konnte. Das ist sicher ein Schritt in die richtige Richtung. Es wird in der Praxis allerdings keine gravierenden Veränderungen und Verbesserungen mit sich bringen. Dies allein deshalb, weil die Beweisführung – ähnlich wie anderen Vorschriften (z. B. der Kondompflicht) nicht oder nur sehr schwer möglich sein wird.

§ 129 StGB Bildung krimineller Vereinigungen

Mit Freiheitstrafe bis zu fünf Jahren oder mit Geldstrafe wird bestraft, wer eine Vereinigung gründet oder sich an einer Vereinigung als Mitglied beteiligt, deren Zweck oder Tätigkeit auf die Begehung von Straftaten gerichtet ist, die im Höchstmaß mit Freiheitsstrafe von mindestens zwei Jahren bedroht sind. Mit Freiheitsstrafe bis zu drei Jahren oder mit Geldstrafe wird bestraft, wer eine solche Vereinigung unterstützt oder für sie um Mitglieder oder Unterstützer wirbt. Eine Vereinigung ist ein auf längere Dauer angelegter, von einer Festlegung von Rollen der Mitglieder, der Kontinuität der Mitgliedschaft und der Ausprägung der Struktur unabhängiger organisierter Zusammenschluss von mehr als zwei Personen zur Verfolgung eines übergeordneten gemeinsamen Interesses …

5.2 Die deutsche Prostitutionsgesetzgebung

Gesetz zur Regelung der Rechtsverhältnisse der Prostituierten (ProstG) vom 20. 12. 2001

§ 1 Sind sexuelle Handlungen gegen ein vorher vereinbartes Entgelt vorgenommen worden, so begründet diese Vereinbarung eine rechtswirksame Forderung. Das gleiche gilt, wenn sich eine Person, insbesondere im Rahmen eines Beschäftigungsverhältnisses, für die Erbringung derartiger Handlungen gegen ein vorher vereinbartes Entgelt für eine bestimmte Zeitdauer bereithält.

§ 2 Die Forderung kann nicht abgetreten und nur im eigenen Namen geltend gemacht werden … Gegen eine Forderung gemäß § 1 Satz 1 kann nur die vollständige, gegen eine Forderung im Sinne von § 1 Satz 2 auch die teilweise Nichterfüllung, soweit sie die vereinbarte Zeitdauer betrifft, eingewendet werden.

§ 3 Bei Prostituierten steht das eingeschränkte Weisungsrecht im Rahmen einer abhängigen Tätigkeit der Annahme einer Beschäftigung im Sinne des Sozialversicherungsrechts nicht entgegen.

Es gab um die Jahrtausendwende europaweit, vor allem im linken politischen Spektrum, vermehrt Diskussionen, wie mit der Prostitution und den Entwicklungen im Bereich der Prostitution umzugehen ist. Die einzelnen Staaten kamen dabei zu krass gegensätzlichen Ergebnissen und schufen unterschiedliche gesetzliche Vorgaben. Während sich in Schweden die Meinung durchsetzte, dass die Prostitution grundsätzlich gegen menschliche Würde verstößt, weshalb bereits im Jahr 1998 ein Sexkaufverbot erlassen wurde (Nordisches Modell – Freierbestrafung), versuchte man in Deutschland mit dem Prostitutionsgesetz der Stigmatisierung und Diskriminierung von Prostituierten einen Riegel vorzuschieben. Die Prostituierten sollten sich sozial- und krankenversichern und das »Prostitutionsgewerbe« sollte anderen Tätigkeiten und anderen Berufen angeglichen werden. Die wenigsten Prostituierten haben sich daraufhin aber sozial- und krankenversichert. Und die Prostitution wurde kein Beruf wie jeder andere. Sie wird es auch niemals sein.

Bemerkenswert ist auch und vor allem das Weisungsrecht, das Bordellbetreibern und Zuhältern mit diesem Gesetz ausdrücklich eingeräumt wurde. Auf dieses Recht können sich Zuhälter immer wieder mit Erfolg berufen. Nicht weniger bemerkenswert ist die mit dem Prostitutionsgesetz verbundene Abschaffung des Tatbestands der »Förderung der Prostitution«, welcher der Polizei bis dahin als »Einstiegstatbestand« diente (er war relativ leicht nachweisbar und erlaubte es, Ermittlungen einzuleiten). Letztlich begünstigte und förderte das Prostitutionsgesetz eine Entwicklung, die Deutschland zum »Bordell Europas« machte. Es trug sehr wesentlich dazu bei, dass Menschenhandel, Sexsklaverei und Zuhälterei immer größere Ausmaße annehmen konnten und dass immer mehr ausländische Täter und Tätergruppierungen, kriminelle Banden und Clans im deutschen Rotlicht investierten. Deutschland wurde nicht nur zum Puff, sondern auch zum bedeutendsten und größten Ausbeutungszentrum der »Ware Frau« in Europa und dazu (nicht zuletzt aufgrund anderer Verfahrensweisen der Nachbarländer) zu einem Prostitutionstourismusland.

Das »Schwedische Modell«, nach dem Beitritt anderer Länder auch als »Nordisches Modell« bezeichnet, wird in seinen Auswirkungen sehr unterschiedlich beurteilt. Zum einen wird festgestellt, dass es in Schweden und den Ländern, die diesem Modell folgten, trotz des Sexkaufverbots weiterhin Prostitution gibt. Und dass sich diese, so die Kritiker(innen) in die Illegalität verlagert habe, wo die Prostituierten noch hilfloser ausgeliefert und gefährdeter seien als zuvor. Dem ist zu entgegnen, dass es die Prostitution in Schweden und in den Ländern, die dem »Schwedischen Modell« folgten, längst nicht mehr in der Größenordnung und in dem Ausmaß gibt wie in Deutschland, Österreich und in der Schweiz. Und hilfloser, wie die in den deutschen Milieus gefangenen und (von ihren Ausbeutern) total abhängigen Frauen können die wenigen Prosituierten in den nordischen Ländern kaum sein. Im Übrigen kommt die Polizei allemal dahin, wo die Freier hinkommen, sofern sie mit den erforderlichen Mitteln und Möglichkeiten ausgestattet ist. Und das ist in den Ländern, in denen nach dem »Nordischen Modell« verfahren wird, ausnahmslos der Fall. Die nordische Lösung zeigt bei aller Kritik zwei wesentliche Vorteile: Zum einen hat in den betreffenden Gesellschaften ein Veränderungsprozess eingesetzt, bei dem der Sexkauf zunehmend negativ beurteilt und die Würde der Frau(en) mehr in den Vordergrund gerückt wird. Zum anderen wurde mit dieser Gesetzgebung der Organisierten Kriminalität der Boden unter den Füßen weggezogen. Mit dem Sexkaufverbot gibt es für die OK keine lukrativen Märkte mehr. Sie zog sich zurück und verlagerte sich dorthin, wo es die für ihre Umtriebe erforderlichen Freiheiten (noch) gibt.

Gesetz zur Regulierung des Prostitutionsgewerbes sowie zum Schutz von in der Prostitution tätigen Personen (ProstSchG) vom 21.10.2016

§ 1 Anwendungsbereich
Dieses Gesetz ist anzuwenden auf die Ausübung der Prostitution durch Personen über 18 Jahre sowie auf das Betreiben eines Prostitutionsgewerbes.

§ 2 Begriffsbestimmungen
Eine sexuelle Dienstleistung ist eine sexuelle Handlung mindestens einer Person an oder vor mindestens einer anderen unmittelbar anwesenden Person gegen Entgelt oder das Zulassen einer sexuellen Handlung an oder vor der eigenen Person gegen Entgelt. Keine sexuellen Dienstleistungen sind Vorführungen mit ausschließlich darstellendem Charakter, bei denen keine weitere der anwesenden Personen sexuell aktiv einbezogen ist.

Prostituierte sind Personen, die sexuelle Dienstleistungen erbringen.

Ein Prostitutionsgewerbe betreibt, wer gewerbsmäßig Leistungen im Zusammenhang mit der Erbringung sexueller Dienstleistungen durch mindestens eine andere Person anbietet oder Räumlichkeiten hierfür bereitstellt, indem er eine Prostitutionsstätte betreibt, ein Prostitutionsfahrzeug bereitstellt, eine Prostitutionsveranstaltung organisiert oder durchführt oder eine Prostitutionsvermittlung betreibt …

§ 3 Anmeldepflicht für Prostituierte
Wer eine Tätigkeit als Prostituierte oder als Prostituierter ausüben will, hat dies vor Aufnahme der Tätigkeit persönlich bei der Behörde, in deren Zuständigkeitsbereich die Tätigkeit vorwiegend ausgeübt werden soll, anzumelden … Die Anmeldepflicht besteht unabhängig davon, ob die Tätigkeit selbständig oder im Rahmen eines Beschäftigungsverhältnisses ausgeübt wird.

§ 5 Anmeldebescheinigung: Gültigkeit … Die Anmeldebescheinigung gilt für anmeldepflichtige Personen ab 21 Jahren für zwei Jahre. Für anmeldepflichtige Personen unter 21 Jahren gilt die Anmeldebescheinigung für ein Jahr …

§ 7 Informationspflicht der Behörde: Informations- und Beratungsgespräch

Bei der Anmeldung ist ein Informations- und Beratungsgespräch zu führen.

Das Informations- und Beratungsgespräch muss mindestens umfassen: Grundinformationen zur Rechtslage nach diesem Gesetz, nach dem Prostitutionsgesetz sowie zu weiteren zur Ausübung der Prostitution relevanten Vorschriften, die im räumlichen Zuständigkeitsbereich der Behörde für die Prostitutionsausübung gelten. Grundinformationen zur Absicherung im Krankheitsfall oder zur sozialen Absicherung im Falle einer Beschäftigung, Informationen zu gesundheitlichen und sozialen Beratungsangeboten zur Schwangerschaft, Informationen zur Erreichbarkeit von Hilfe in Notsituationen und Informationen über die bestehende Steuerpflicht der aufgenommenen Tätigkeit und die in diesem Zusammenhang zu erfüllenden umsatz- und ertragssteuerrechtlichen Pflichten …

§ 9 Maßnahmen bei Beratungsbedarf

Ergeben sich tatsächliche Anhaltspunkte dafür, dass bei einer oder einem Prostituierten Beratungsbedarf hinsichtlich der gesundheitlichen oder sozialen Situation besteht, so soll die zuständige Behörde auf die Angebote entsprechender Beratungsstellen hinweisen und nach Möglichkeit einen Kontakt vermitteln.

Die zuständige Behörde hat unverzüglich die zum Schutz der Person erforderlichen Maßnahmen zu veranlassen, wenn sich tatsächliche Anhaltspunkte dafür ergeben, dass eine Person unter 21 Jahre alt ist und durch Dritte zur Aufnahme oder Fortsetzung der Prostitution gebracht wird oder werden soll oder eine Person von Dritten unter Ausnutzung einer Zwangslage, ihrer Hilflosigkeit, die mit ihrem Aufenthalt in einem fremden Land verbunden ist, oder ihrer persönlichen oder wirtschaftlichen Abhängigkeit zur Prostitution veranlasst wird oder werden soll oder diese Person von Dritten ausgebeutet wird oder werden soll …

§ 26 Pflichten gegenüber Prostituierten; Einschränkung von Weisungen und Vorgaben

Die Ausgestaltung der sexuellen Dienstleistungen wird ausschließlich zwischen den Prostituierten und deren Kunden und Kundinnen in eigener Verantwortung festgelegt. Der Betreiber eines Prostitutionsgewerbes sowie die für den Betreiber handelnden Personen dürfen Prostituierten keine Weisungen im Sinne von § 3 Absatz 1 des Prostitutionsgesetzes erteilen. Ebenso unzulässig sind sonstige Vorgaben zu Art oder Ausmaß der Erbringung sexueller Dienstleistungen …

(4) Dem Betreiber eines Prostitutionsgewerbes ist es verboten, sich von Prostituierten, die in seinem Prostitutionsgewerbe sexuelle Dienstleistungen erbringen oder erbringen wollen, für die Vermietung von Räumen, für die Vermittlung einer Leistung oder für eine sonstige Leistung Vermögensvorteile versprechen oder gewähren zu lassen, die in einem auffälligen Missverhältnis zu der Leistung oder deren Vermittlung stehen.

Der Betreiber eines Prostitutionsgewerbes ist verpflichtet, Prostituierten, die in seinem Prostitutionsgewerbe sexuelle Dienstleistungen erbringen oder erbringen wollen, auf deren Verlangen Einsicht in das Betriebskonzept zu geben. Im Falle einer Prostitutionsveranstaltung hat der Betreiber den Prostituierten auf Verlangen auch Einsicht in das Veranstaltungskonzept zu geben …

§ 29 Überwachung des Prostitutionsgewerbes

Die Beauftragten der zuständigen Behörde sind befugt, zum Zwecke der Überwachung Grundstücke und Geschäftsräume der betroffenen Person während der für Prostitutionsgewerbe üblichen Geschäftszeiten zu betreten, dort Prüfungen und Besichtigungen vorzunehmen, Einsicht in die geschäftlichen Unterlagen und Aufzeichnungen zu nehmen und zur Wahrnehmung ihrer Aufgaben an Orten, an denen Prostitution ausgeübt wird, jederzeit Personenkontrollen vorzunehmen.

Zur Verhütung dringender Gefahren für die öffentliche Sicherheit und Ordnung können die Grundstücke, Geschäftsräume und die für sexuelle Dienstleistungen genutzten Räume auch außerhalb der für Prostitutionsgewerbe üblichen Geschäftszeiten betreten werden. Dies gilt auch dann, wenn sie zugleich Wohnzwecken dienen. Die betroffene Person oder Dritte, die Hausrecht an den jeweiligen Räumen haben, haben die Maßnahmen nach Satz 1 zu dulden, das Grundrecht auf Unverletzlichkeit der Wohnung (Artikel 13 Absatz 1 des Grundgesetzes) wird insoweit eingeschränkt.

§ 33 Bußgeldvorschriften

Ordnungswidrig handelt, wer entgegen § 3 Absatz 1 eine dort genannte Tätigkeit nicht, nicht richtig, nicht vollständig oder nicht rechtzeitig anmeldet …

Ordnungswidrig handelt, wer vorsätzlich oder fahrlässig … Ohne Erlaubnis ein Prostitutionsgewerbe betreibt …

Ordnungswidrigkeiten können mit Geldbußen bis zu 50 000 Euro, bis zu 10 000 Euro, bis zu 5 000 Euro oder bis zu 1 000 Euro geahndet werden. Da müssten die Kassen klingeln, schließlich sind ihrer Anmeldepflicht bis Ende des Jahres 2019 in Deutschland nicht mehr als 40 000 Prostituierte nachgekommen. Davon ausgehend, dass es in Deutschland 400 000 Frauen in der Prostitution gibt, kam also von zehn nur eine zur Anmeldung. Und angesichts des innerdeutschen Menschenhandels dürften heute die wenigsten der angemeldeten Prostituierten noch an dem Ort sein, an dem sie sich angemeldet haben. Jede Anmeldebescheinigung für Prostituierte über 21 Jahren hat zwei Jahre Gültigkeit. Beim Handel von Milieu zu Milieu und von Bordell zu Bordell durchlaufen die Frauen in dieser Zeit erfahrungsgemäß oft zahlreiche Tätigkeitsorte – ohne sich freilich jedes Mal erneut anzumelden. Mit dieser vernachlässigten Anmeldepflicht wird deutlich, wie wenig die Bosse im Milieu und deren Handlanger nach den Gesetzen der Allgemeinheit fragen und wie wenig Beachtung diese finden. Auch die in Paragraf 9 des Gesetzes genannten Anhaltspunkte für ein Einwirken Dritter, für Zwänge oder für Hilflosigkeit werden sich bei den vorgeschriebenen Beratungsgesprächen kaum ergeben. Es wäre geradezu naiv, daran zu glauben, dass Menschenhandel oder Sexsklaverei bei einem solchen Gespräch erkannt werden können. Solche Hintergründe lassen sich selbst durch eine aufsuchende und beratende Tätigkeit und durch polizeiliche Kontrollmaßnahmen der üblichen Art nicht oder nur in den seltensten Fällen erkennen. Beispielhaft dafür, wie realitätsfremd und wenig praktikabel manche Vorschriften in diesem Gesetz sind, ist zum Beispiel auch der Paragraf 26, in welchem den »Prostituierten« unter anderem das Recht eingeräumt wird, Einsicht in das Betriebskonzept eines Bordellbetreibers zu nehmen. Die Frauen, die sich in Deutschland prostituieren (müssen), wissen nicht, dass es so etwas wie ein Betriebskonzept gibt, und sie wissen auch nicht, dass sie das Recht haben, ein solches einzusehen. Hinzu kommt, dass sie das Betriebskonzept in aller Regel weder lesen noch verstehen können, weil die allermeisten von ihnen nicht viel mehr als die drei Worte Deutsch sprechen, die sie den Freiern gegenüber benötigen und die ihnen von ihren Zuhältern eingetrichtert wurden. Käme es dennoch jemals zu einer solchen Einsichtnahme – der Puffbetreiber oder Zuhälter würde danebenstehen, um zu übersetzen und zu erläutern. Es wäre auch dann nicht von Nutzen!

Mit den kurzen Auszügen aus dem Prostituiertenschutzgesetz soll aber vor allem noch einmal aufgezeigt werden, welcher Begriffe und welcher Sprache sich der deutsche Gesetzgeber bedient. Er spricht von »Prostitution« (also von freiwillig und selbstbestimmt anschaffenden Frauen), von einem »Prostitutionsgewerbe« und von »sexuellen Dienstleistungen«, die erbracht werden. Von einem Gewerbe und von Dienstleistungen – wie andere Gewerbe und andere Dienstleistungen auch. Jana Matei, eine rumänische Psychologin, die in Rumänien Schutzhäuser für – vorwiegend aus Deutschland, Österreich und der Schweiz – geflüchtete und zurückgekehrte Opfer des Menschenhandels und der Sexsklaverei betreibt, beklagte in der Vergangenheit bei internationalen Kongressen zum Thema »Menschenhandel und Sexsklaverei« zu Recht diese in Deutschland gängige Wortwahl und forderte, nicht nur gegen die Ausbeutung der rumänischen Kinder und Frauen, sondern auch gegen diese verharmlosende und das tatsächliche Geschehen verzerrende Sprache anzukämpfen. Mit dieser Wortwahl beginnt die Verharmlosung und Beschönigung eines widerlichen und in weiten Teilen höchst kriminellen Geschehens. Bei neunzig Prozent und mehr Ausländerinnen aus allen möglichen Armutsgebieten dieser Welt, bei den hinlänglich bekannten Rekrutierungs-, Schleusungs- und Ausbeutungsmethoden und bei den derzeitigen Machtverhältnissen in den (deutschen) Milieus erscheint es so unverantwortlich wie falsch, die Betroffenen als Prostituierte zu bezeichnen und zu behandeln und ihr Tun als Gewerbe oder Dienstleistung zu betrachten.

5.3 Österreichisches Recht

§ 215 ÖStGB Zuführen zur Prostitution

Wer eine Person der Prostitution zuführt, ist mit Freiheitsstrafe bis zu zwei Jahren zu bestrafen.

§ 215a ÖStGB Förderung der Prostitution und pornographischer Darbietungen Minderjähriger

Wer eine minderjährige Person, mag sie auch bereits der Prostitution nachgehen, zur Ausübung der Prostitution oder zur Mitwirkung an einer pornographischen Darbietung anwirbt oder einem anderen zu einem solchen Zweck anbietet oder vermittelt, ist mit Freiheitsstrafe von sechs Monaten bis zu fünf Jahren zu bestrafen. Ebenso ist zu bestrafen, wer eine minderjährige Person, die der Prostitution nachgeht oder an einer pornographischen Darbietung mitwirkt, ausnützt, um sich oder einem anderen einen Vermögensvorteil zuzuwenden.

Wer die Tat gegen eine unmündige Person im Rahmen einer kriminellen Vereinigung, unter Anwendung schwerer Gewalt oder so begeht, dass durch die Tat das Leben der Person vorsätzlich oder fahrlässig gefährdet wird oder die Tat einen besonders schweren Nachteil für die Person zur Folge hat, ist mit Freiheitsstrafe von einem bis zu zehn Jahren zu bestrafen.

§ 216 ÖStGB Zuhälterei

Wer mit dem Vorsatz, sich aus der Prostitution einer anderen Person eine fortlaufende Einnahme zu verschaffen, diese Person ausnützt, ist mit Freiheitsstrafe bis zu zwei Jahren zu bestrafen.

Wer mit dem Vorsatz, sich aus der Prostitution einer anderen Person eine fortlaufende Einnahme zu verschaffen, diese Person ausbeutet, sie einschüchtert, ihr die Bedingungen der Ausübung der Prostitution vorschreibt oder mehrere solche Personen zugleich ausnützt, ist mit Freiheitsstrafe bis zu drei Jahren zu bestrafen.

Wer die Tat (Abs. 1 und 2) als Mitglied einer kriminellen Vereinigung begeht, ist mit Freiheitsstrafe von sechs Monaten bis zu fünf Jahren zu bestrafen. Mit Freiheitsstrafe von sechs Monaten bis zu fünf Jahren ist auch zu bestrafen, wer durch Einschüchterung eine Person davon abhält, die Prostitution aufzugeben.

§ 217 ÖStGB Grenzüberschreitender Prostitutionshandel

Wer eine Person, mag sie auch bereits der Prostitution nachgehen, der Prostitution in einem anderen Staat als in dem, dessen Staatsangehörigkeit sie besitzt oder in dem sie ihren gewöhnlichen Aufenthalt hat, zuführt oder sie hierfür anwirbt, ist mit Freiheitsstrafe von sechs Monaten bis zu fünf Jahren, wenn er die Tat jedoch gewerbsmäßig begeht, mit Freiheitsstrafe von einem bis zu zehn Jahren zu bestrafen.

Wer eine Person (Abs. 1) mit dem Vorsatz, dass sie in einem anderen Staat als in dem, dessen Staatsangehörigkeit sie besitzt oder in dem sie ihren gewöhnlichen Aufenthalt hat, der Prostitution nachgehe, durch Täuschung über dieses Vorhaben verleitet oder mit Gewalt oder durch gefährliche Drohung nötigt, sich in einen anderen Staat zu begeben, oder sie mit Gewalt oder unter Ausnutzung eines Irrtums über dieses Vorhaben in einen anderen Staat befördert, ist mit Freiheitsstrafe von einem bis zu zehn Jahren zu bestrafen.

Diesen Strafvorschriften ist hinzuzufügen, dass in Österreich manche Bundesländer eigene und zum Teil sehr unterschiedliche Prostitutionsgesetze haben. Prostitution und Zuhälterei sind in den jeweiligen Landespolizeistrafgesetzen der Länder in unterschiedlicher Weise geregelt.

5.4 Schweizer Recht

Art. 182 Schweizerisches StGB Menschenhandel

Wer als Anbieter, Vermittler oder Abnehmer mit einem Menschen Handel treibt zum Zwecke der sexuellen Ausbeutung, der Ausbeutung seiner Arbeitskraft oder zwecks Entnahme eines Körperorgans, wird mit Freiheitsstrafe oder Geldstrafe bestraft. Das Anwerben eines Menschen zu diesen Zwecken ist dem Handel gleichgestellt. Handelt es sich beim Opfer um eine minderjährige Person oder handelt der Täter gewerbsmäßig, so ist die Strafe Freiheitsstrafe nicht unter einem Jahr. In jedem Fall ist auch eine Geldstrafe auszusprechen. Strafbar ist auch der Täter, der die Tat im Ausland verübt.

Art. 195 Schweizerisches StGB Ausnützung sexueller Handlungen, Förderung der Prostitution

Mit Freiheitsstrafe bis zu zehn Jahren oder Geldstrafe wird bestraft, wer eine minderjährige Person der Prostitution zuführt oder in der Absicht, daraus Vermögensvorteile zu erlangen, ihre Prostitution fördert; eine Person unter Ausnützung ihrer Abhängigkeit oder wegen eines Vermögensvorteils der Prostitution zuführt; die Handlungsfreiheit einer Person, die Prostitution betreibt, dadurch beeinträchtigt, dass er sie bei dieser Tätigkeit überwacht oder Ort, Zeit, Ausmaß oder andere Umstände der Prostitution bestimmt; eine Person in der Prostitution festhält.

Die Schweiz gehört in Sachen Prostitution fraglos zu den liberalsten Ländern, obwohl die Rahmenbedingungen streng reglementiert sind. Im Jahr 2021 wurde die Prostitution in der Schweiz gänzlich entkriminalisiert, indem das Bundesgericht in einem Urteil die bisher geltende (und in den Jahren 1985 und 2011 bekräftigte) vertragsrechtliche Sittenwidrigkeit (gemäß Art. 20 Obligationsrecht/OR) aufhob. Auch bei der Schweizer Gesetzgebung ist zu beachten, dass diese lediglich die Rahmenbedingungen vorgibt. Die eigentliche Reglementierung von Prostitution und Zuhälterei wird den Kantonen überlassen. Und von den einzelnen Kantonen wurden seit dem Jahr 2000 zahleiche spezielle Verordnungen und Gesetze erlassen.

So ist die Prostitution in Zürich in einer im Jahr 2013 erlassenen Prostitutions-Gewerbeverordnung (PGVO) und den dazu gehörenden Ausführungsbestimmungen geregelt. In Luzern gelten seit dem Jahr 2020 die Regelungen für das Sexgewerbe nach Paragraf 29 des Gewerbepolizeigesetzes.

Es gibt kein anderes Land auf dieser Welt, das dem kostbaren Gut »Freiheit«, alten Traditionen folgend, eine größere Bedeutung zumisst als die Schweiz. Die den Bürgerinnen und Bürgern des Landes eingeräumten Freiheitsrechte kommen freilich zwangsläufig auch denen zugute, die dieses Entgegenkommen schamlos ausnutzen und missbrauchen. Den Zuhältern zum Beispiel, die diese ihnen gewährte Freiheit skrupellos nutzen, um anderen die Freiheit zu nehmen. Das widerspricht dem Geist des eidgenössischen Freiheitsstrebens in krassester Weise und verlangt nach Maßnahmen und Gesetzen, die es möglich machen, den Schwachen und Schwächsten das Recht auf Freiheit zu erhalten oder aber zurückzugeben. »Menschenhandel ist grausam, Schweigen auch!«

Auch in weiten Teilen Österreichs werden dem »Prostitutionsgewerbe« große Freiheiten eingeräumt und auch die werden von Zuhältern und Zuhälterbanden immer wieder genutzt, um die Schwachen und Schwächsten auszubeuten und ihrer Freiheit zu berauben. Gerade an der Nachtstelle zwischen Ost und West wird es deshalb immer wieder aufs Neue erforderlich sein, die einschlägigen Gesetze hinsichtlich ihrer Wirksamkeit zu überprüfen, um auch denen ihre Freiheit zu erhalten oder zurückzugeben, die dazu selbst nicht in der Lage sind.

Das deutsche Prostitutionsgesetz wurde schon nach Inkrafttreten im Jahr 2002 als untaugliches Instrument erkannt und vor allem aus der Polizei heraus heftig kritisiert. Dennoch dauerte es Jahre, bis – wenig nützliche – Veränderungen vorgenommen wurden. Auch das Prostituiertenschutzgesetz von 2017 geht in seiner ganzen Philosophie an den Gegebenheiten in den Subkulturen im Rotlicht und an den eigentlichen Problemen vorbei. Es fordert, um nur einige wenige Beispiele zu nennen, die Anmeldung der Prostituierten am Ort ihres Tätigwerdens (der kaum nachgekommen wird), es schreibt Beratungsgespräche vor (die weitgehend nutzlos sind), es gewährt Einsichtnahme ins Betriebskonzept von Bordellbetreibern (was geradezu sinnlos erscheint), es regelt die Kondompflicht (ohne darauf Einfluss nehmen zu können). Es spricht von Prostituierten (die in hohem Maße Sexsklavinnen sind), von einem Prostitutionsgewerbe (das in weiten Teilen Geschäftsfeld der OK ist), von sexuellen Dienstleistungen, die erbracht werden (die fortgesetzte sexuelle Gewalt sind) … Die deutsche Prostitutionsgesetzgebung ignoriert bis heute, dass in den Parallelgesellschaften im Rotlicht vorwiegend die Bosse krimineller Banden und Clans die Macht ausüben und dass in den Milieus allein nach deren ungeschriebenen Gesetzen (den Milieugesetzen) gehandelt und verfahren wird. Mit der Kondompflicht können diese Gangs nicht wirksam bekämpft und ihre Opfer nicht geschützt werden.

Quellenverzeichnis

Barth, Ariane »Die Reeperbahn; Der Kampf um Hamburgs sündige Meile«, Spiegel-Buchverlag Hamburg 1999, ISBN 3-455-15028-4

Barth, Ariane »Im Rotlicht; Das explosive Leben des Stefan Hentschel«, Ullstein-Verlag Berlin, ISBN 3-548-36769-0

Bauer Wille »Geschichte und Wesen der Prostitution«, Weltspiegel-Verlag Stuttgart 1956

Beck, Birgit »Wehrmacht und sexuelle Gewalt«, Schöningh Verlag Paderborn 2004, ISBN 3-506-71726

Berliner Zeitung vom 21. 5. 2011 »Polizei stürmt Mongols-Club«

BILD Regionalausgabe Hamburg vom 13. 11. 2014 »Die nackte Wahrheit über St. Pauli«

BILD vom 8. 12. 2016 »Rockergruppe ›Guerilla Nation‹ hat sich aufgelöst« von Peter Rossberg

Bundeskriminalamt (BKA) Lagebild Menschenhandel 2020

Der Standard vom 25. 8. 2013 »Ein Blick auf Österreichs größtes Bordell«

Der Tagesspiegel vom 15. 12. 2018 »Vom ›Brillanten-Willi‹ und ›Goldzahn-Bruno‹« von Dennis Grabowsky

DER SPIEGEL Nr. 10/1986 »Die Schnapsidee«

DER SPIEGEL Nr. 34/1986 »Die lenkenden Hände vom Kiez«

DER SPIEGEL Nr. 27/1988 »Staatsanwalt Bistry ist tot« von Gerhard Mauz

DER SPIEGEL online vom 14. 6. 2006 »Prozessauftakt Marek-Bande«

Der Tagesspiegel vom 17. 8. 2019 »Kriminelle Banden in Berlin versuchen Politik zu unterwandern« von Alexander Fröhlich

Deutsche Welle vom 27. 12. 2019 »Wie die nigerianische Mafia Menschen in Europa ausbeutet« von Andrea Lueg und Jan-Philipp Scholz

Die Presse vom 4. 8. 2011 »Prostituierte angezündet: 20 Jahre Haft für ›C‹«

EMMA Ausgabe Mai/Juni 2018 »Der gestürzte Bordellkönig«

EMMA Ausgabe März/April 2019 »Ioana hat nicht überlebt« von Inge Bell

FOCUS Nr. 38 vom 23. 9. 2013 »Die Akte Nitribitt«

FOCUS online vom 4. 11. 2017 »Ex-Polizeidirektor: ›Verstrickung arabischer Clans mit Berliner Polizei lange bekannt‹« von Ulf Lüdeke

FOCUS online vom 12. 10. 2018 »Das sind die Vereine, die Berlins Unterwelt in den Zwanzigern in der Hand hatten« von Armin Fuhrer

FOCUS online vom 27. 4. 2018 »Sex in der Hölle« von Armin Fuhrer

Frankfurter Allgemeine Zeitung net vom 27. 5. 2005 »Auftragsmord in Mafia-Art«

Frankfurter Allgemeine Zeitung vom 6. 5. 2016 »Blutige Machtdemonstration am Vatertag« von Katharina Iskandar
Frankfurter Allgemeine Zeitung vom 11. 7. 2018 »Trügerische Ruhe in der Rockerszene« von Helmut Schwan
Frankfurter Neue Presse vom 23. 10. 2019 »›Hells Angels‹ in Frankfurt: Parallelgesellschaft mit eigenen Gesetzen« von Ulrich Weih
Hamburger Abendblatt vom 27. 2. 2006 »1986 – das Blutbad im Polizeipräsidium« von Kristina Johrde
Hamburger Abendblatt vom 21. 1. 2006 »Wieder Razzia bei der Marek-Bande«
Hamburger Morgenpost vom 8. 12. 2005 »Wiener Peter«
Hamburger Morgenpost vom 29. 7. 2006 »Ich sah, wie Pinzner die Waffe zog …«
Kölner Stadtanzeige vom 28. 8. 2010 »Mit Schäfers Nas und Dummse Tünn«
Kulturhistorische Kriminalprozesse der letzten 40 Jahre, hg. von Hugo Friedländer, Band 1, S. 72–77 von 1908, Verlag Continental Berlin
Kurier vom 4. 7. 2015 »Wiener Rotlicht: Seriöse Geschäftsmänner statt Strizzis« von Dominik Schreiber
Kurier at vom 30. 11. 2015 »Wiens Gürtelkönig der ›Rote Heinzi‹ ist tot«
Kurier at vom 31. 3. 2017 »Die bekannteste Wiener Puffmutter im pikanten Interview« von Gabriele Kuhn
Lindlau, Dagobert »Der Lohnkiller«, Droemer-Knaur München 1994
Münchner Stadtmagazin Nr. 5/92 vom 19. 2. 1992
Neue Zürcher Zeitung vom 28. 8. 2013 »Strenge Strafe für Zuhälter und Menschenhändler« von Brigitte Hürlimann
Neue Zürcher Zeitung vom 22. 8. 2018 »Stehboxen und Freier auf dem Velo; so hat sich der Zürcher Strichplatz in den letzten fünf Jahren verändert« von Florian Schoop
Neue Zürcher Zeitung vom 28. 6. 2021 »Menschenhandel ist auch in der Schweiz Realität«
NWZ online vom 20. 5. 2017 »Das Schweigen der ›Hells Angels‹«
ORF-Fernsehreihe TAT-SACHEN vom 15. 9. 2006 »Frauen als Mörderinnen«
Prodöhl, Günter »Der leblose Tod des Bordellkönigs« Das neue Berlin 1977
Profil vom 31. 3. 2007 »Rotlichtszene: Die verlorene Ehre der Strizzies«
Rixdorf Werner »Klaus Speer – eine Legende?« Das neue Berlin 1995, ISBN 3-359-00771-9
Schwarzwälder Bote vom 27. 4. 2019 »Kommt ›Boki‹ erneut mit allem davon?« von Marc Eich und Cornelia Spitz
Stadt Ulm, Schule und Archiv, Ulmer Geschichte im Netz
Stuttgarter Zeitung vom 9. 12. 2018 »Anschaffen oder Schlag auf den Kopf« von Hilke Lorenz
Südwest-Presse Ulm vom 21. 11. 2014 »Vom Metzger zum Bordellbetreiber«

Vienna online vom 8. 6. 2010 »Nach Feuer-Attacke auf Prostituierte: ›Cretu‹ noch auf der Flucht«
Vienna online vom 10. 6. 2010 »›Cretu‹ gefasst«
Vienna.online vom 3. 10. 2011 »Wiener Prostitutionsgesetz ab 1. November neu«
ZEIT online vom 31. 7. 2018 »Die Geister aus dem Milieu« von Clemens Marschall
Zeitfragen vom 13. 10. 2014 »Die Madams und ihre Mädchen«
Zürcher Tages-Anzeiger vom 18. 9. 2008 »Am Sihlquai dominieren die Roma-Zuhälter« von Stefan Hohler

https://www.abendzeitung-muenschen.de/promis/muenschner-rotlichtkoenig-das-unglaubliche-leben-des-dicken-fritz-art486010
https:///amazon.de/K%C3%B6nig-vom-Stuttgarter-Platz-Ludenleben/dp/3735791964
https://mazedonien-nachrichten.blogspot.com/2017/08/struga-hinrichtung-am-hellichten-tag.html
https://magazin.spiegel.de/EpubDelivery/spiegel/pdf/42854225
https://www.zeit.de/1955/23/glanz-und-elend-der-berliner-sparvereine
https://www.zdf.de/dokumentation/zdf.info-doku/prostitution-in-der-ddr-sozialismus-stasi-sex-100.html
https://www.sueddeutsche.de/panorama/organisierte-kriminalitaet-in-deutschland-das-blutige-geschaeft-der-asiatischen-mafia-1.923818
https://www.stuttgarter-zeitung.de/inhalt.rotlichtunternehmer-marcus-eberhardt-prinz-protz-und-seine-noblen-firmenwagen.9e2b1283-2743-4097-8e91-26acf8dd2a43.html
https://kosmo.at/groesster-zuhaeter-serbiens-verhaftet-diese-stars-gingen-fuer-ihn-anschaffen-galerie/
https://www.tagesspiegel.de/berlin/der-mann-aus-dem-sumpf/441308.html
https://www.tagesspiegel.de/berlin/nachruf-auf-steffen-jacob-geb-1947-die-prinzenrolle/10911122.html
http://www.tagesspiegel.de/berlin/mahmoud-der-pate-al-zein-berliner-clan-groesse-nach30-jahren-ausgereist/26866158.html
https://www.tagesspiegel.de/berlin-rocker-rotlicht-und-kaum-beweise/440762.html
https://www.tagesspiegel.de/berlin/stachen-im-bordell-die-hells-angels-zu/369196.html
https://www.tagesspiegel.de/berlin/libanesen-in-lederkutten-mongol-sagen-berliner-rockern-den-kampf-an/3711974.html
https://www.tagesspiegel.de/berlin/lagebild-zur-clankriminalitaet-polizei-zaehlte-388-aktive-clankriminelle-in-berlin/27005338.html

Stichwortverzeichnis